暮らし、はなやかに。

素敵な実用折り紙

長谷川太市郎

日本文芸社

はじめに

この本では、暮らしを彩るおりがみ作品を約80点紹介しています。1枚の紙が、季節ごとに玄関や部屋を華やかにする飾りや、食卓で使えるもの、きれいな箱、アクセサリーなど、生活に活用できる作品に変わります。それらは、アイデア次第でさまざまな使い方ができます。ぜひ毎日の暮らしのなかに、おりがみを取り入れて、お楽しみください。

もくじ

はじめに……………………………2	風船・凧・魚の基本形……………………8
もくじ……………………………2-4	ざぶとんの基本形・正五角形のつくり方……9
この本の使い方……………………4	正六角形・正八角形のつくり方……………10
折り方の記号について……………5-6	3等分・5等分のしかた・60°のとり方……11
基本の折り方	1:√2の紙のつくり方………………………12
正方・鶴の基本形……………7	この本で使用した紙について………………12

Chapter1　暮らしをはなやかにする季節の花

1月　福寿草………14	つくり方　15-16	7月　ひまわり………35	つくり方　36-37
2月　梅……………17	つくり方　18-19	8月　朝顔……………38	つくり方　39-41
3月　牡丹…………20	つくり方　21-22	9月　ダリア…………42	つくり方　43-44
4月　桜……………23	つくり方　24-26	10月　コスモス………45	つくり方　46
5月　花菖蒲………27	つくり方　28-30	11月　菊………………47	つくり方　48-49
6月　あじさい・かたつむり……31	つくり方　32-34	12月　椿………………50	つくり方　51-52

Chapter2　ホームパーティーを彩るテーブル小物

落ち着いた雰囲気をつくる
和のテーブルセッティング……………54-55
　ソルト&ペッパー入れ　　つくり方　58-59
　箸置き　　　　　　　　　つくり方　60
　花かご　　　　　　　　　つくり方　61-62
　席札　　　　　　　　　　つくり方　63
　市松模様のコースター　　つくり方　64

にぎやかなランチタイムに
洋のテーブルセッティング……………56-57
　ハートのナプキンリング　つくり方　65
　六角形のコースター　　　つくり方　66
　席札スタンド　　　　　　つくり方　67
　パン皿　　　　　　　　　つくり方　68

ゆったりと過ごす
午後のティータイムに ……………………… 69
- シュガートレイ ……………… つくり方 71–72
- バスケット …………………… つくり方 73–74
- 菊の小皿 ……………………… つくり方 74–75

楽しいお話とすてきな小物がつくる
忘れられないひとときを ……………………… 70
- X字仕切りつき小箱 ………… つくり方 76–77
- 十字仕切り …………………… つくり方 78–79
- 花の小皿 ……………………… つくり方 80
- 楊枝入れ ……………………… つくり方 81

用意したおみやげは
すてきな入れものとともに ……………… 82
- おみやげ小箱 ………………… つくり方 83
- おみやげ巾着 ………………… つくり方 84

Chapter3　手づくりで飾る季節の行事

正月 …………………………………… 86
- 門松 …………………………… つくり方 87–88
- 鶴の器 ………………………… つくり方 89–90
- 花のこま ……………………… つくり方 90–91

節分 …………………………………… 92
- 鬼の顔 ………………………… つくり方 93–94
- 豆箱 …………………………… つくり方 95
- かしばち ……………………… つくり方 96

桃の節句 ……………………………… 97
- わらべ雛 ……………………… つくり方 98–99
- 桃の花の皿 …………………… つくり方 100
- 花の器 ………………………… つくり方 101
- プチ雛 ………………………… つくり方 102–104

端午の節句 …………………………… 105
- かぶとと吹き返し …………… つくり方 106–107
- 矢車 …………………………… つくり方 108
- 吹き流し ……………………… つくり方 109
- 鯉のぼり ……………………… つくり方 110–111

七夕 …………………………………… 112
- くす玉（鼓） ………………… つくり方 113
- くす玉（錦） ………………… つくり方 114–115

中秋の名月 …………………………… 116
- 柿 ……………………………… つくり方 117–118
- 足つき三方 …………………… つくり方 119
- うさぎ ………………………… つくり方 120

クリスマス …………………………… 121
- クリスマスツリー …………… つくり方 122
- サンタクロース ……………… つくり方 123–125
- サンタクロースの帽子 ……… つくり方 125–126

Chapter4　心をこめてつくる　ちょっとした贈りもの

かわいいぽち袋……………………………… 128
　内袋1………………………… つくり方 129
　内袋2………………………… つくり方 130
　鶴のぽち袋………………… つくり方 131-132
　うさぎのぽち袋…………… つくり方 132-133

記念日にありがとうの贈りもの……………… 134
　花折り六角箱……………… つくり方 135-137
　封筒………………………… つくり方 137-138

手づくりのお菓子を贈りたい………………… 139
　かんたんギフトボックス… つくり方 140-141
　ぞうの折り手紙…………… つくり方 141-142

ちょっとしたお礼に…………………………… 143
　玉包みギフトボックス…… つくり方 144
　カードケース……………… つくり方 145

折り手紙………………………………………… 146
　直角二等辺三角形折り手紙……… つくり方 147
　正方形折り手紙…………… つくり方 147-148
　正三角形折り手紙………… つくり方 148
　ホームベース折り手紙…… つくり方 149
　麦わら帽子折り手紙……… つくり方 150
　一文字折り手紙…………… つくり方 151
　ハートのカードホルダー… つくり方 152

Chapter5　和の装いのおでかけ小物

和の装いを彩る
すてきな小物…………………………………… 154
　手ぬぐいの福福さいふ…… つくり方 155-156
　巾着袋……………………… つくり方 156-157
　小銭入れ…………………… つくり方 158-159
　イヤリング………………… つくり方 144、159

この本の使い方

●作品の写真ページの次に、つくり方のページを紹介しています。

●つくり方は、両面おりがみで折ってあります。表・裏は、はじめのアイコンで示してあります。

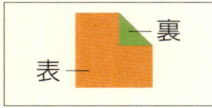

●折る順番は、番号と色の帯であらわしています。

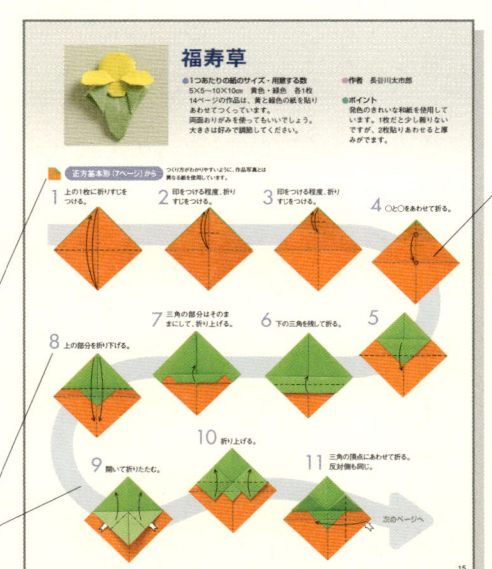

●写真に折り線が書いてあります。記号の説明は5〜6ページにあります。

この本で紹介したほとんどの作品は、好きな大きさに変えてつくることができます。いろいろなサイズの紙で折ってみて、自分でしっくりくるものを選んでください。

折り方の記号について

作品のつくり方には、線や矢印などガイドになる記号が書いてあります。説明が書いていなくても、その記号にしたがって折り進めていけば、完成させることができます。よく使われている記号をまとめて紹介しますので、参考にしてください。

谷折り　線が内側になるように折る。

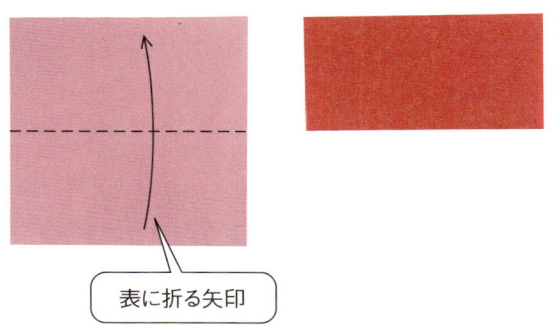

表に折る矢印

山折り　線が外側になるように折る。

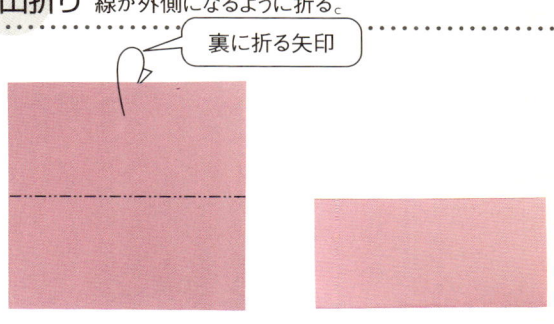

裏に折る矢印

裏返す　紙を水平に引っくり返す。

裏返す

巻くように折る　谷折りを続けて折る。

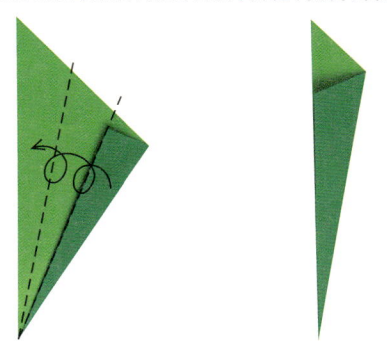

中割り折りする　内側にしまうように折る。

かぶせ折りする　外側からかぶせるように折る。

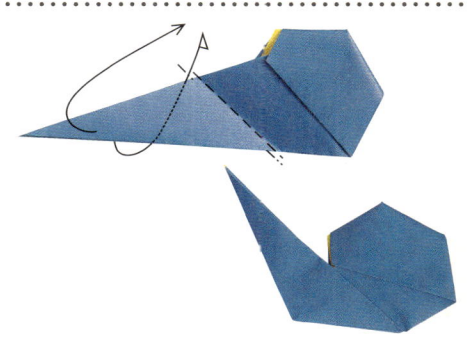

折り方の記号は、日本折紙協会が使用しているものにしたがって作成しています。

段折りする　山折りと谷折りを交互に折る。

折りすじをつける　一度折って元に戻す。

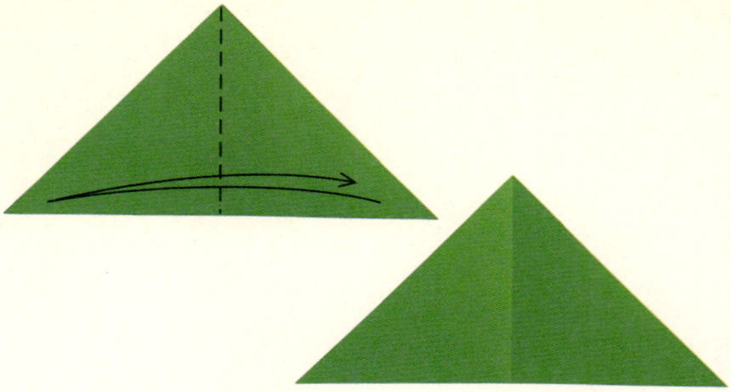

向きを変える　紙の位置を変える。

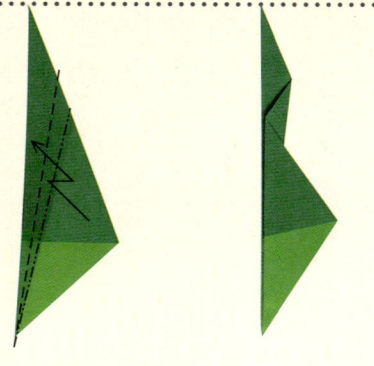

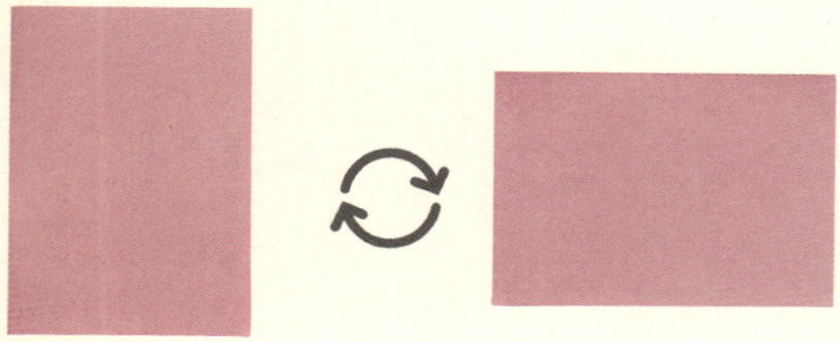

さしこむ　紙の端をすき間に入れる。

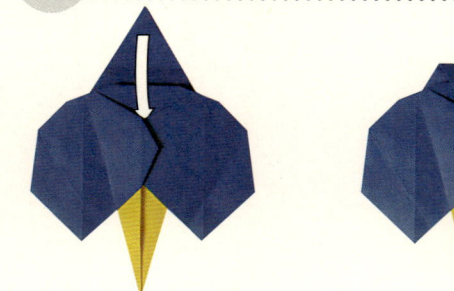

ふくらます　空気を入れたり、紙を引っぱったりする。

押しこむ／つぶす　内側に折りたたむ。

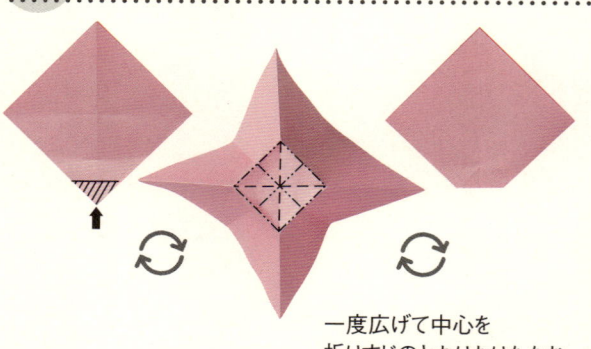

一度広げて中心を
折りすじのとおりおりたたむ。

拡大する　図を大きくする。

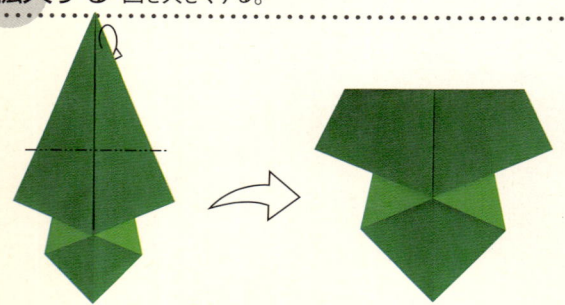

開く　紙の間を開く。

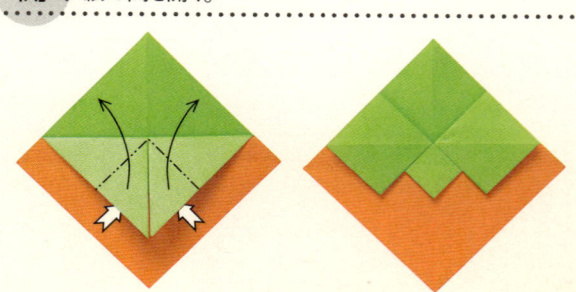

基本の折り方

この本では、折りはじめが「基本の形」の場合、つくり方ではプロセスを省略しています。基本の形は、鶴や風船などむかしからあるおりがみの、折りはじめの一部分です。このページを参考にしてください。

また、折りはじめが正方形ではなく、多角形の作品がいくつかあります。正五角形、正六角形、正八角形のつくり方を紹介していますので、参考にしてください。そのほか、おりがみで役に立つ等分のしかた、1:√2サイズの紙のつくり方も説明しているので、利用してください。

正方基本形・鶴の基本形

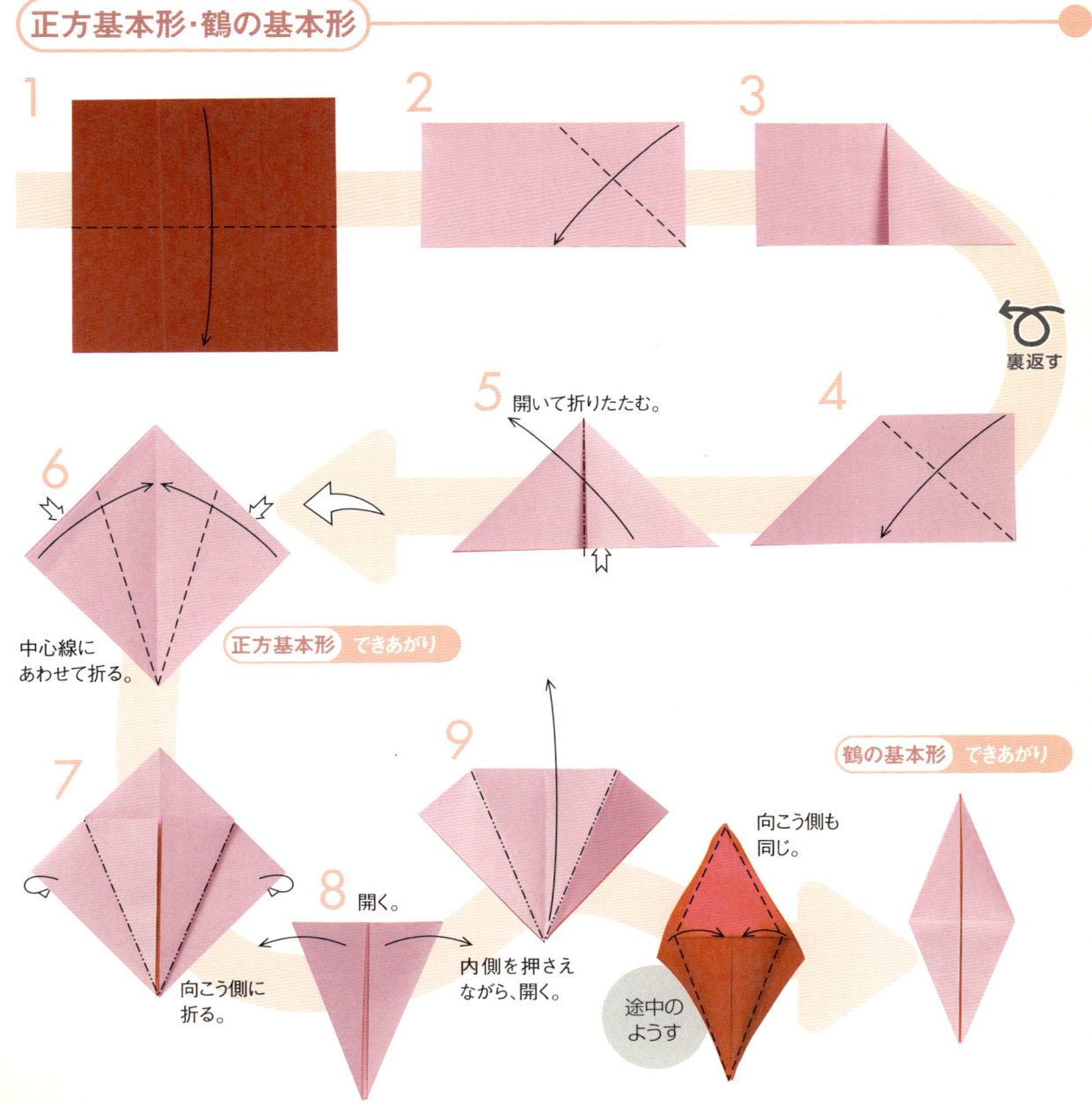

風船の基本形

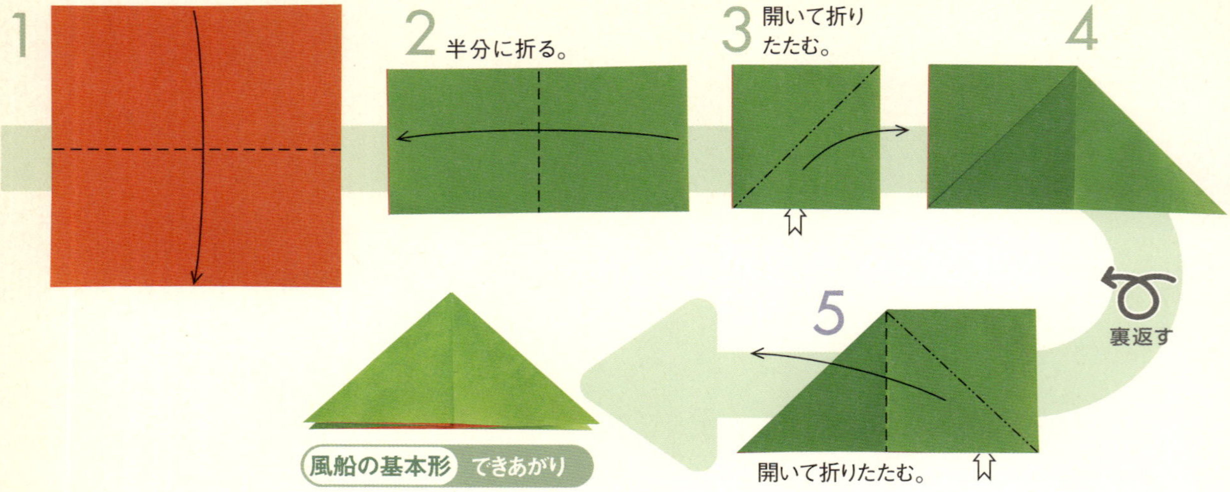

1.
2. 半分に折る。
3. 開いて折りたたむ。
4. 裏返す
5. 開いて折りたたむ。

風船の基本形 できあがり

凧の基本形

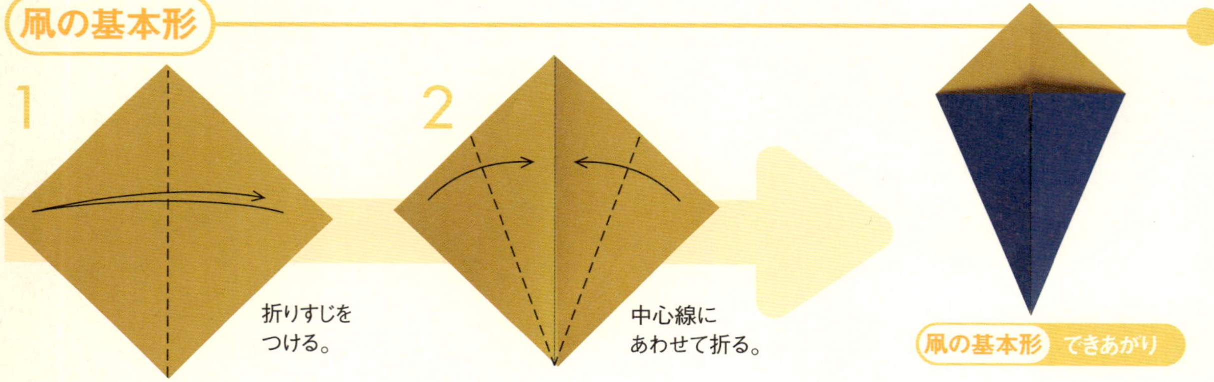

1. 折りすじをつける。
2. 中心線にあわせて折る。

凧の基本形 できあがり

魚の基本形

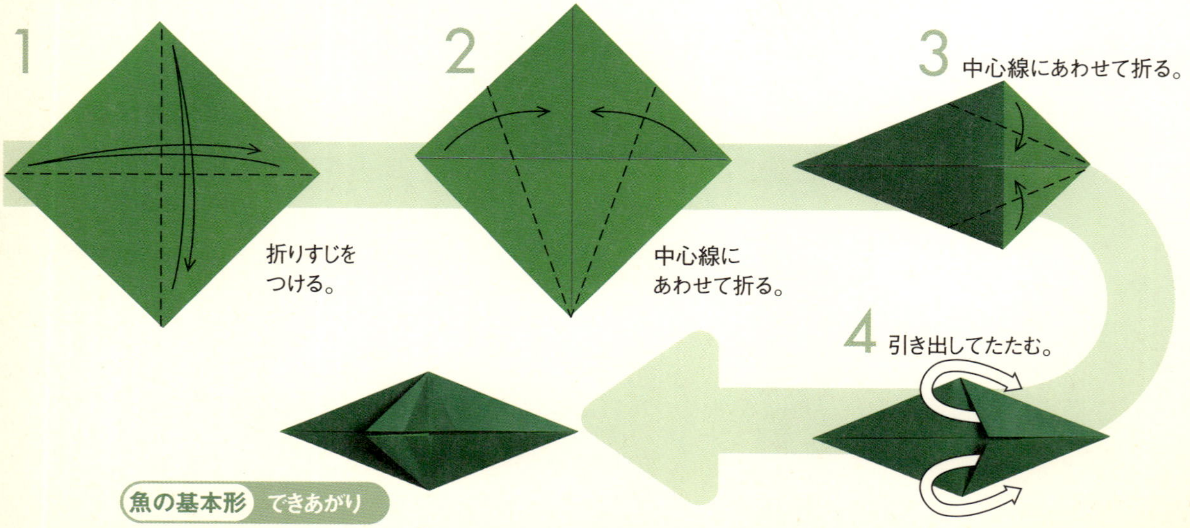

1. 折りすじをつける。
2. 中心線にあわせて折る。
3. 中心線にあわせて折る。
4. 引き出してたたむ。

魚の基本形 できあがり

ざぶとんの基本形

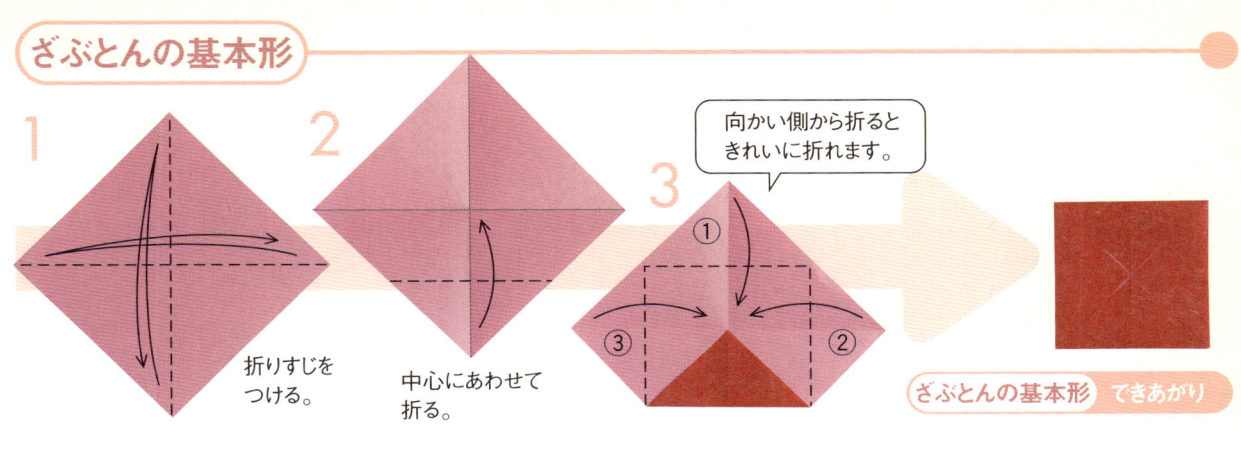

1 折りすじをつける。
2 中心にあわせて折る。
3 向かい側から折るときれいに折れます。

ざぶとんの基本形 てきあがり

正五角形のつくり方

切る角度を変えると、星になります。

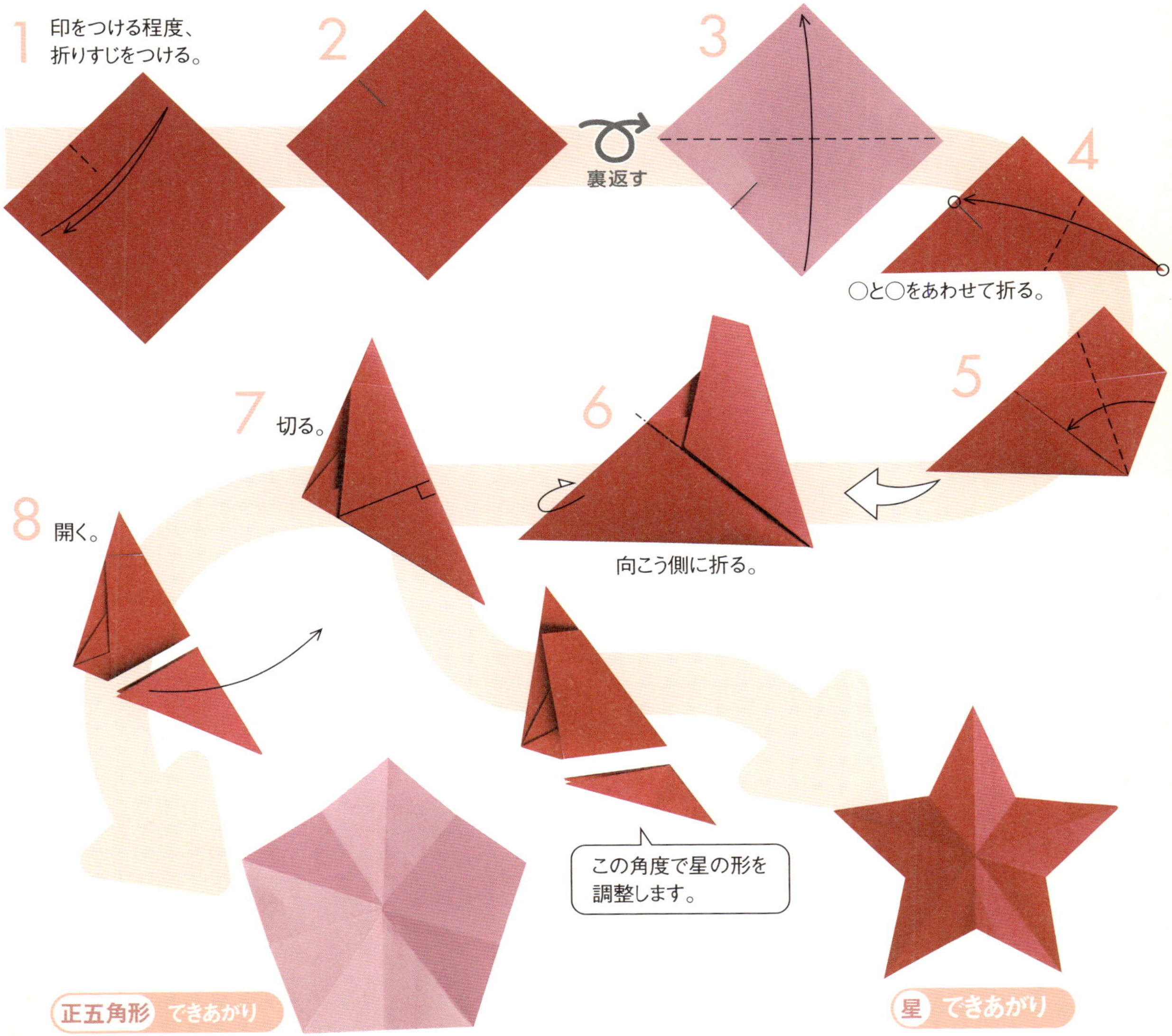

1 印をつける程度、折りすじをつける。

2  裏返す

3

4 ○と○をあわせて折る。

5

6 向こう側に折る。

7 切る。

8 開く。

この角度で星の形を調整します。

正五角形 てきあがり

星 てきあがり

正六角形のつくり方

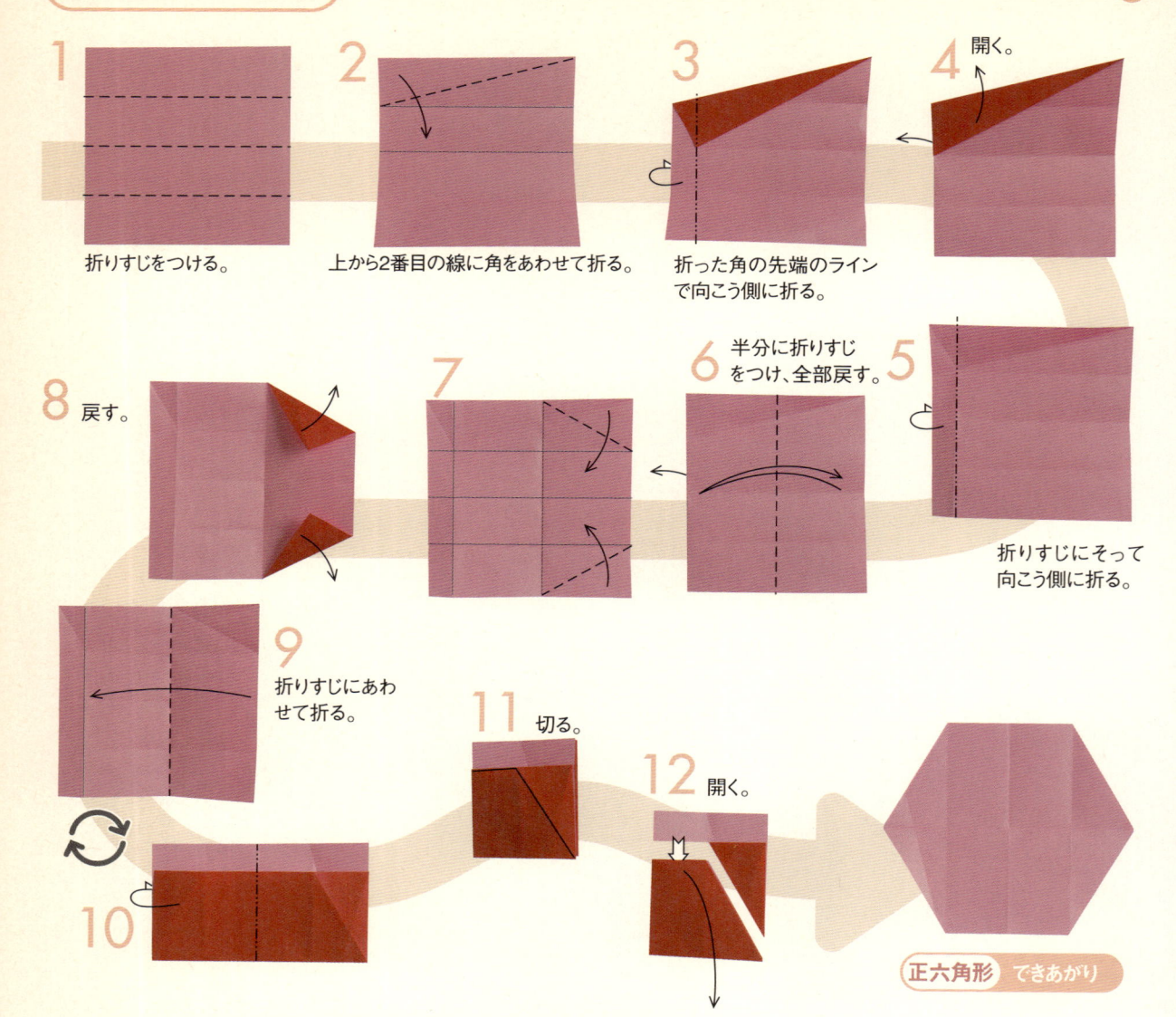

1. 折りすじをつける。
2. 上から2番目の線に角をあわせて折る。
3. 折った角の先端のラインで向こう側に折る。
4. 開く。
5. 折りすじにそって向こう側に折る。
6. 半分に折りすじをつけ、全部戻す。
7.
8. 戻す。
9. 折りすじにあわせて折る。
10.
11. 切る。
12. 開く。

正六角形 できあがり

正八角形のつくり方　正方基本形（7ページ）から

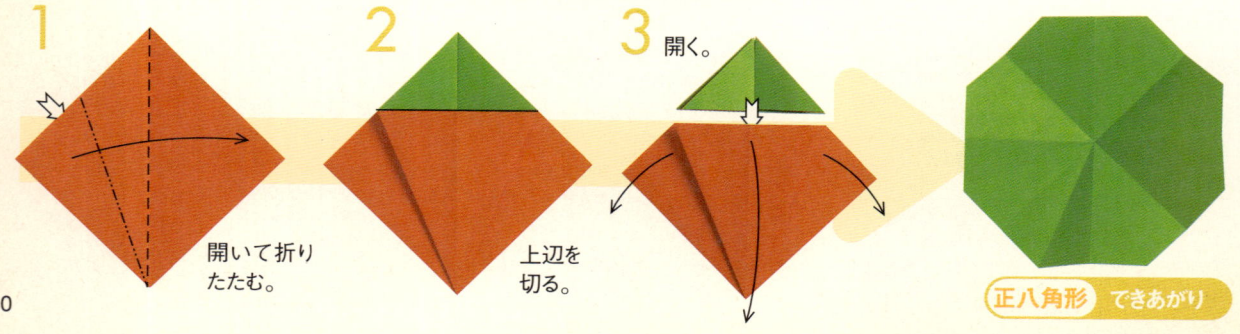

1. 開いて折りたたむ。
2. 上辺を切る。
3. 開く。

正八角形 できあがり

3等分のしかた

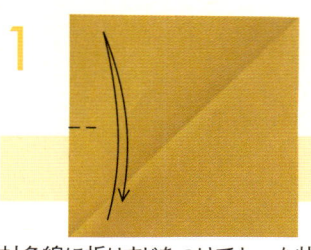
1 対角線に折りすじをつけておいた状態から、印をつける程度、折りすじをつける。

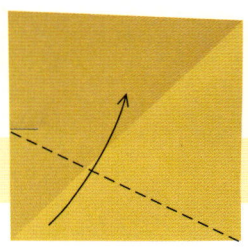
2 印と角を結ぶ線で折る。

3 戻す。

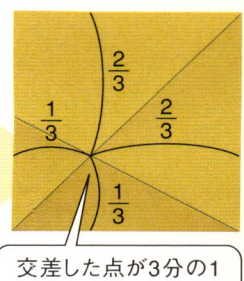
交差した点が3分の1になっています。

5等分のしかた

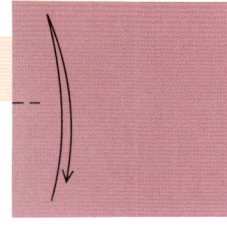
1 印をつける程度、折りすじをつける。

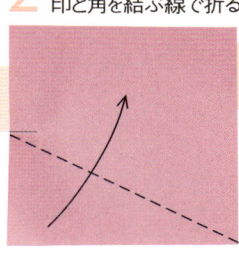
2 印と角を結ぶ線で折る。

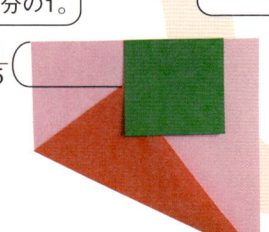
3 正方形のおりがみを上辺と折った角にあわせてあて、鉛筆などで印をつける。

折った角が縦の5分の1。

印の部分が横の辺の5分の2になります。5分の2を半分に折ると5分の1を見つけられます。

60°のとり方

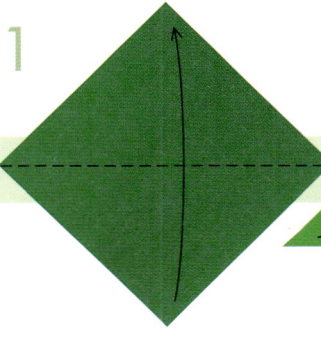

1
2
3 印をつける程度、折りすじをつけて戻す。
4 3でつけた印にあわせて、折りすじをつけて戻す。
5 ○と○をあわせて折る。

60°の折りすじを半分に折ると、30°を導きだせます。

6 折りすじにそって折りたたむ。
7 開く。

1:√2の紙のつくり方

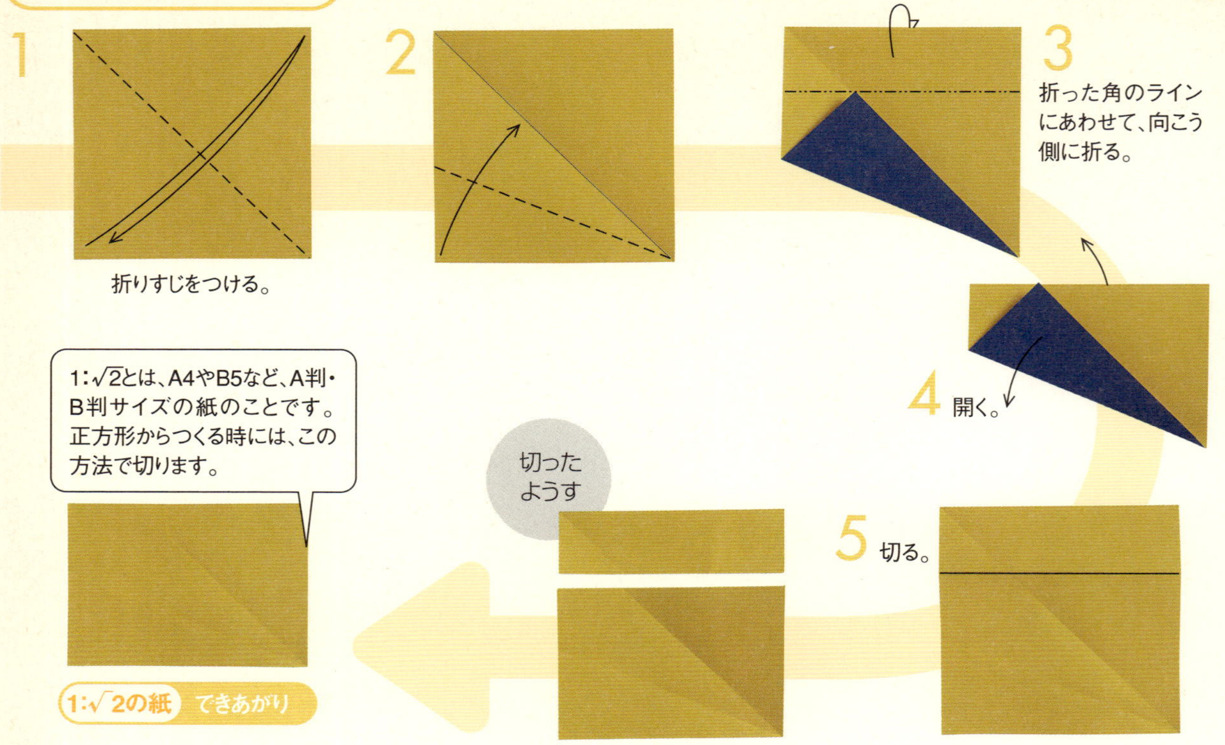

1 折りすじをつける。

2

3 折った角のラインにあわせて、向こう側に折る。

4 開く。

5 切る。

切ったようす

1:√2の紙 できあがり

1:√2とは、A4やB5など、A判・B判サイズの紙のことです。正方形からつくる時には、この方法で切ります。

この本で使用した紙について

この本では、さまざまな紙を使用しています。一般的な単色おりがみ、両面おりがみ以外には、手すきの和紙や包装紙、スクラップブッキング（写真をアルバム風にデコレーションするもの）用の台紙、便箋、厚紙、色画用紙などで作品をつくっています。これらの紙は、和紙専門店や大型の文具店、ホームセンターなどで買うことができます。インターネット上で販売している店もありますので、そちらで購入することもできます。使用する紙の種類によって、作品の印象が変わります。紙は厚くなればなるほど、折るのはむずかしくなります。はじめはおりがみで折って慣れてから、さまざまな紙に挑戦してみるのもいいでしょう。

Chapter 1

くらしを華やかにする
季節の花

1月 January

福寿草
adonis

キンポウゲ科。地面から顔を出すように咲く、黄色の小振りな花です。南天といっしょに飾るとおめでたい趣きが増します。お皿に小石を入れて花を並べるとお正月にぴったりの上品な飾りになります。

福寿草

- 1つあたりの紙のサイズ・用意する数
  5×5〜10×10cm　黄色・緑色　各1枚
  14ページの作品は、黄と緑色の紙を貼りあわせてつくっています。
  両面おりがみを使ってもいいでしょう。
  大きさは好みで調節してください。

- 作者　長谷川太市郎

- ポイント
  発色のきれいな和紙を使用しています。1枚だと少し頼りないですが、2枚貼りあわせると厚みがでます。

正方基本形（7ページ）から

つくり方がわかりやすいように、作品写真とは異なる紙を使用しています。

1 上の1枚に折りすじをつける。

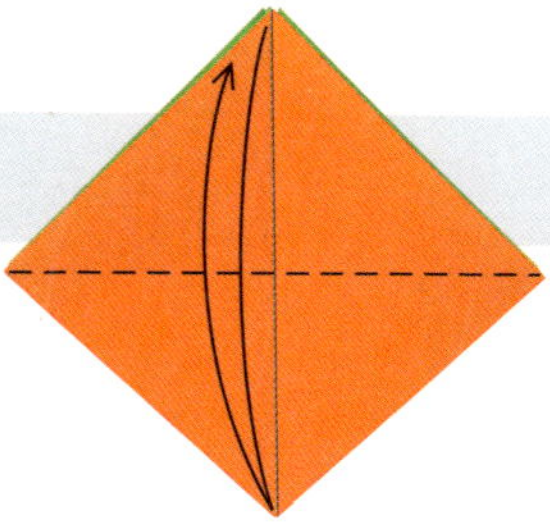

2 印をつける程度、折りすじをつける。

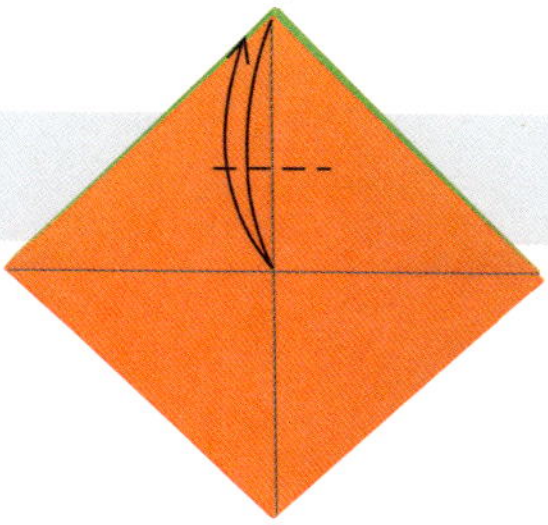

3 印をつける程度、折りすじをつける。

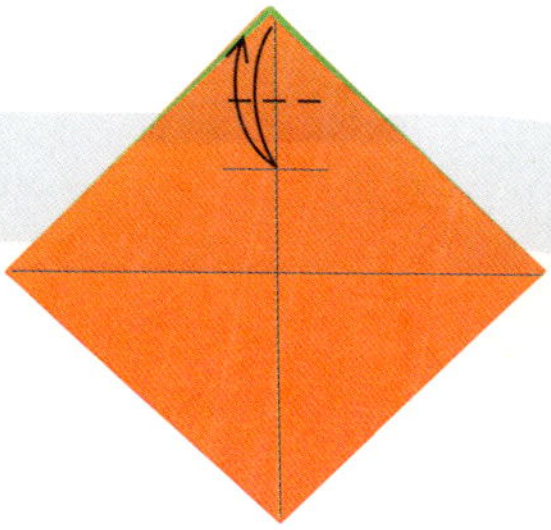

4 ○と○をあわせて折る。

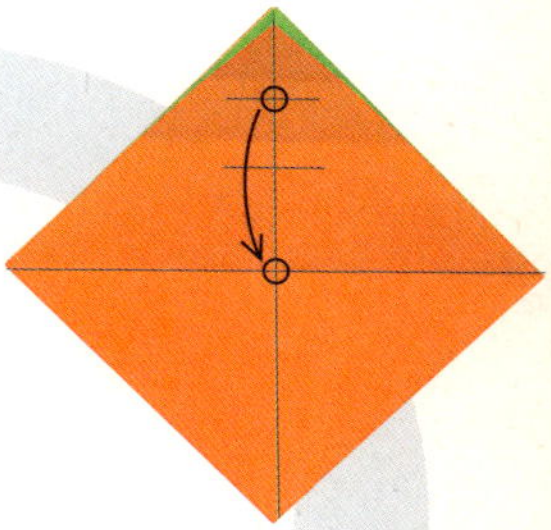

5

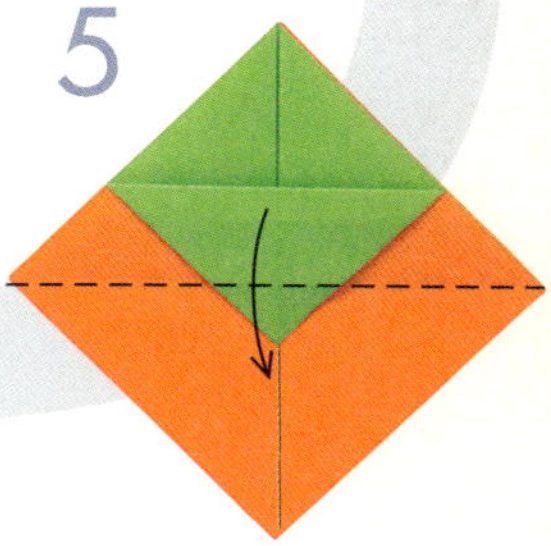

6 下の三角を残して折る。

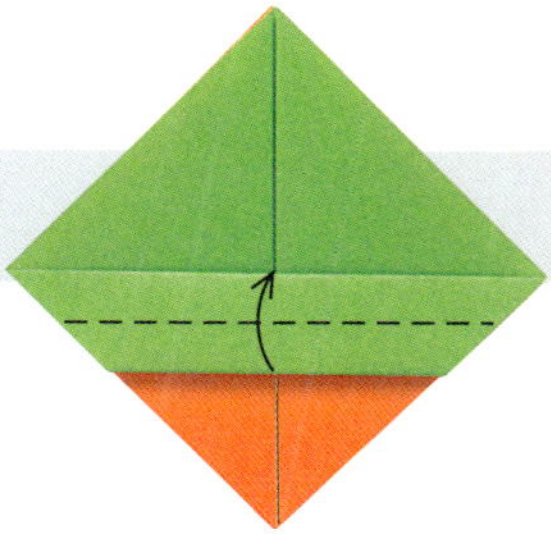

7 三角の部分はそのままにして、折り上げる。

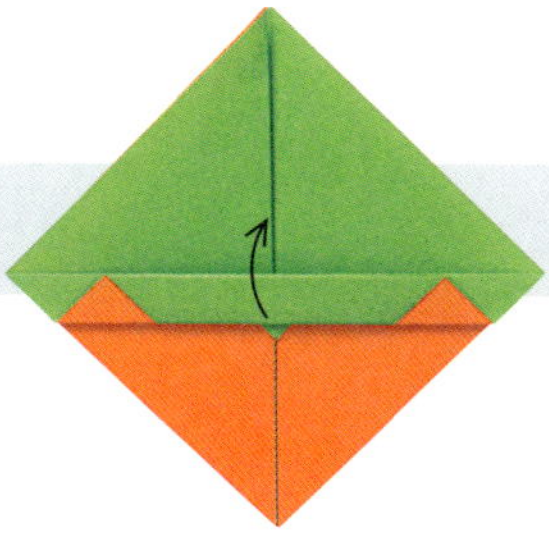

8 上の部分を折り下げる。

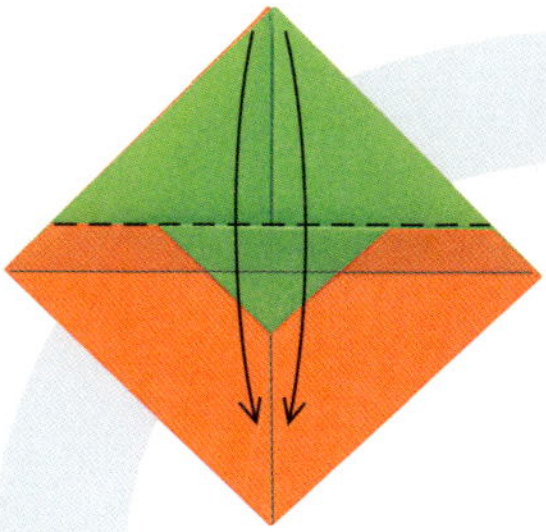

9 開いて折りたたむ。

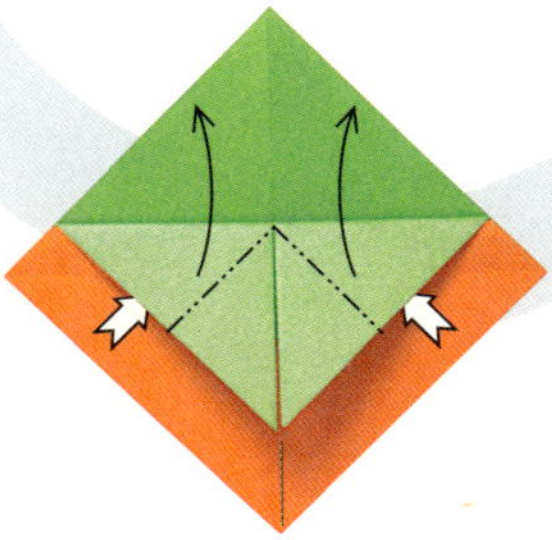

10 折り上げる。

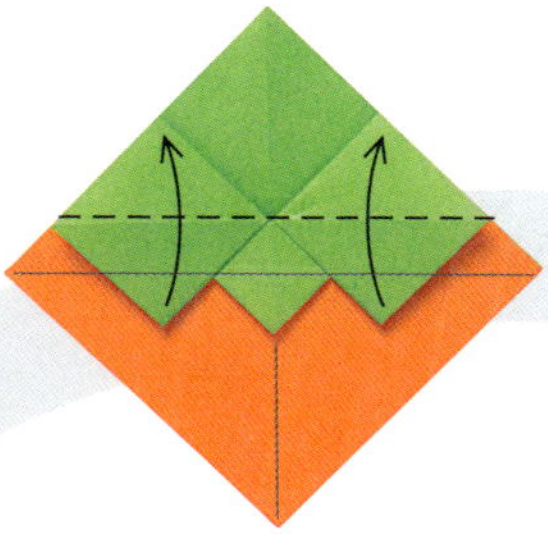

11 三角の頂点にあわせて折る。反対側も同じ。

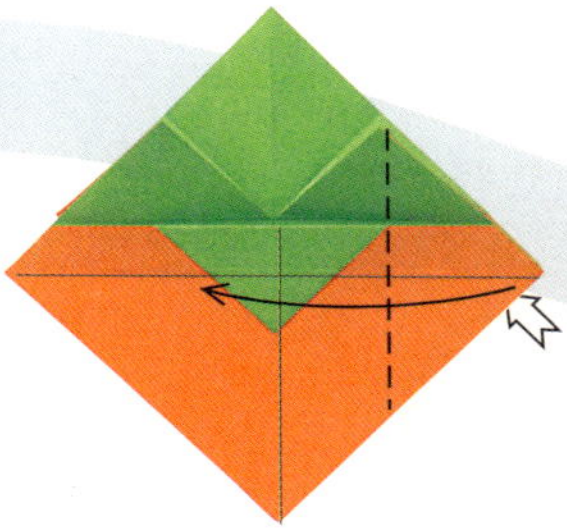

次のページへ

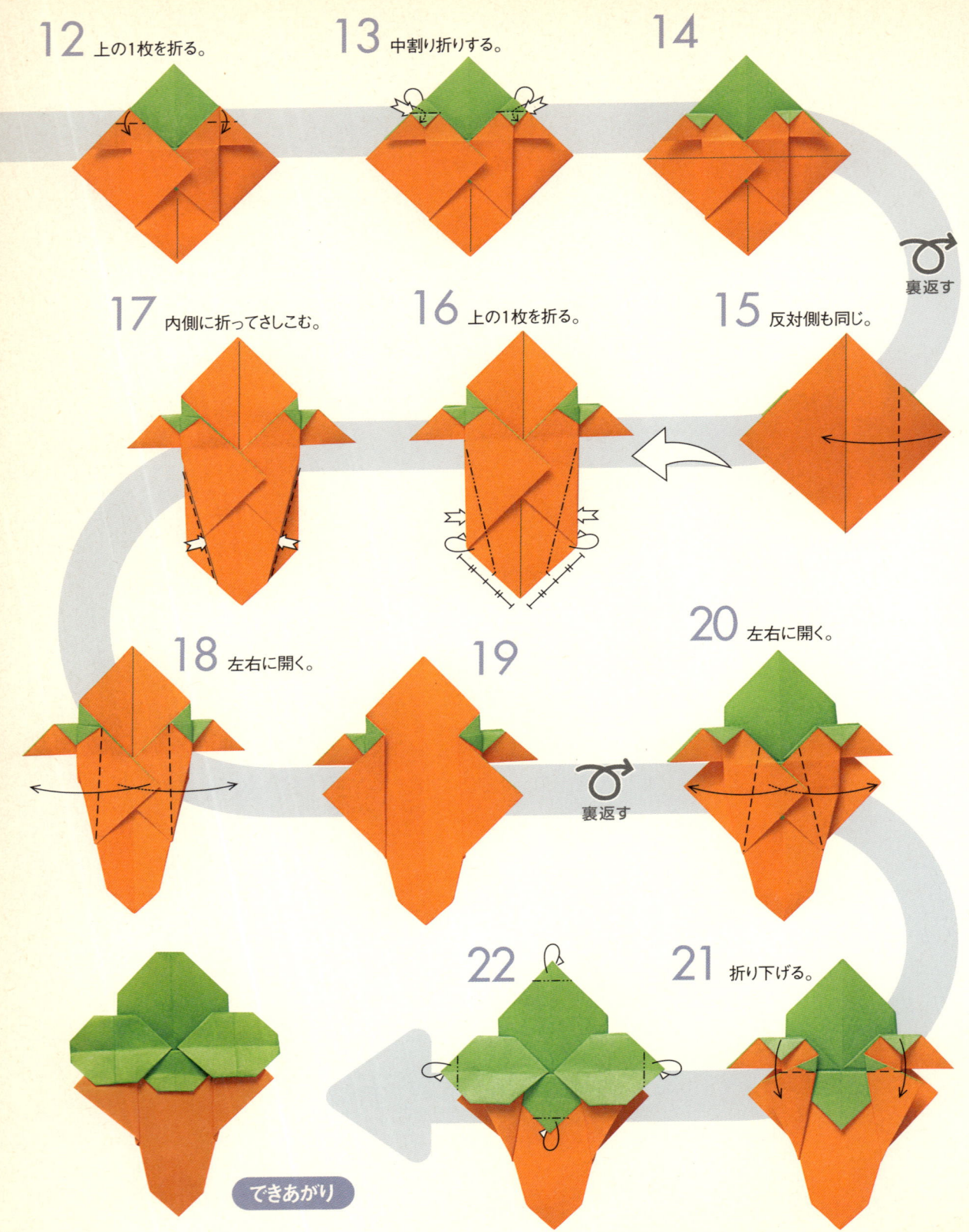

バラ科。まだ寒さが残る早春に咲く花です。白や淡紅、紅色などさまざまな種類があり、強い香りを放ちます。春の訪れを誘うように啼くうぐいすとは「梅にうぐいす」という言葉で、よい取り合わせのたとえになっています。

梅

- ●1つあたりの紙のサイズ・用意する数
  花　5×5〜10×10cmなど好みに応じて 1枚
  花芯　適宜
  和紙をこよりにして、中心に差しこんでいます。
- ●作者　石橋美奈子
- ●ポイント
  花の色や大きさは、好みにあわせて選びましょう。

> つくり方がわかりやすいように、作品写真とは異なる紙を使用しています。

1　図のように折りすじをつけておく。3か所をざぶとん折りする。

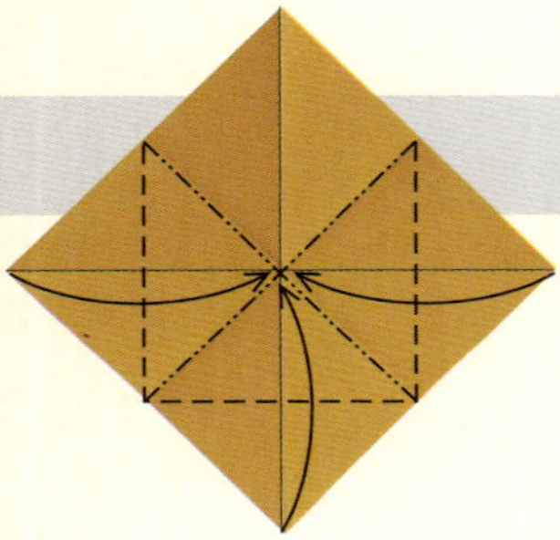

2

　裏返す

3　折りすじにそって折りたたむ。

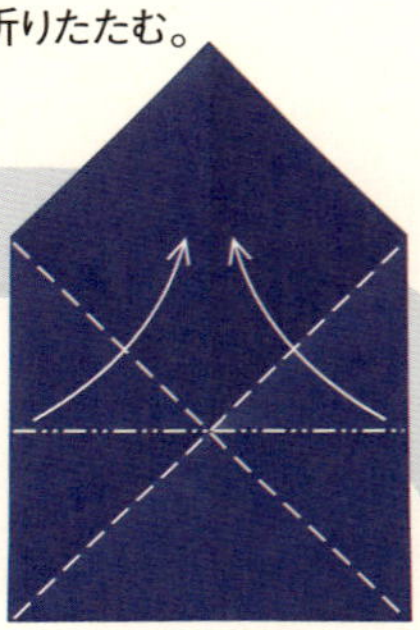

4

5　中の紙を引きだす。

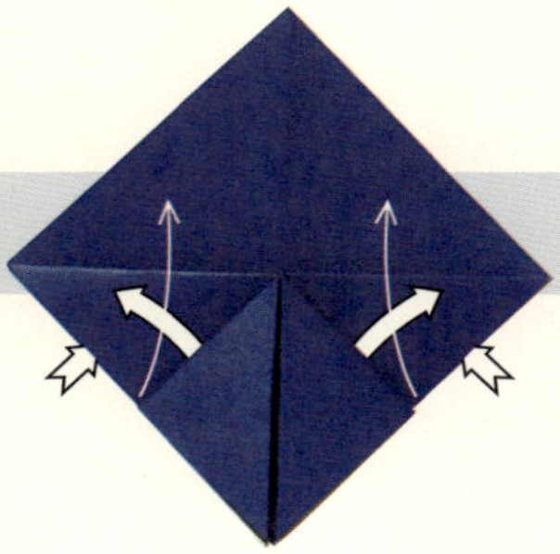

6

7　折りすじをつける。

8　折りすじにそって折りたたむ。

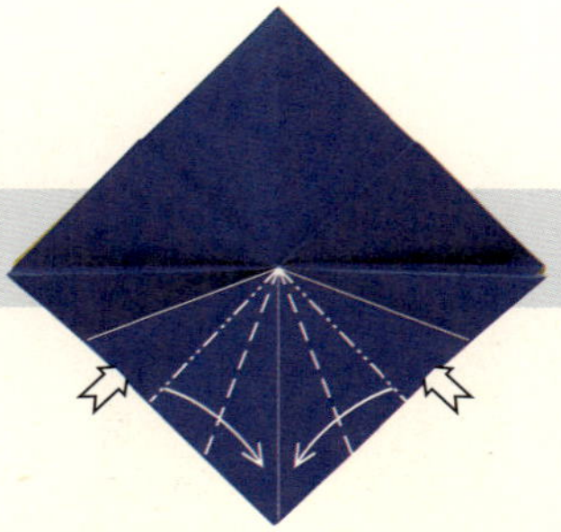

9　中の紙を引きだす。

次のページへ

18

3月 March peony
牡丹

ボタン科。1〜2月に咲く寒牡丹と、4月に咲く春牡丹があります。4月といえば桜が有名ですが、牡丹もその大きな花ぶりから、華やかで人気があります。3月は実際の開花時期よりも早いですが、季節を先取りしてはいかがですか？

牡丹（花・葉）

- 1つあたりの紙のサイズ・用意する数
  花　24×24cm　1枚
  グラデーションが美しく、コシのある和紙を使うといいでしょう。
  花芯　1.5×1.5、2×2、4×4cm　各1枚
  丸く切り、端を細かく切りこんで立てます。
  葉　15×15cm　1枚

- 作者　窪田八重子

- ポイント
  折り方の基本はたとうです。花びらの重なりをうまく表現できます。

▸ 花　正方基本形（7ページ）から

つくり方がわかりやすいように、作品写真とは異なる紙を使用しています。

1　上の1枚を折りかえる。

2　開いて折りたたむ。

3　残りの3か所も同じ。

4　折りすじをつける。

5　全部開く。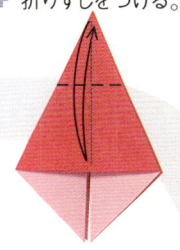

6　図のように折りすじをつける。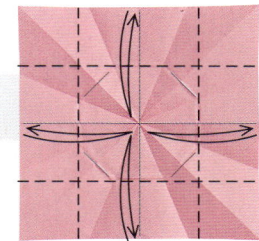

7　図のように折りすじをつける。

8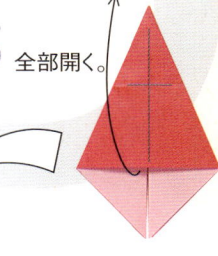

9　開いて折りたたむ。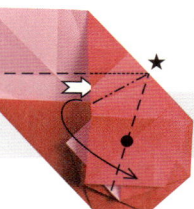

●と★を結ぶ線が、紙の中心●を通って▲につながるように。

10　八角形の角をつくりながら、同じように開いて折りたたむ。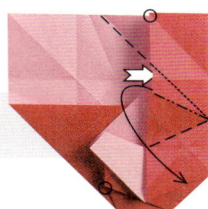

11

12　○と○の角が重なるように、開いて折りたたむ。

13　開いて折りたたむ。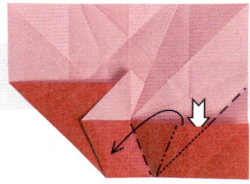

●と★を結ぶ線が、紙の中心●を通るように折る。

次のページへ

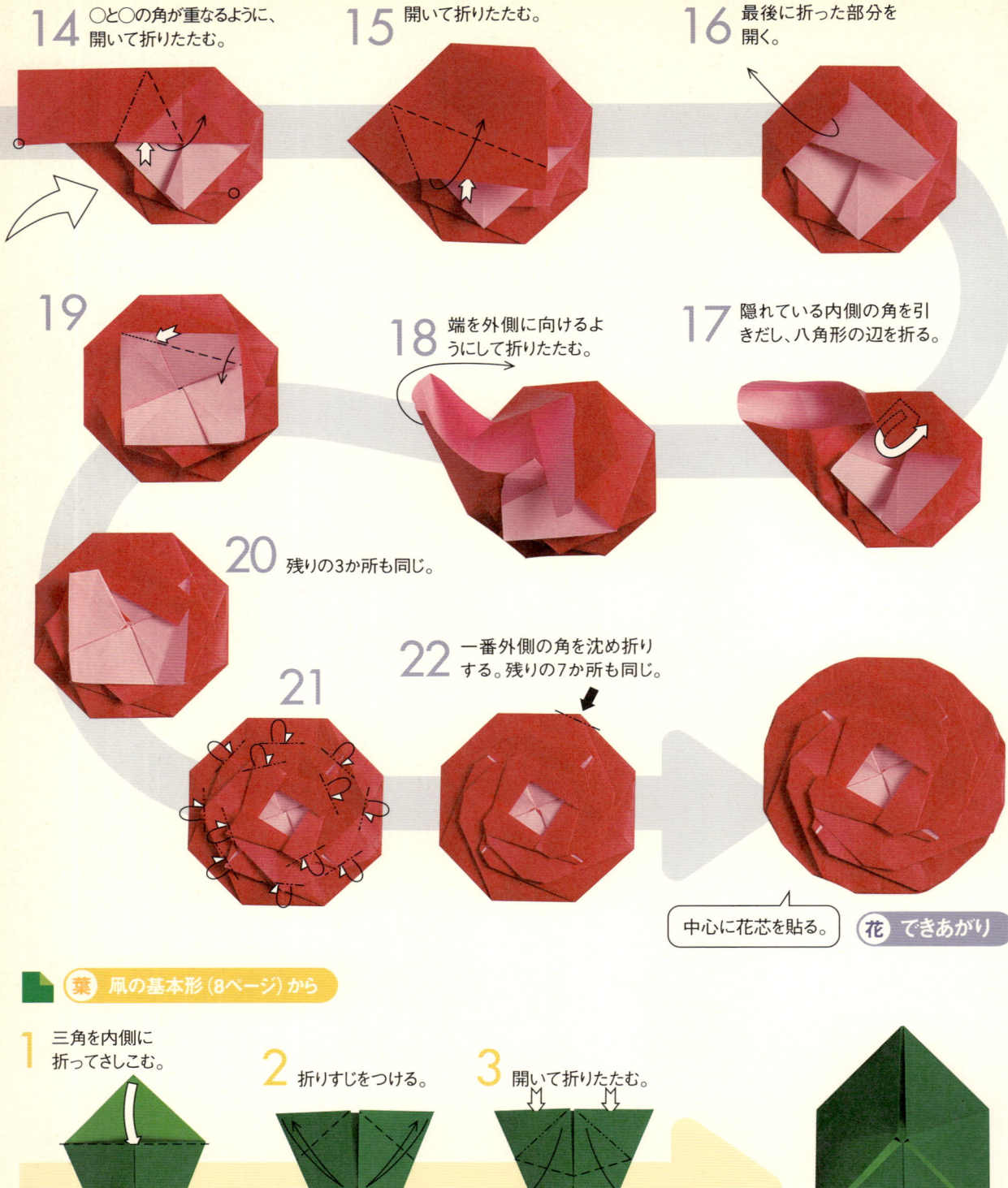

桜
cherry blossom

4月 April

バラ科。古来から日本を代表する花として親しまれています。そろって咲き誇る満開の美しさはもちろんですが、春風に吹かれて散るときの桜吹雪もまた、幻想的で忘れがたい美しさがあります。塗り盆の上でそのようすを表現してみませんか?

桜

- ●1つあたりの紙のサイズ・用意する数
  花　5×2.5cmなど　5枚
  がく　5×5cm　1枚
  星形に切って中心に貼ります（9ページ参照）。

- ●作者　長谷川太市郎

- ●ポイント
  花びらの大きさは、飾る場所や好みにあわせて調節しましょう。

つくり方がわかりやすいように、作品写真とは異なる紙を使用しています。

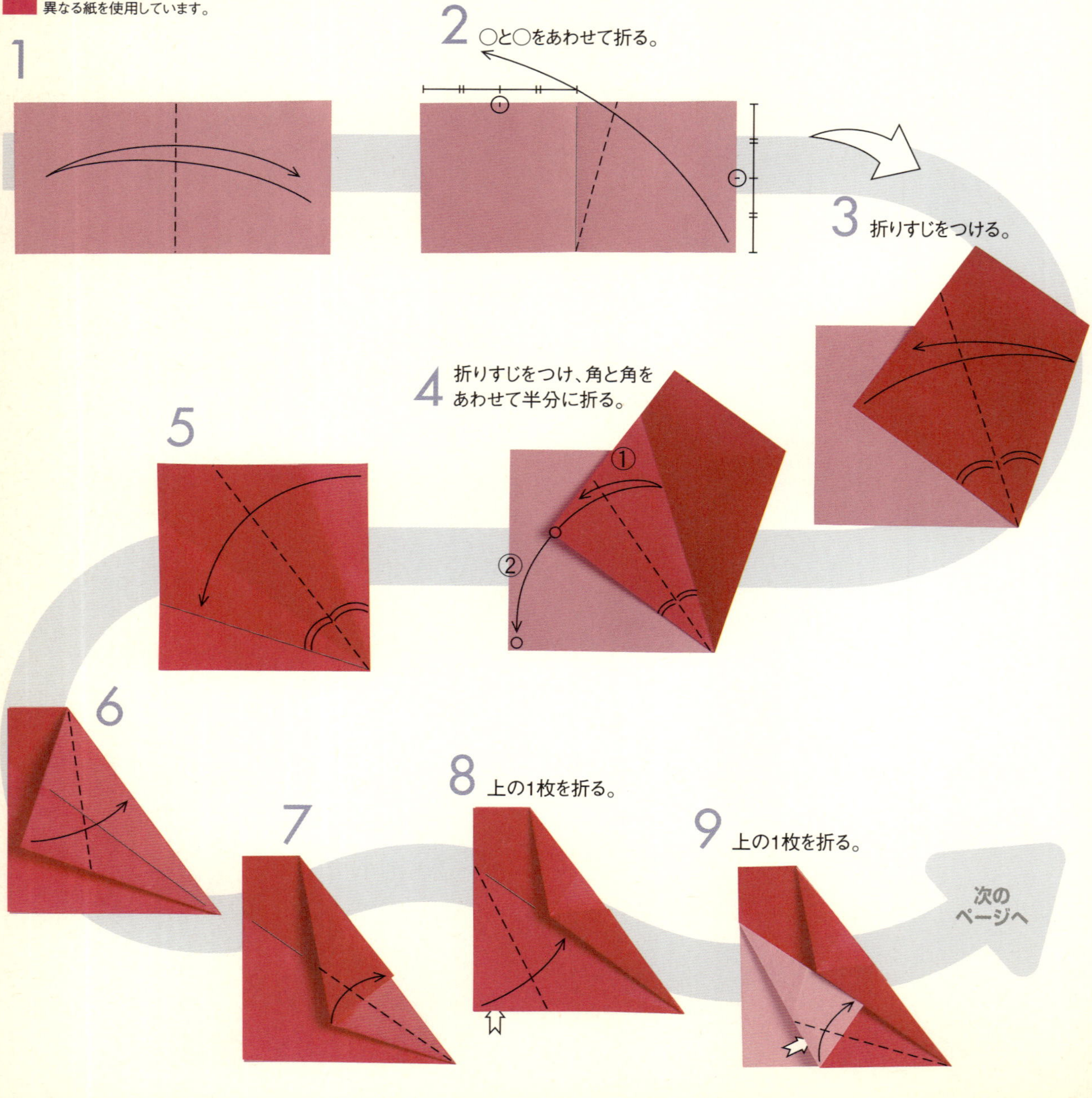

1

2　○と○をあわせて折る。

3　折りすじをつける。

4　折りすじをつけ、角と角をあわせて半分に折る。

5

6

7

8　上の1枚を折る。

9　上の1枚を折る。

次のページへ

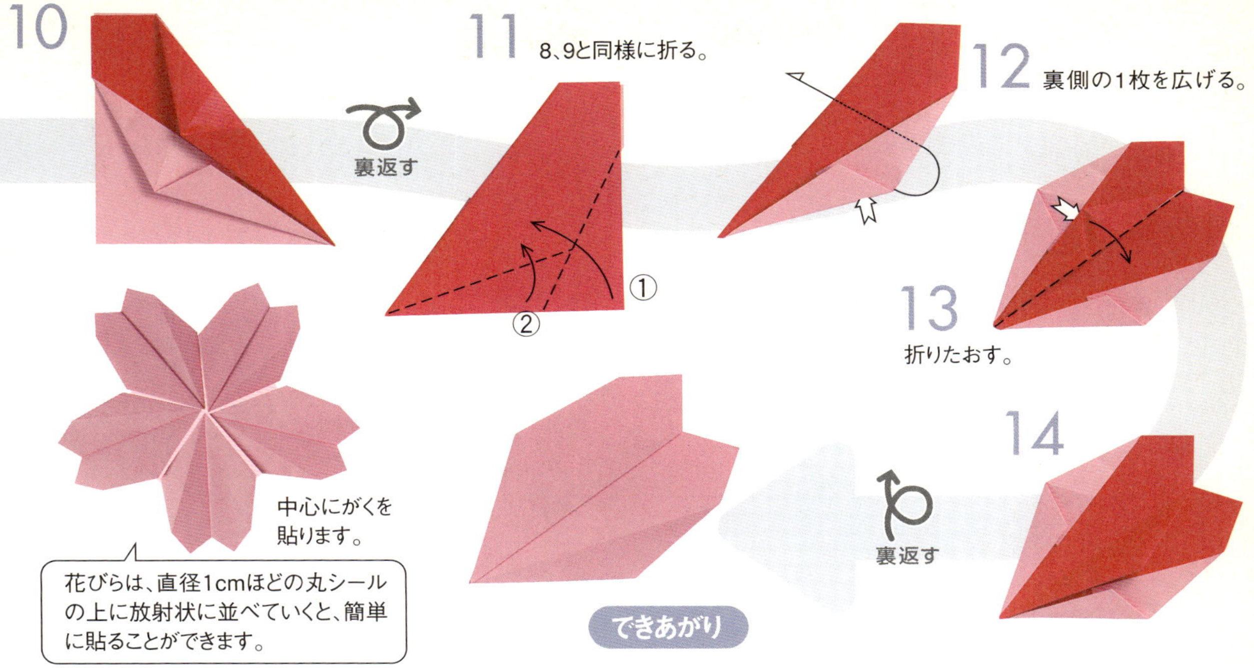

10

11 8、9と同様に折る。

12 裏側の1枚を広げる。

13 折りたおす。

14 裏返す

中心にがくを貼ります。

花びらは、直径1cmほどの丸シールの上に放射状に並べていくと、簡単に貼ることができます。

できあがり

桜（花びら・つぼみ・がく・葉）

●1つあたりの紙のサイズ・用意する数
　花びら　4×4cmなど　5枚
　つぼみ　4×4cmなど　1枚
　がく　　4×4cmなど（つぼみと同じサイズ）
　　　　　1枚
　葉　　　7.5×7.5cmなど　1枚

● 作者　土戸英二

● ポイント
　それぞれのパーツの大きさは、飾る場所や好みにあわせて調節しましょう。

花びら　つくり方がわかりやすいように、作品写真とは異なる紙を使用しています。

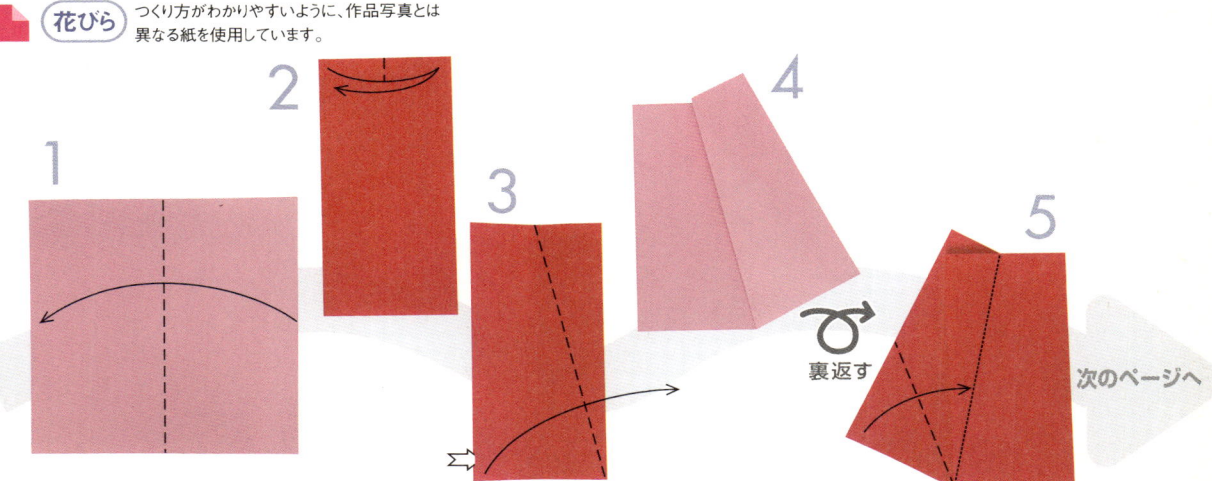

1

2

3

4 裏返す

5 次のページへ

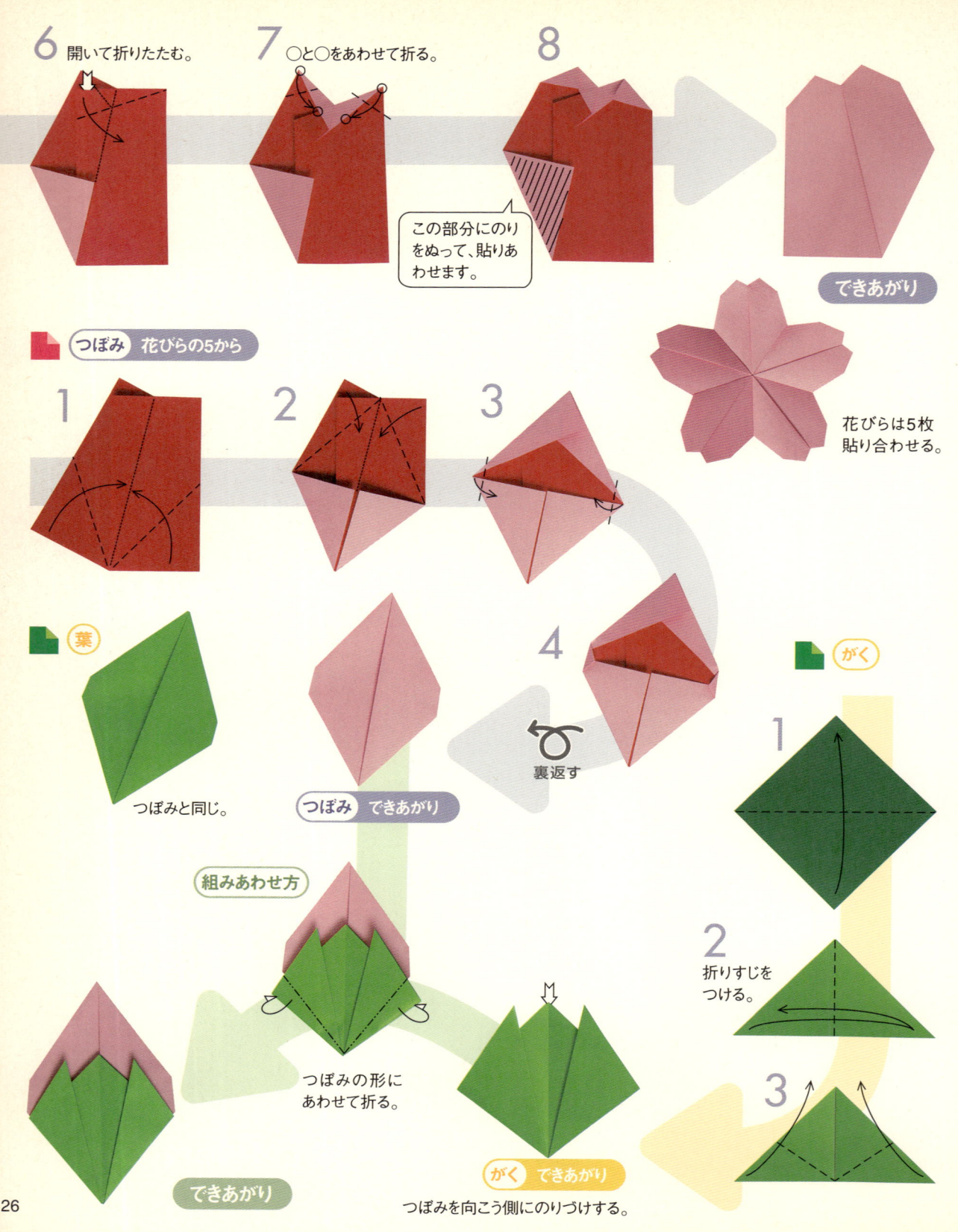

5月 May

Japanese iris

花菖蒲

アヤメ科。湿地に生息し、大きい青紫の花を咲かせます。群れて咲くことが多いので、とても華やかです。「あやめ」とは花びらの模様などが少々ちがいます。また、菖蒲湯にいれる「しょうぶ」は、サトイモ科の草で、まったくちがうものです。

花菖蒲（花・がくつき茎・葉）

- 1つあたりの紙のサイズ・用意する数
  花　15×15cm　1枚
  がくつき茎　15×15cmを対角線で半分に切ったもの　1枚
  葉　15×15cmを対角線で半分に切ったもの　1枚
- 作者　長谷川太市郎
- ポイント
  3つのパーツをさしこんで組みあわせると、一輪の花菖蒲になります。

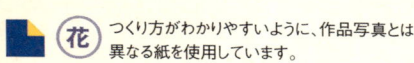 つくり方がわかりやすいように、作品写真とは異なる紙を使用しています。

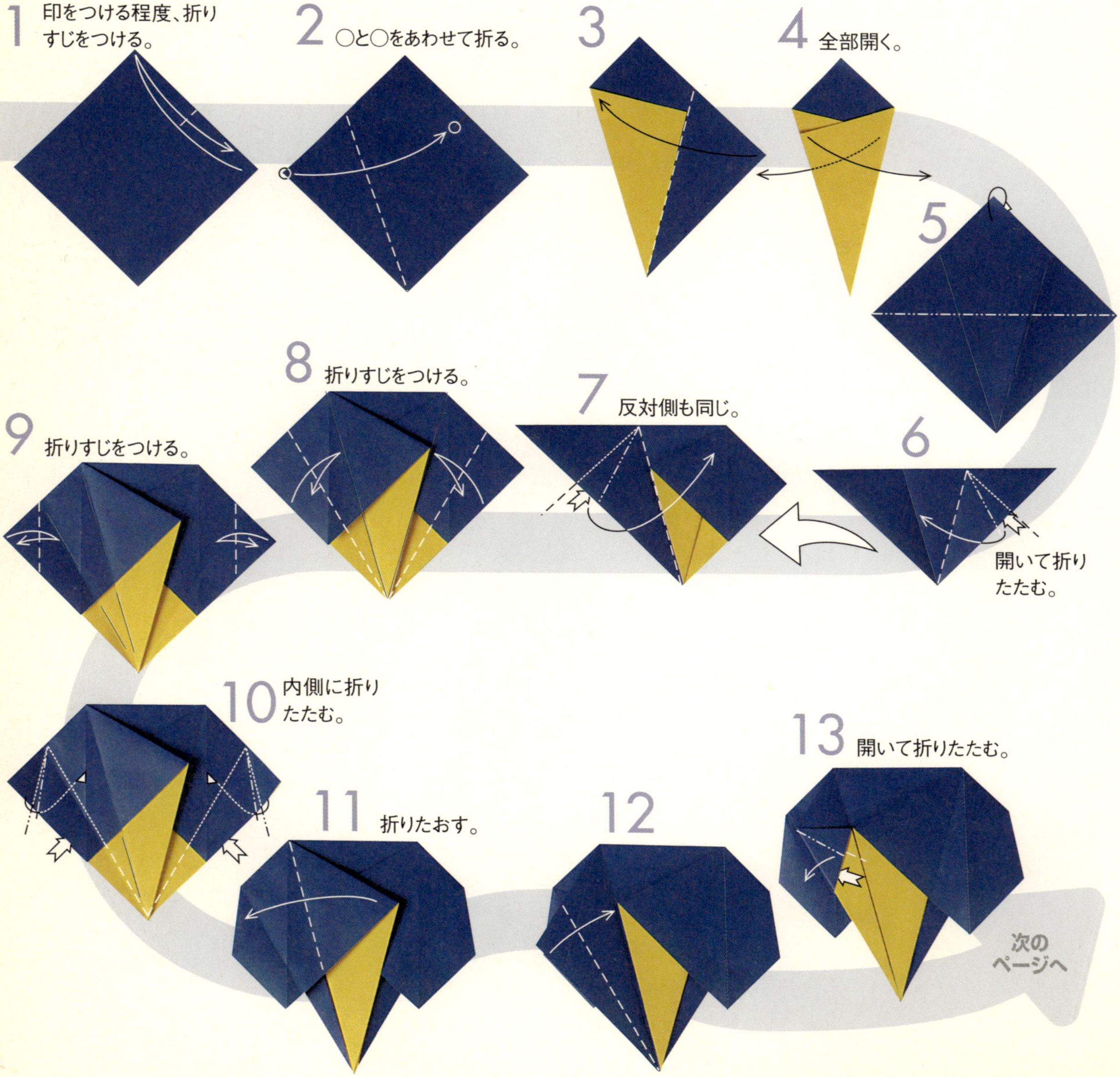

1　印をつける程度、折りすじをつける。

2　○と○をあわせて折る。

3

4　全部開く。

5

6　開いて折りたたむ。

7　反対側も同じ。

8　折りすじをつける。

9　折りすじをつける。

10　内側に折りたたむ。

11　折りたおす。

12

13　開いて折りたたむ。

次のページへ

28

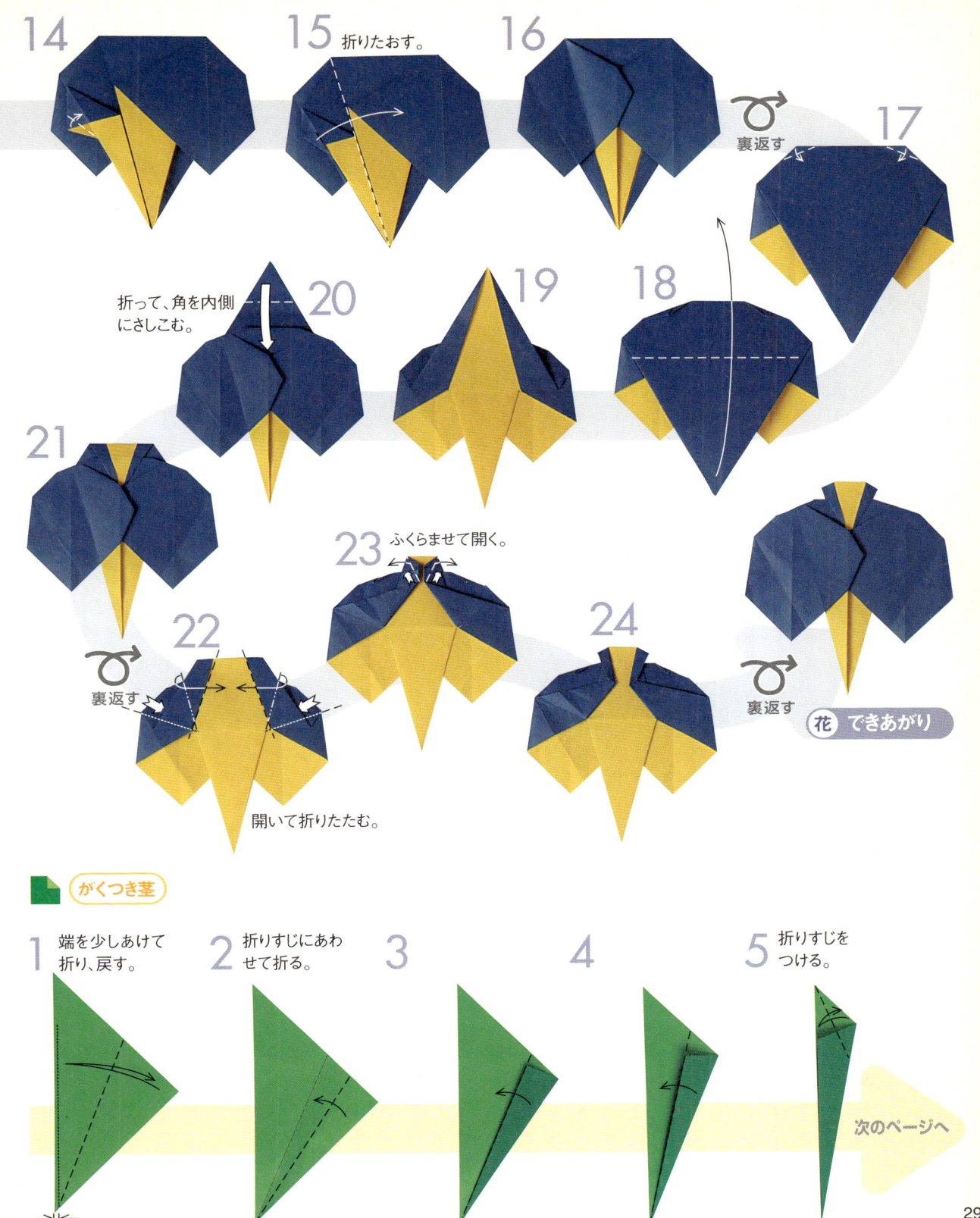

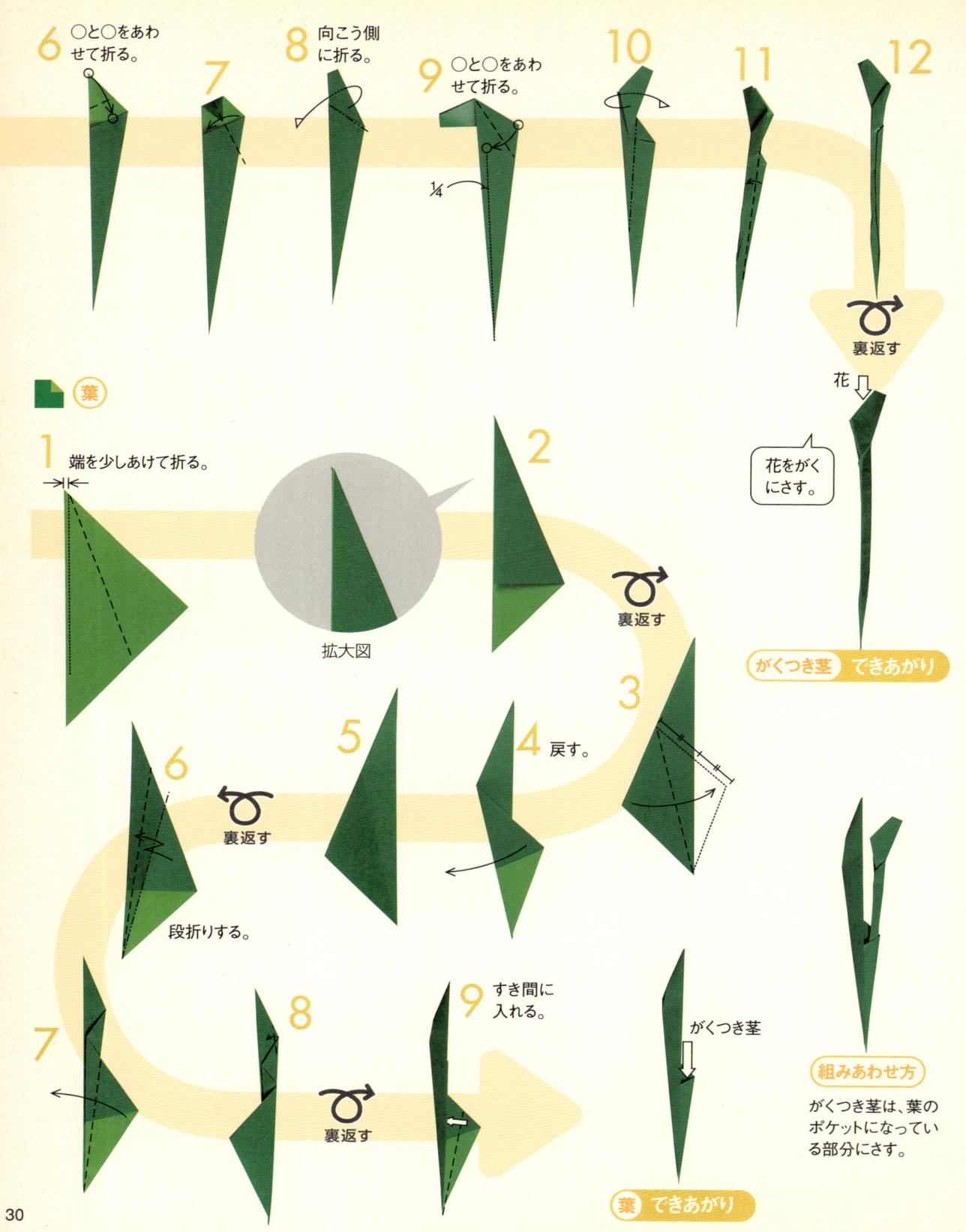

6月 June
hydrangea
あじさい

ユキノシタ科。生息する土の酸性濃度によって、花の色が変わるといわれていて、そのためか花言葉は「移り気」。花をたくさん並べ、色のグラデーションを楽しむことができます。カタツムリも雨降りの雰囲気にぴったりですね。

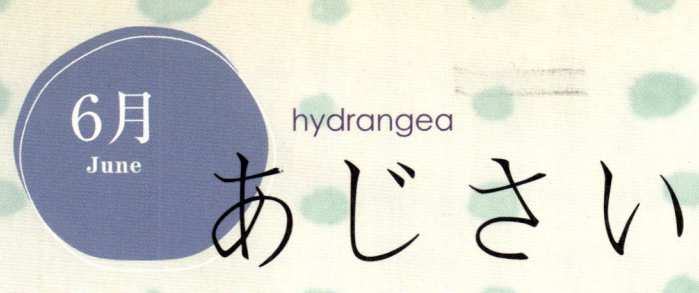

あじさい(花・葉)

- 1つあたりの紙のサイズ・用意する数
  花 3.75×3.75cm（15cmの4分の1）
  など 1枚
  葉 12×12cm 1枚
- 作者 加藤美子
- ポイント
  花や葉の大きさは好みにあわせて調節しましょう。

花 正方基本形（7ページ）から

つくり方がわかりやすいように、作品写真とは異なる紙を使用しています。

1. 印をつける程度、折りすじをつける。
2. 印をつける程度、折りすじをつける。
3. 折りすじをつける。
4. 沈め折りする。

途中のようす

全部開く。

5. 同じ向きに折る。

横から見ると

テーブルクロスのような状態にして、折り線どおりにつぶして折ります。

6. 向こう側も同じ。

途中のようす

7. 中心を押さえながら開く。

8. 裏返す

次のページへ

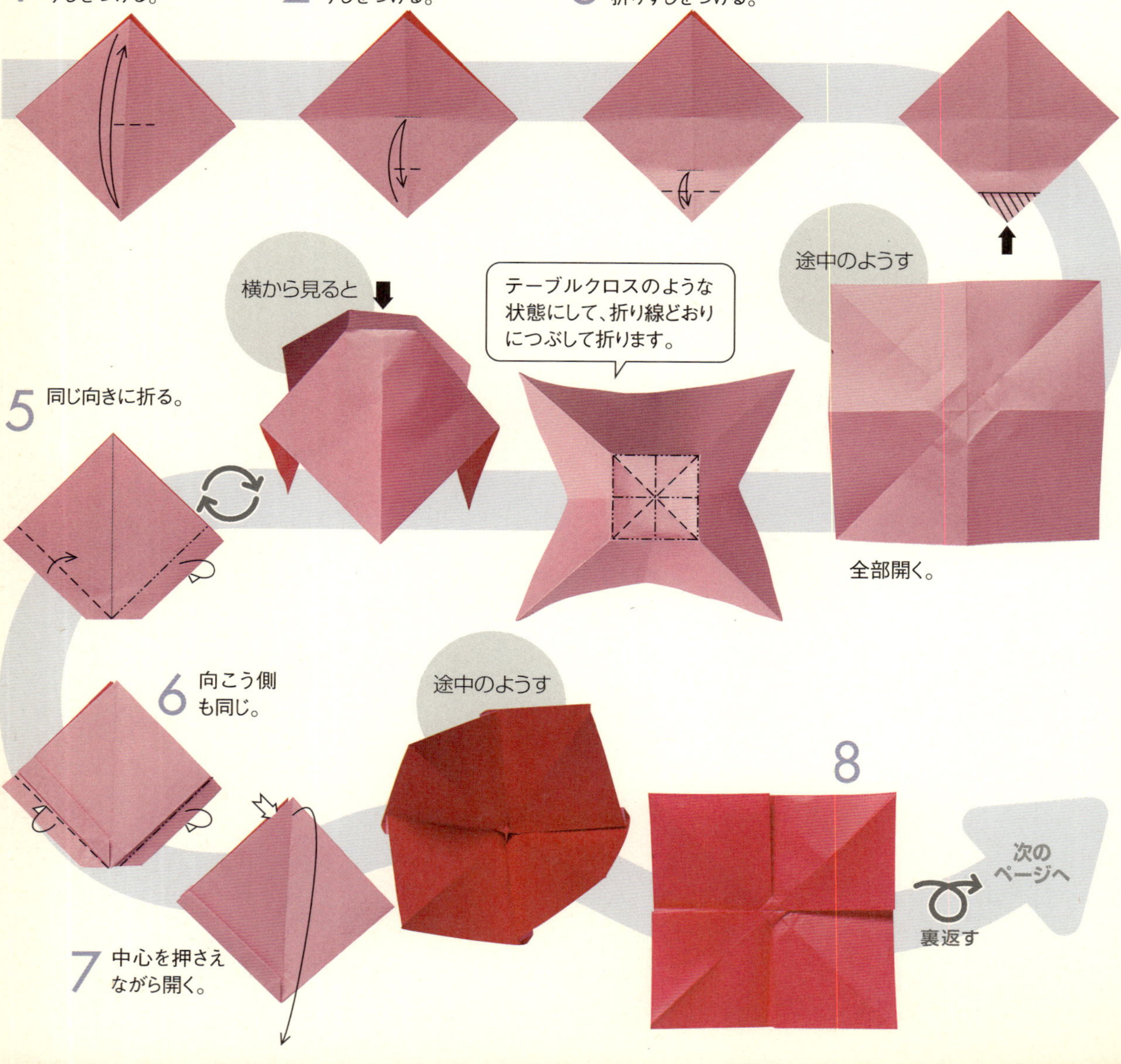

9 開いて折りたたむ。

10

裏返す

花 できあがり

葉

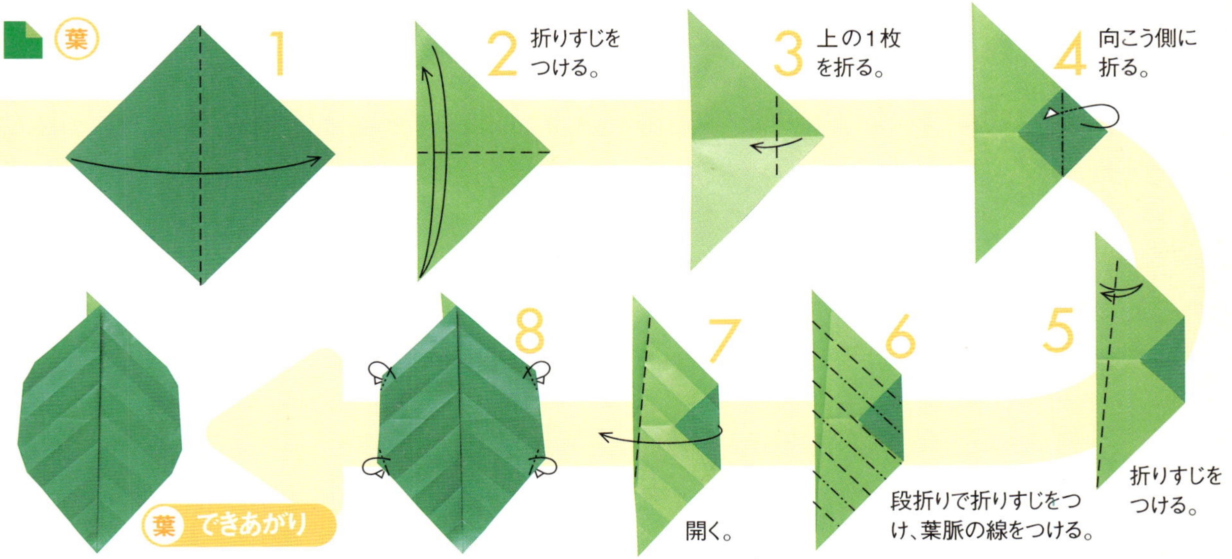

1

2 折りすじをつける。

3 上の1枚を折る。

4 向こう側に折る。

5 折りすじをつける。

6 段折りで折りすじをつけ、葉脈の線をつける。

7 開く。

8

葉 できあがり

かたつむり

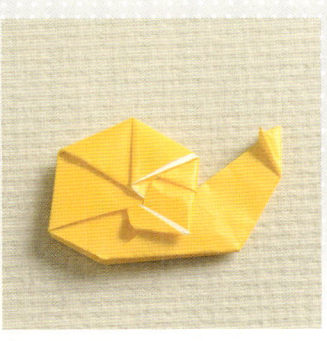

- 1つあたりの紙のサイズ・用意する数
  10×10cm　1枚
- 作者　朝日勇
- ポイント
  長い辺を巻くことで、殻の形状をうまくあらわせます。

凧の基本形（8ページ）から

つくり方がわかりやすいように、作品写真とは異なる紙を使用しています。

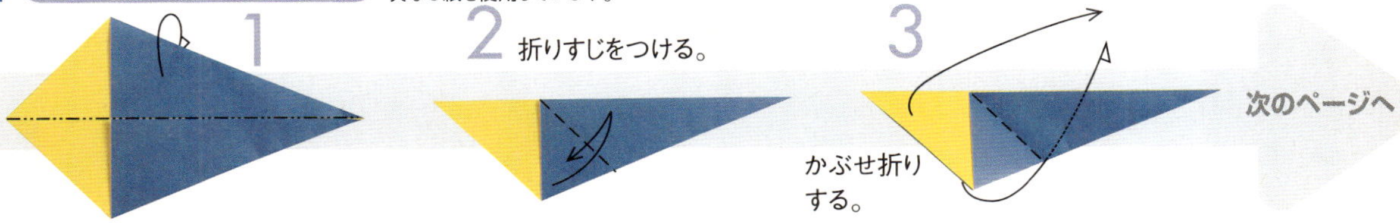

1

2 折りすじをつける。

3 かぶせ折りする。

次のページへ

33

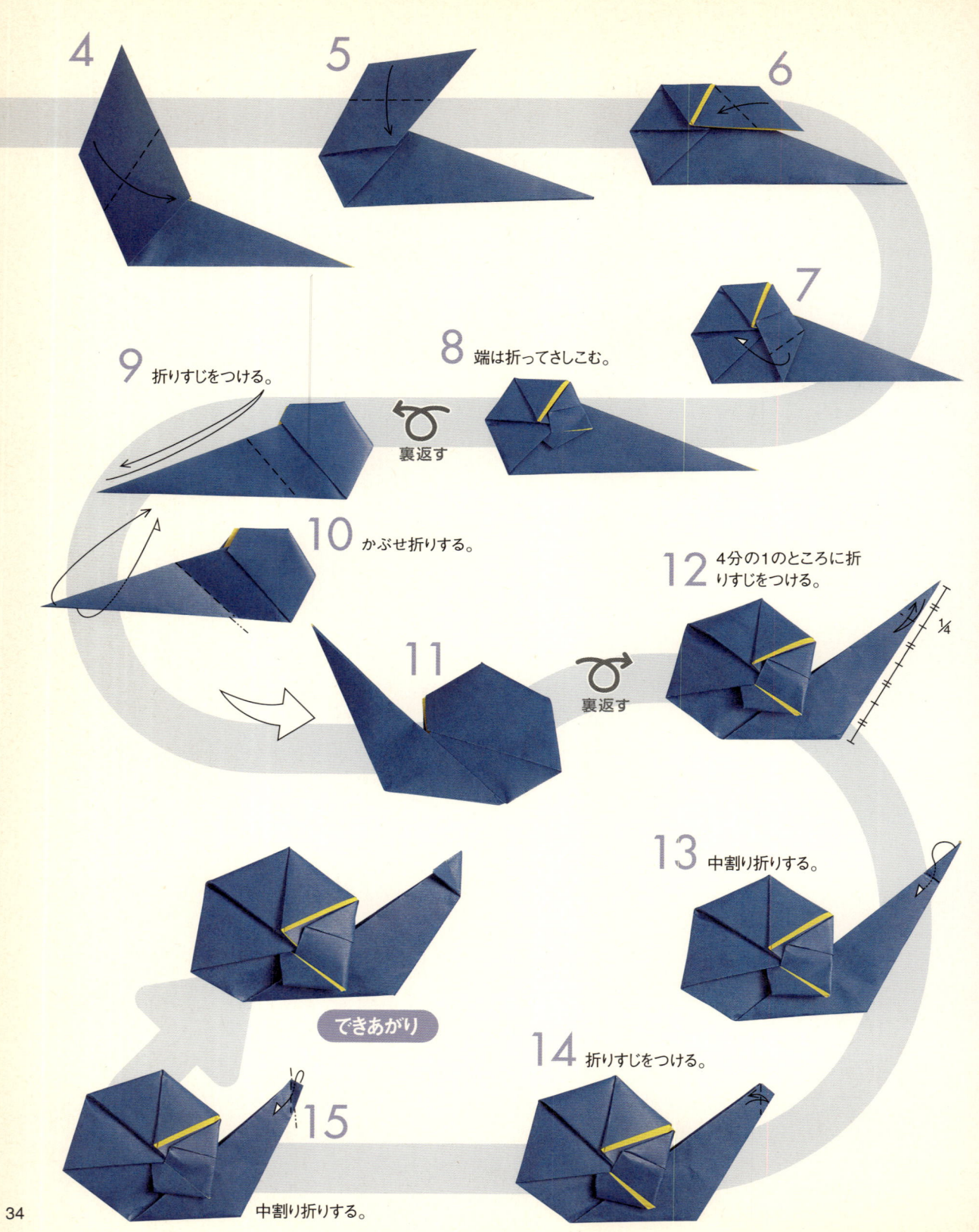

7月 July　sunflower
ひまわり

キク科。太陽に向かって力強く咲くひまわりは、まるで元気いっぱいの真夏の子どもです。黄色い紙の真ん中に種をあらわす紙を貼ってから折ります。模様や色をくふうして楽しんでつくりましょう。

ひまわり（花・葉）

- 1つあたりの紙のサイズ・用意する数
  - 花　24×24cm
  - 種　12×12cm
  - 種の紙は、花の紙の中心に貼りあわせます。
  - 葉　12×12cm

- 作者
  - 花　Nilva Fina Pillan（伊）
  - 　　紹介：長谷川太市郎
  - 葉　長谷川太市郎

- ポイント
  - 花びらを広げるときは、力を加減して少しずつ開きます。

花 種の紙を貼った色の面を内側にして

つくり方がわかりやすいように、作品写真とは異なる紙を使用しています。

1 図のように折りすじをつける。

2 ざぶとん折りし、図のように折りすじをつけて折りたたむ。正方基本形になる。

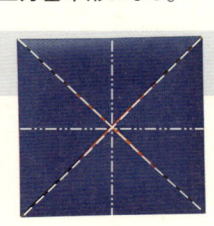

3 袋折りする。

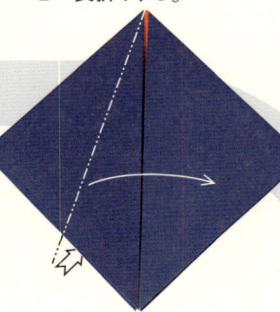

4 花びら折りする。

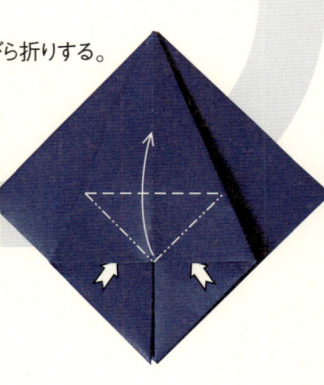

5 残りの3か所も同じ。

6 折りすじにそって折りたたむ。

7 中央を左右に開きながら、折り上げる。

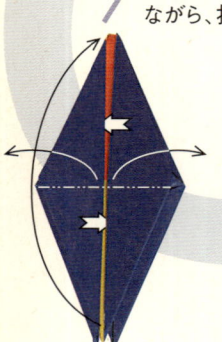

8 残りの3か所も同じ。

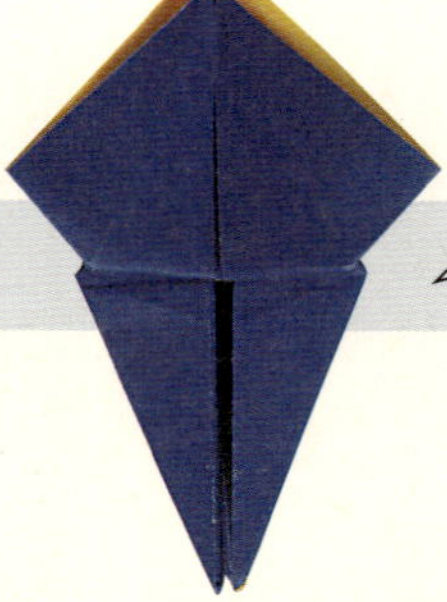

9  次のページへ

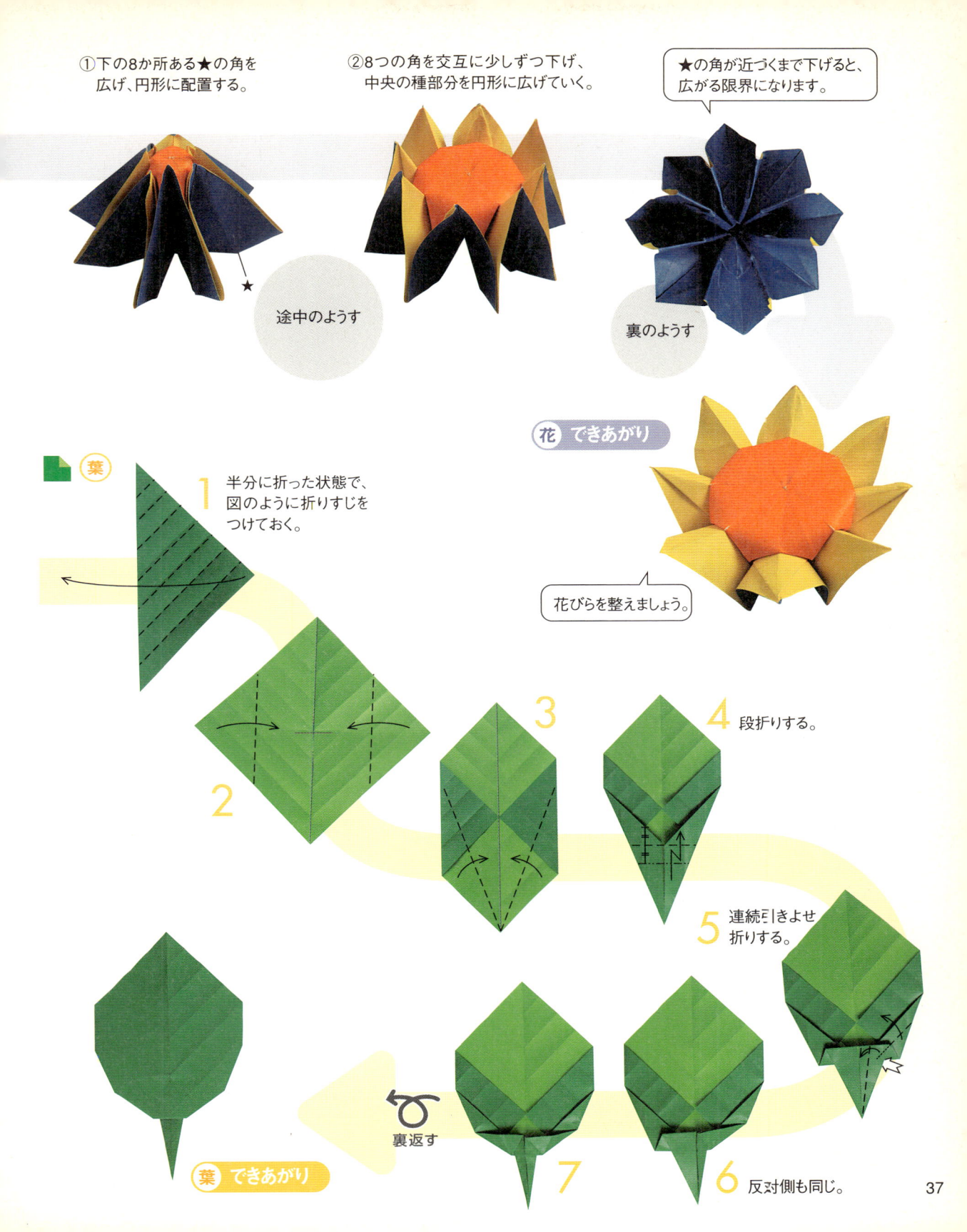

①下の8か所ある★の角を広げ、円形に配置する。

②8つの角を交互に少しずつ下げ、中央の種部分を円形に広げていく。

★の角が近づくまで下げると、広がる限界になります。

途中のようす

裏のようす

花 できあがり

花びらを整えましょう。

葉

1 半分に折った状態で、図のように折りすじをつけておく。

2

3

4 段折りする。

5 連続引きよせ折りする。

6 反対側も同じ。

7

裏返す

葉 できあがり

37

8月 August

朝顔 morning glory

ヒルガオ科。つる性の植物で、江戸時代から多くの品種がつくられ、花びらの形や模様にはさまざまな種類があります。夏の朝、まだ涼しい日陰で咲く、新鮮な花をイメージしてつくりましょう。

朝顔（花・葉）

- 1つあたりの紙のサイズ・用意する数
  - 花　15×15cm　1枚
  - がく　5×5cm（花の3分の1）　1枚
  - 葉　5×5～10×10cm　1枚
- 作者　長谷川太市郎
- ポイント
  花とがくは立体的に折っていきます。

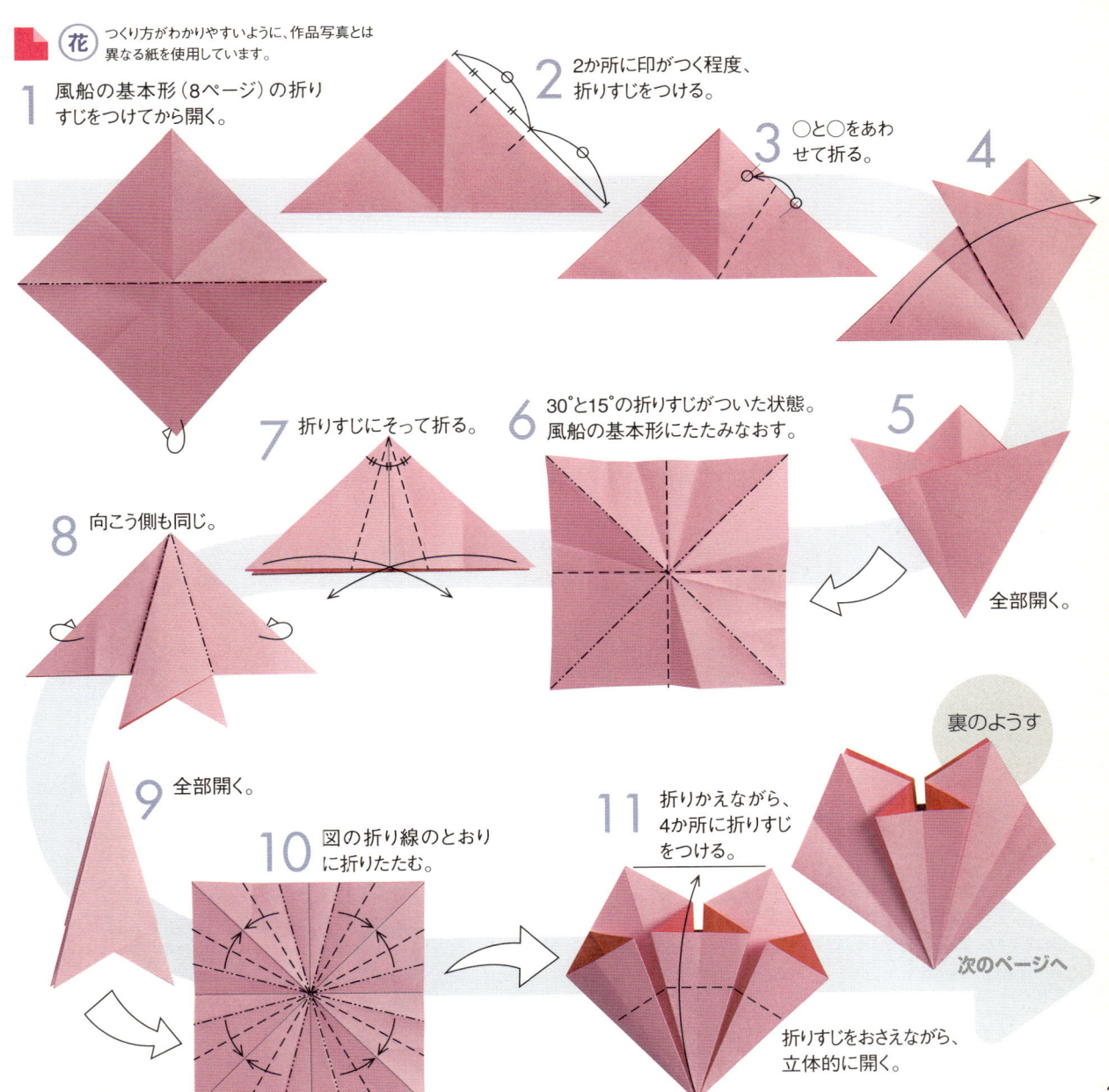

花　つくり方がわかりやすいように、作品写真とは異なる紙を使用しています。

1　風船の基本形（8ページ）の折りすじをつけてから開く。

2　2か所に印がつく程度、折りすじをつける。

3　○と○をあわせて折る。

4

5　全部開く。

6　30°と15°の折りすじがついた状態。風船の基本形にたたみなおす。

7　折りすじにそって折る。

8　向こう側も同じ。

9　全部開く。

10　図の折り線のとおりに折りたたむ。

11　折りかえながら、4か所に折りすじをつける。

裏のようす

折りすじをおさえながら、立体的に開く。

次のページへ

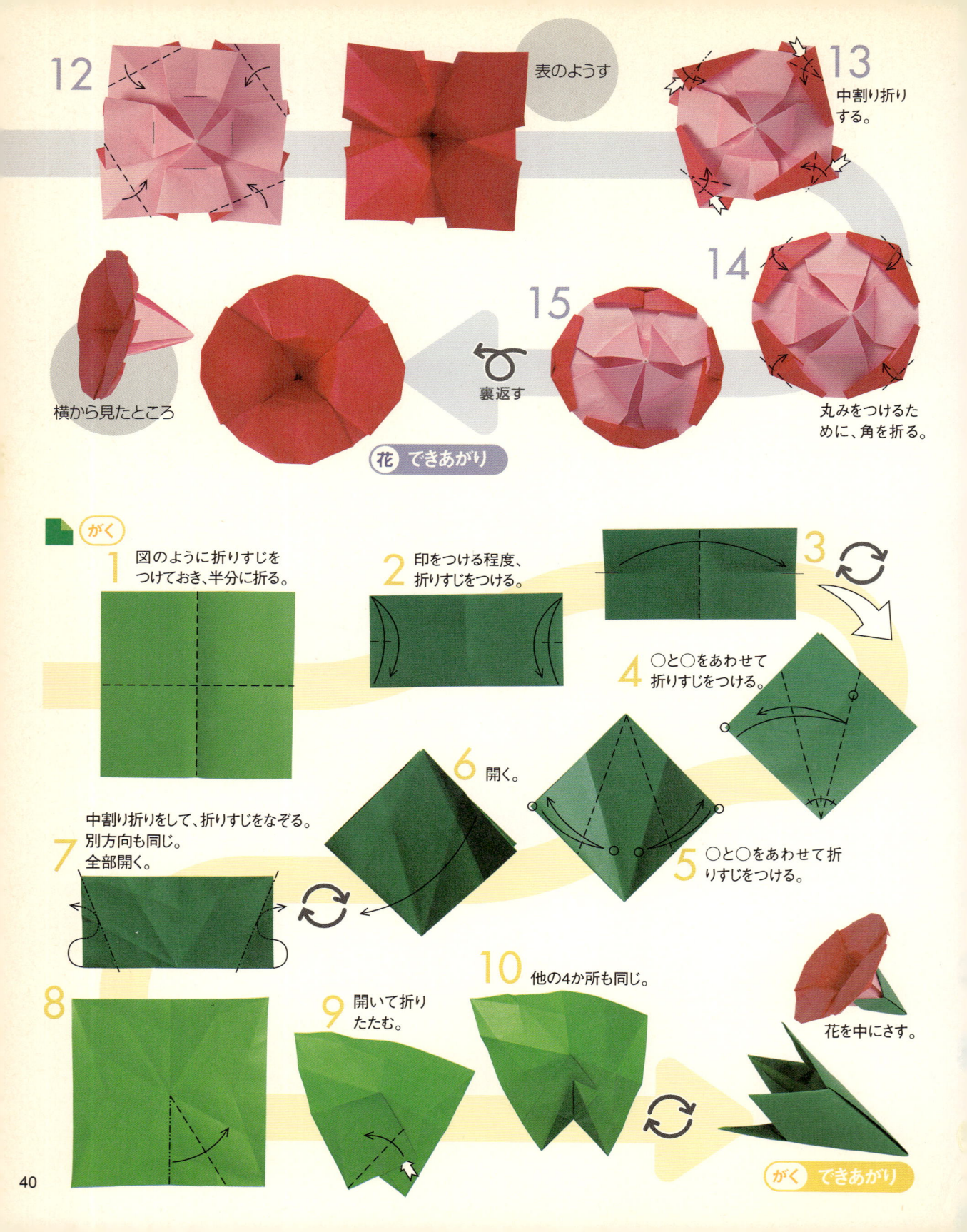

12

表のようす

13 中割り折りする。

横から見たところ

15

裏返す

14 丸みをつけるために、角を折る。

花 できあがり

がく

1 図のように折りすじをつけておき、半分に折る。

2 印をつける程度、折りすじをつける。

3

4 ○と○をあわせて折りすじをつける。

6 開く。

5 ○と○をあわせて折りすじをつける。

7 中割り折りをして、折りすじをなぞる。別方向も同じ。全部開く。

8

9 開いて折りたたむ。

10 他の4か所も同じ。

花を中にさす。

がく できあがり

40

葉 凧の基本形（8ページ）から

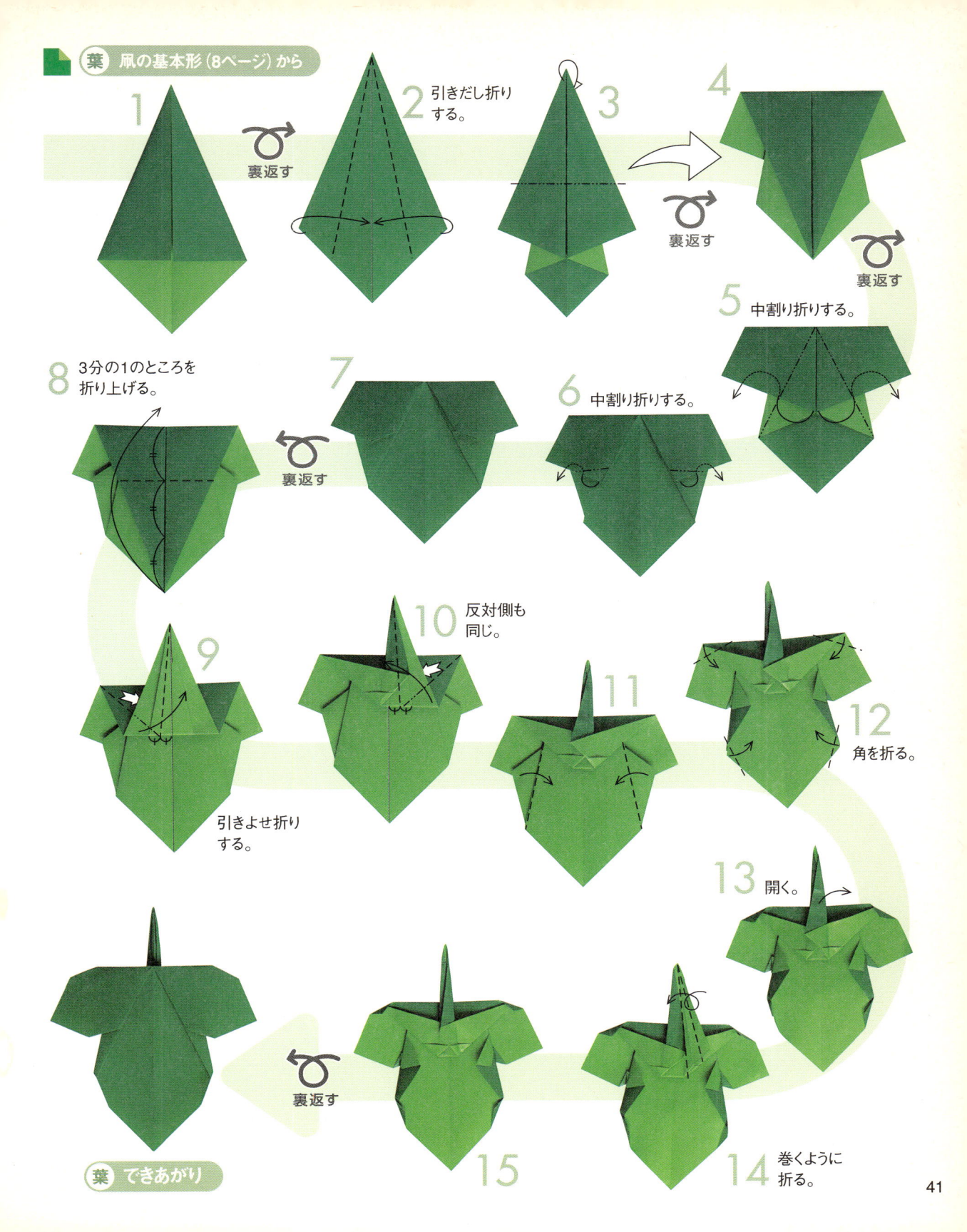

1

2 引きだし折りする。

裏返す

3

4

裏返す

5 中割り折りする。

6 中割り折りする。

7

裏返す

8 3分の1のところを折り上げる。

9 引きよせ折りする。

10 反対側も同じ。

11

12 角を折る。

13 開く。

14 巻くように折る。

15

裏返す

葉 できあがり

dahlia

ダリア

9月
September

キク科。夏から秋にかけて咲く、華やかな花です。天竺牡丹という別名もあるように大きな花です。色は赤だけでなく、白、黄、紫、橙などたくさんあります。南国風に飾って、暑さが厳しい残暑に楽しんでみませんか？

ダリア

●1つあたりの紙のサイズ・用意する数
7.5×7.5～18×18cm　1枚
正八角形（10ページ）からもつくることができます。

●作者　鈴木昭代

●ポイント
素材と大きさを選んで、ブローチにすることもできます。

正六角形（10ページ）から　つくり方がわかりやすいように、作品写真とは異なる紙を使用しています。

1 図のように折りすじをつけておく。

2

3 開いて折りたたむ。

4 開いて折りたたむ。同様に折っていく。

5 開いて折りたたむ。

途中のようす

6 袋折りする。

7 折りすじをつける。

次のページへ

43

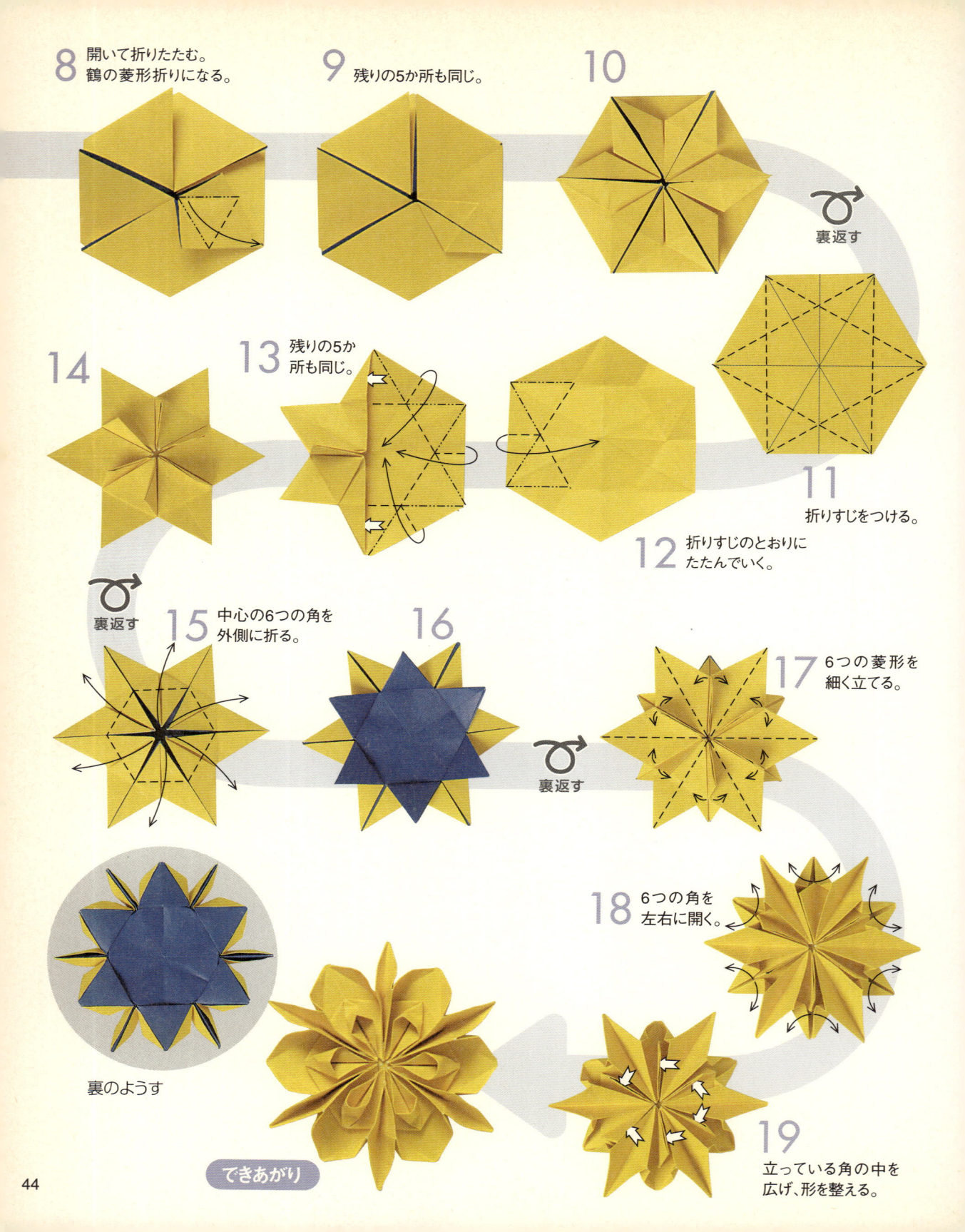

8 開いて折りたたむ。
鶴の菱形折りになる。

9 残りの5か所も同じ。

10

裏返す

11 折りすじをつける。

13 残りの5か所も同じ。

12 折りすじのとおりにたたんでいく。

14

裏返す

15 中心の6つの角を外側に折る。

16

裏返す

17 6つの菱形を細く立てる。

18 6つの角を左右に開く。

裏のようす

できあがり

19 立っている角の中を広げ、形を整える。

44

コスモス cosmos

10月 October

キク科。日本の秋を代表する有名な花ですが、メキシコが原産です。花びらのパーツを放射状に貼りあわせてつくります。濃淡ちがう色を組みあわせたり、たくさん並べてお花畑をイメージしたりして楽しみましょう。

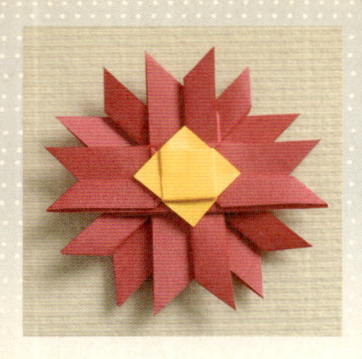

コスモス（花・花芯）

- 1つあたりの紙のサイズ・用意する数
  花　7.5×7.5cm　4枚
  花芯　4×4cm　1枚

- 作者
  花　朝日勇
  花芯　伝承のアレンジ

- ポイント
  8枚を組みあわせると、勲章のような厚みのあるものになります。

■ 花　風船の基本形（8ページ）から

つくり方がわかりやすいように、作品写真とは異なる紙を使用しています。

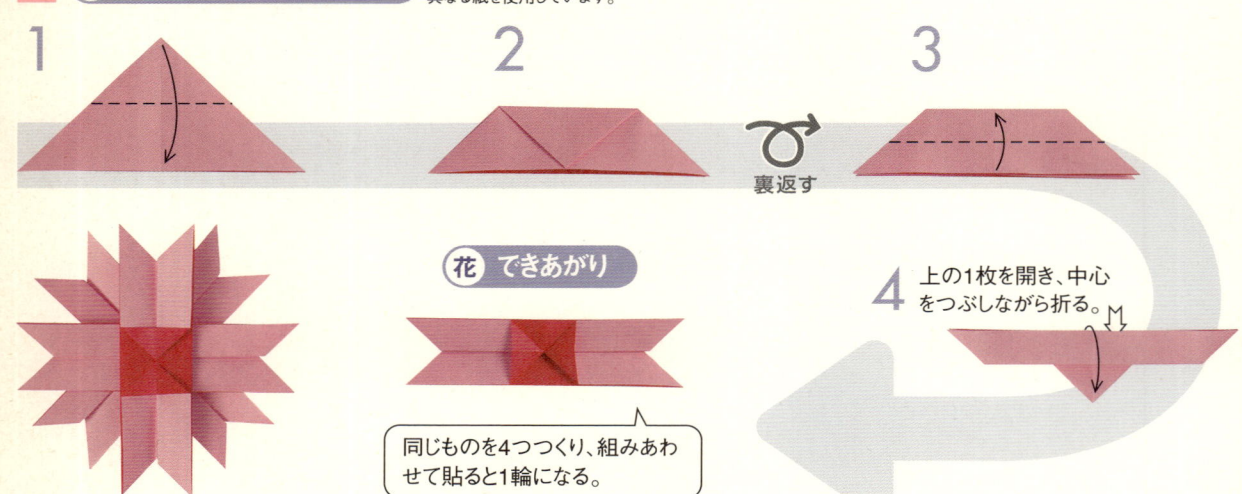

1

2

裏返す

3

4　上の1枚を開き、中心をつぶしながら折る。

花 できあがり

同じものを4つつくり、組みあわせて貼ると1輪になる。

■ 花芯　色の面が内側のざぶとん折り（9ページ）から

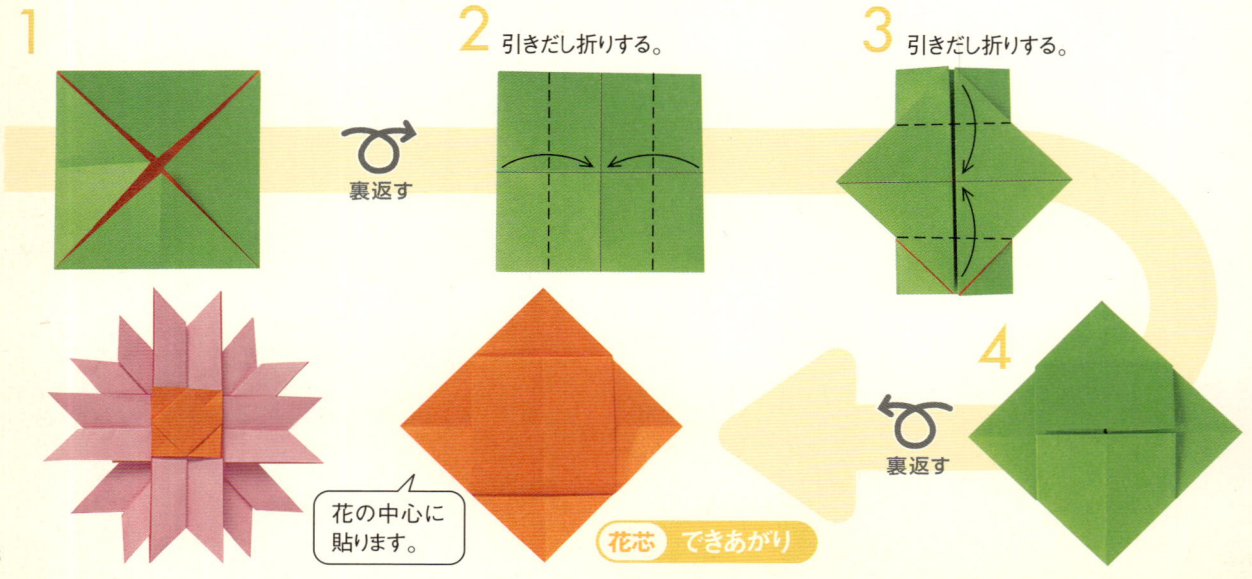

1

裏返す

2　引きだし折りする。

3　引きだし折りする。

4

裏返す

花芯 できあがり

花の中心に貼ります。

46

菊
chrysanthemum
11月 November

キク科。観賞用として一輪ごとに栽培したり、菊人形として飾ったり、花びらを食したりと、日本人の生活になじみ深い花です。八角形の紙からつくる、くり返しの細かい折りで細い花びらの重なりを表現する作品です。

菊

- 1つあたりの紙のサイズ・用意する数
  15×15〜24×24cm　1枚
  大きさは好みで調節してください。

- 作者　守屋朝子

- ポイント
  折り方の基本はたとう折りです。

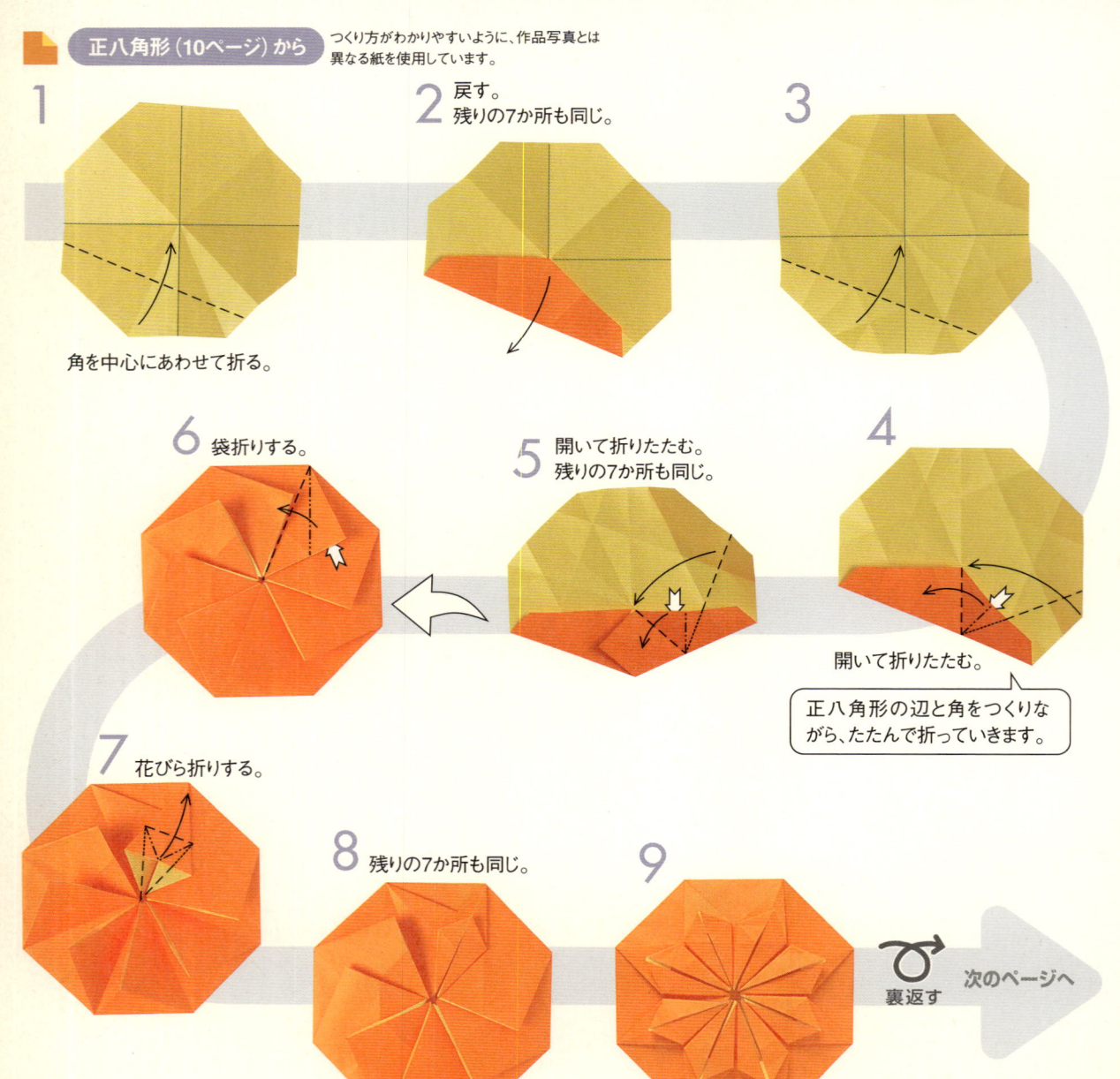

正八角形（10ページ）から　つくり方がわかりやすいように、作品写真とは異なる紙を使用しています。

1 角を中心にあわせて折る。

2 戻す。
残りの7か所も同じ。

3

4 開いて折りたたむ。
正八角形の辺と角をつくりながら、たたんで折っていきます。

5 開いて折りたたむ。
残りの7か所も同じ。

6 袋折りする。

7 花びら折りする。

8 残りの7か所も同じ。

9 裏返す　次のページへ

48

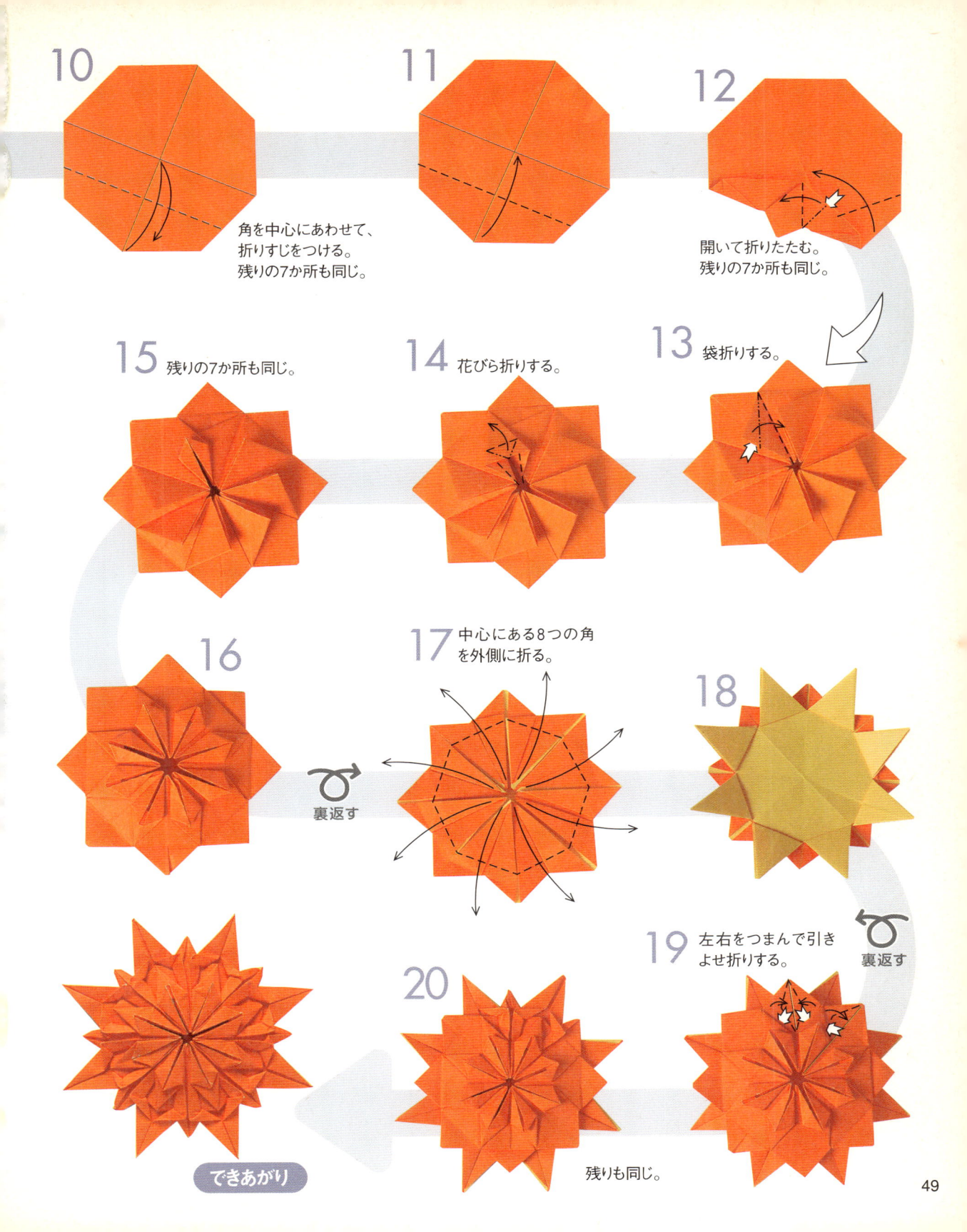

10
角を中心にあわせて、折りすじをつける。残りの7か所も同じ。

11

12
開いて折りたたむ。残りの7か所も同じ。

13
袋折りする。

14
花びら折りする。

15
残りの7か所も同じ。

16

17
中心にある8つの角を外側に折る。

裏返す

18

裏返す

19
左右をつまんで引きよせ折りする。

20
残りも同じ。

できあがり

12月 December camellia 椿

ツバキ科。秋から春まで長い期間咲く、堂々とした魅力のある花です。実からは油をとることができます。厚みのある花弁と花芯の重なりは、3つのパーツを組みあわせることで表現しました。大きくつくって、どっしりと飾りましょう。

椿・二枚の葉

●1つあたりの紙のサイズ・用意する数
椿　花弁A　15×15cm　1枚
　　花弁B　15×15cm　1枚
　　花芯　7.5×7.5cm（花弁の4分の1）
　　　　　1枚
二枚の葉　15×15cm　1枚

●作者
椿　高橋吉永
二枚の葉　長谷川太市郎

●ポイント
2枚の花弁と花芯を重ね入れるので、立体的に見える作品です。

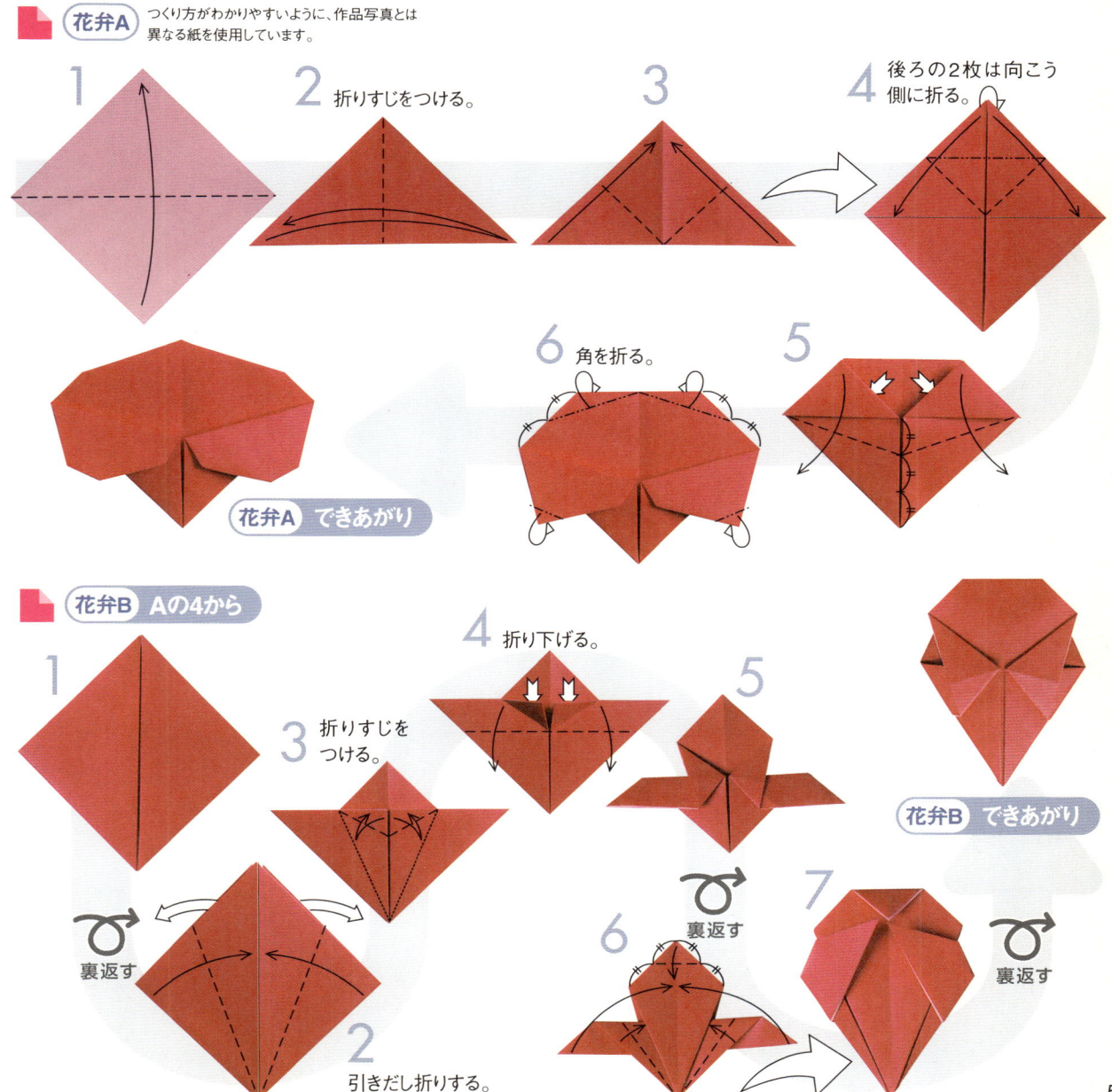

花弁A

つくり方がわかりやすいように、作品写真とは異なる紙を使用しています。

1
2　折りすじをつける。
3
4　後ろの2枚は向こう側に折る。
5
6　角を折る。

花弁A　できあがり

花弁B　Aの4から

1
2　引きだし折りする。　裏返す
3　折りすじをつける。
4　折り下げる。
5
6　裏返す
7　裏返す

花弁B　できあがり

51

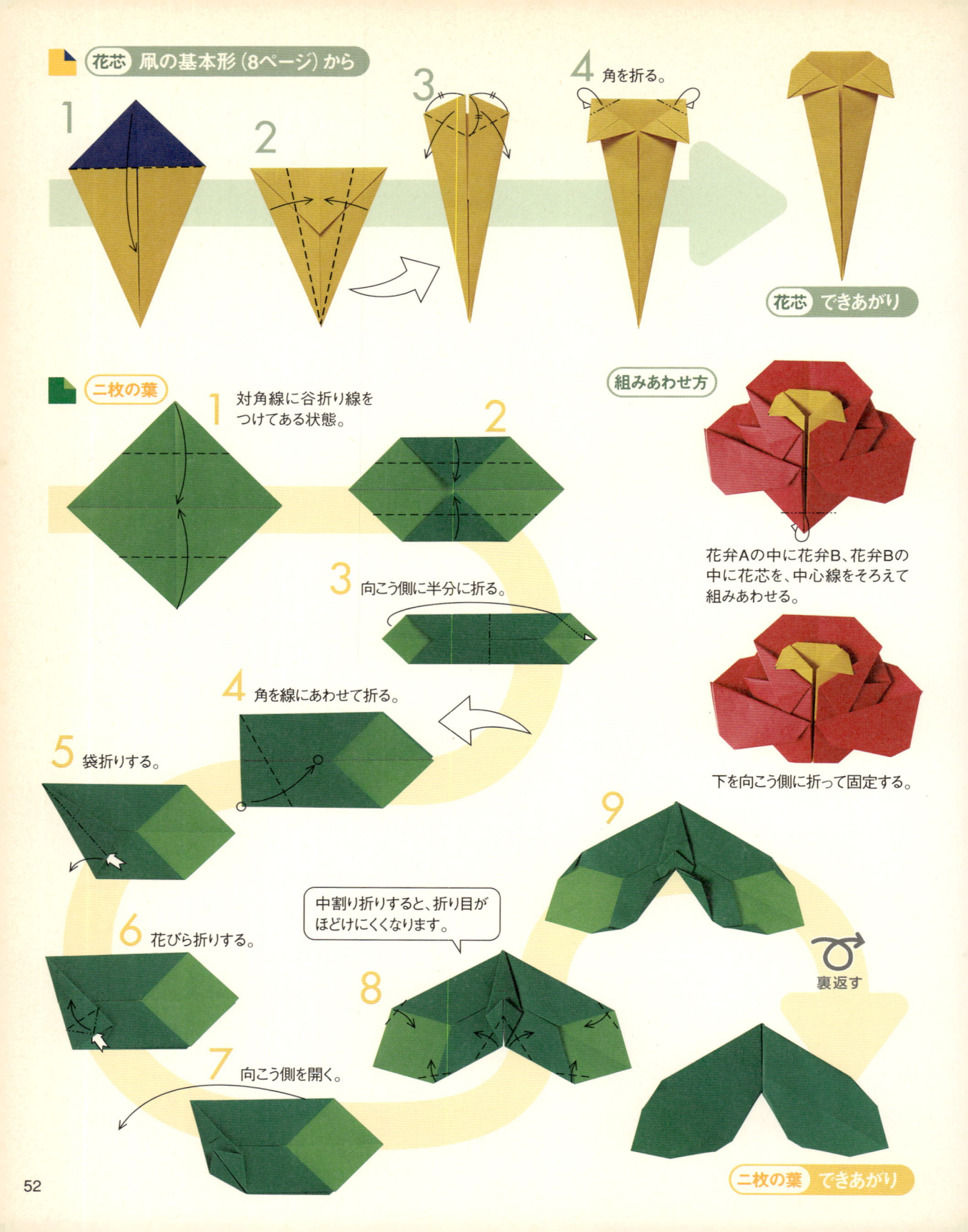

花芯 凧の基本形（8ページ）から

1
2
3
4 角を折る。

花芯 できあがり

二枚の葉

1 対角線に谷折り線をつけてある状態。
2
3 向こう側に半分に折る。
4 角を線にあわせて折る。
5 袋折りする。
6 花びら折りする。
7 向こう側を開く。
8
9

中割り折りすると、折り目がほどけにくくなります。

裏返す

二枚の葉 できあがり

組みあわせ方

花弁Aの中に花弁B、花弁Bの中に花芯を、中心線をそろえて組みあわせる。

下を向こう側に折って固定する。

Chapter2

ホームパーティーを彩る
テーブル小物

落ち着いた雰囲気をつくる
和のテーブルセッティング

自宅に親しい友人を招いて、いつもとはちがったおもてなしをしてみませんか？ちょっとだけかしこまっているけれど、とてもリラックスできる、そんな雰囲気づくりに一役買ってくれます。

1 ソルト＆ペッパー入れ
つくり方→58ページ

2 箸置き
つくり方→60ページ

3 花かご
つくり方→61ページ

4 席札
つくり方→63ページ

5 市松模様のコースター
つくり方→64ページ

にぎやかなランチタイムに
洋のテーブルセッティング

いつまでも止まらないおしゃべりをBGMに、手づくりのランチを食べましょう。気のおけない友人と過ごす楽しい昼下がりを軽やかに演出します。

1 ハートのナプキンリング
つくり方→65ページ

2 六角形のコースター
つくり方→66ページ

3 席札スタンド
つくり方→67ページ

4 パン皿
つくり方→68ページ

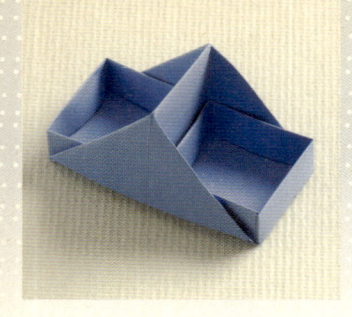

ソルト&ペッパー入れ

- **1つあたりの紙のサイズ・用意する数**
  A判・B判など1:√2の紙　1枚
  写真の作品は、21×15cmの紙で作っています。

- **作者**
  Robin Glynn（英）
  アレンジ：鈴木昭代

- **ポイント**
  仕切り部分を立ち上げるところの折りが楽しいです。

つくり方がわかりやすいように、作品写真とは異なる紙を使用しています。

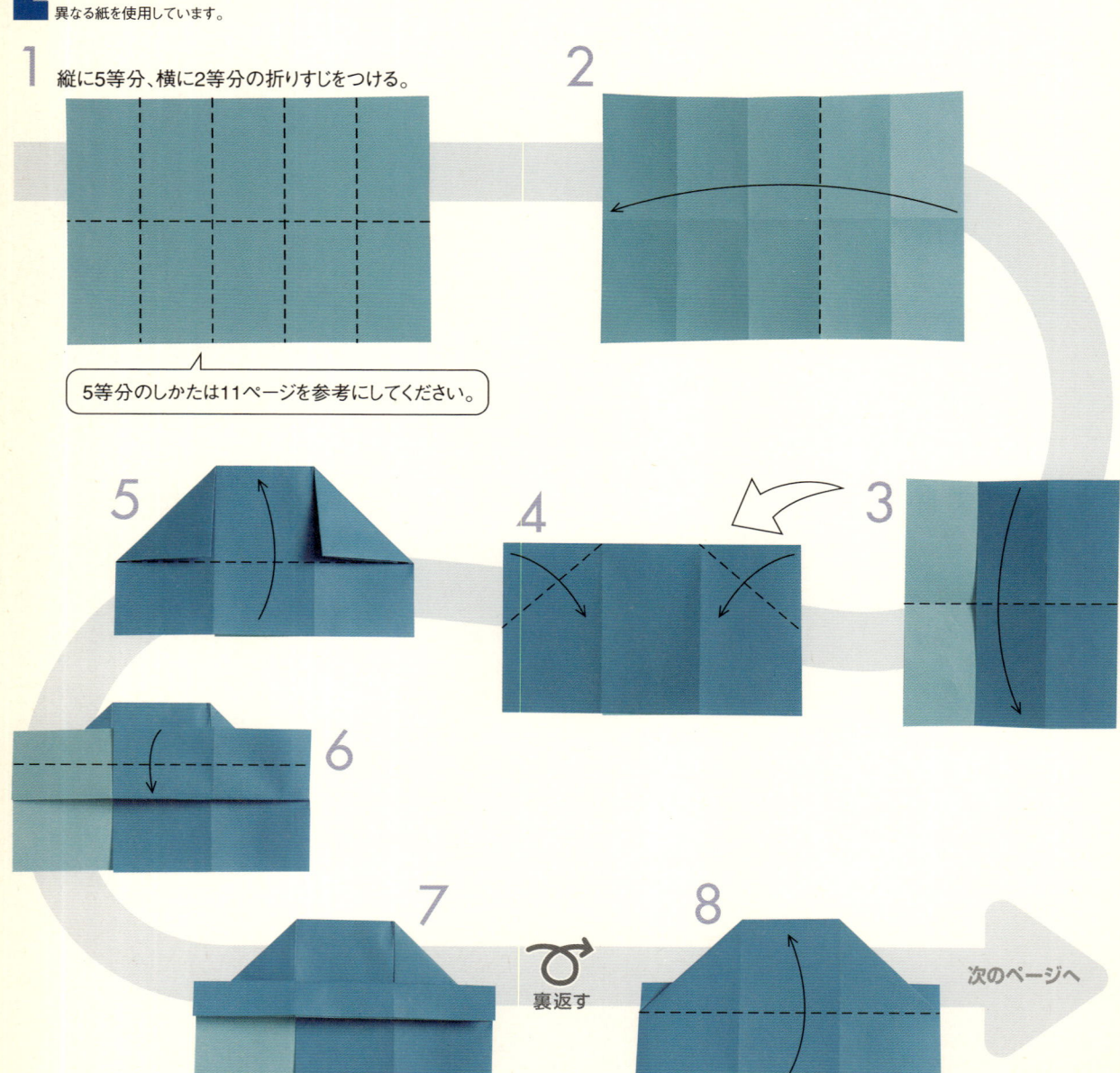

1 縦に5等分、横に2等分の折りすじをつける。

5等分のしかたは11ページを参考にしてください。

2

3

4

5

6

7 裏返す

8 次のページへ

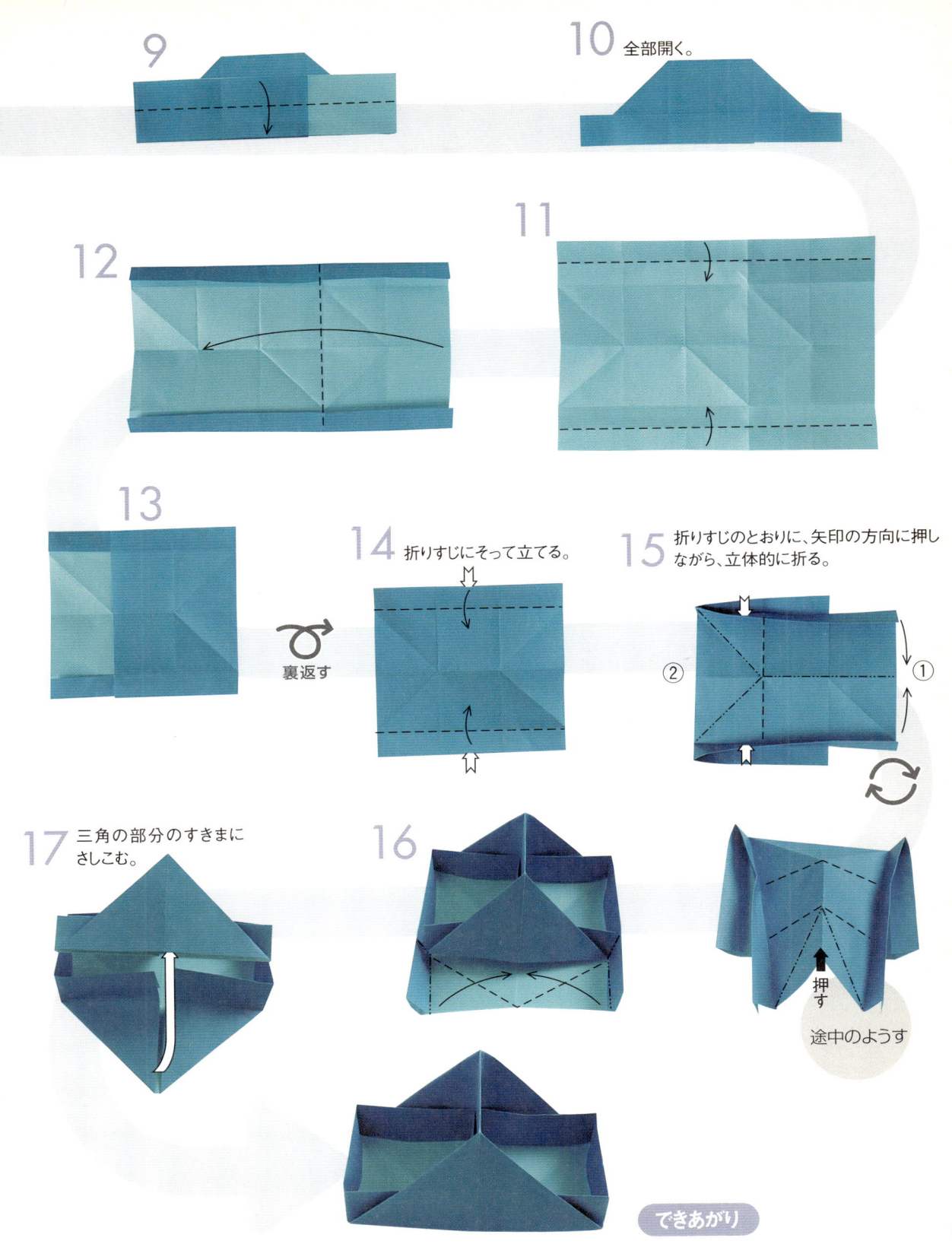

9

10 全部開く。

12

11

13

14 折りすじにそって立てる。

裏返す

15 折りすじのとおりに、矢印の方向に押しながら、立体的に折る。

①
②

17 三角の部分のすきまにさしこむ。

16

押す

途中のようす

できあがり

59

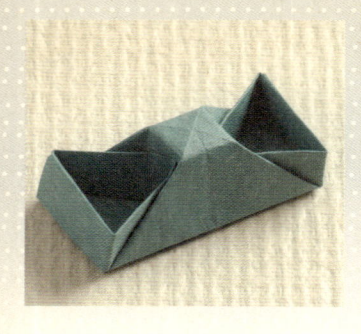

箸置き

- 1つあたりの紙のサイズ・用意する数
  7.5×7.5cm　1枚
  15×15cmなど大きい紙で折ると、小物入れとして使用することができます。

- 作者　守屋朝子

- ポイント
  中心の持ちあがる部分は、山をイメージしています。

風船の基本形（8ページ）から

つくり方がわかりやすいように、作品写真とは異なる紙を使用しています。

1. 中心線の8分の1のところに、折りすじをつける。

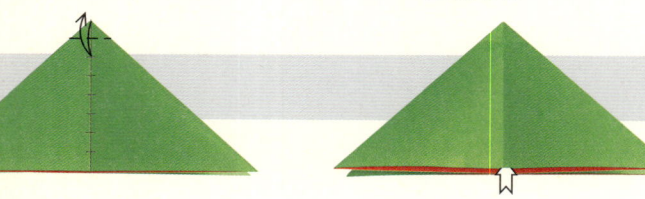

2. 全部開く。

3. 左右、8分の1のところを折る。

4.  折りすじと交わったところにあわせて折ります。

5. 中心の正方形を持ち上げるように、左右を立てながら寄せる。

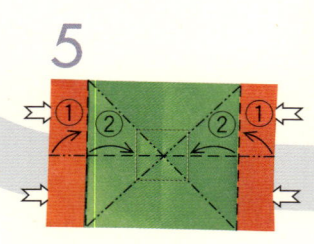

途中のようす

裏返す

6. 左右の立てた壁は、片側をかぶせてまとめる。

7.

裏返す

できあがり

花かご

●1つあたりの紙のサイズ・用意する数
かご　18×18cm　1枚
持ち手　18×4.5cm（かごの4分の1）

●作者　曽根泰子

●ポイント
持ち手がつく面とつかない面の折り方がちょっとちがいます。

風船の基本形（8ページ）から　つくり方がわかりやすいように、作品写真とは異なる紙を使用しています。

1

2　向こう側も同じ。

3　折りすじをつける。

4　それぞれ開いて折りたたむ。

5

6　向こう側も同じ。

7　★を中心にして●と●をあわせ、左右にそれぞれ折りすじをつける。

8　全部開く。

9　図のようにして、沈め折りする。

10　上の1枚を折る。

11　折りすじにそって、左右から寄せるように折り上げる。向こう側も同じ。

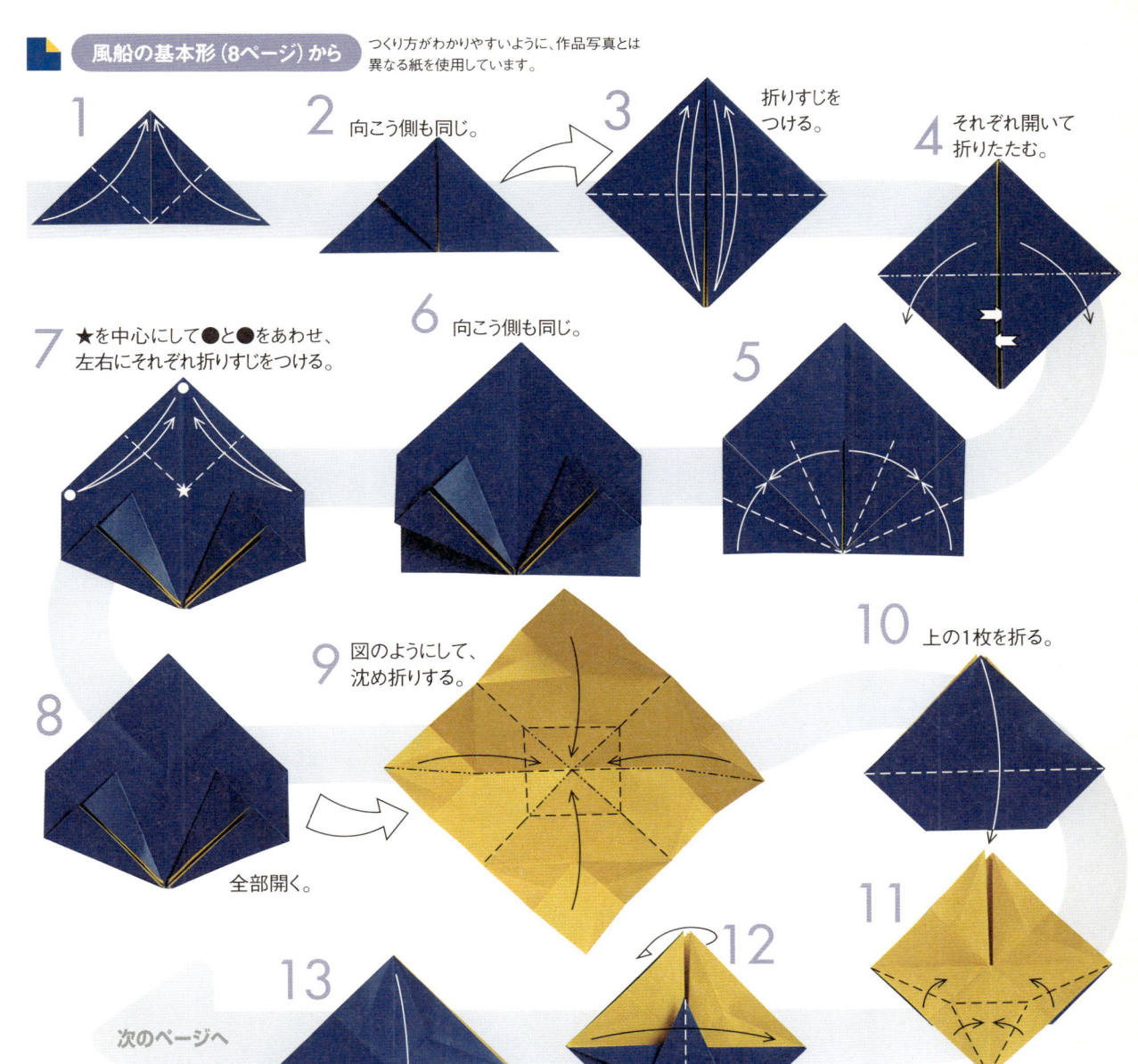

12　折り変える。向こう側も同じ。

13　次のページへ

14 ★の高さまで折り上げる。

15 折りすじにそって、左右から寄せるように折り上げる。

16 向こう側も同じ。

17 折り変える。

18 中心線にあわせて折る。角は中にさしこむ。

19 向こう側も同じ。

20 底を平らに開く。

21

22 箱の内側にのりで貼る。

23 反対側も同じ。

24 持ち手の端をさしこんで固定する。

できあがり

(持ち手)

1 折りすじをつける。

2

持ち手 できあがり

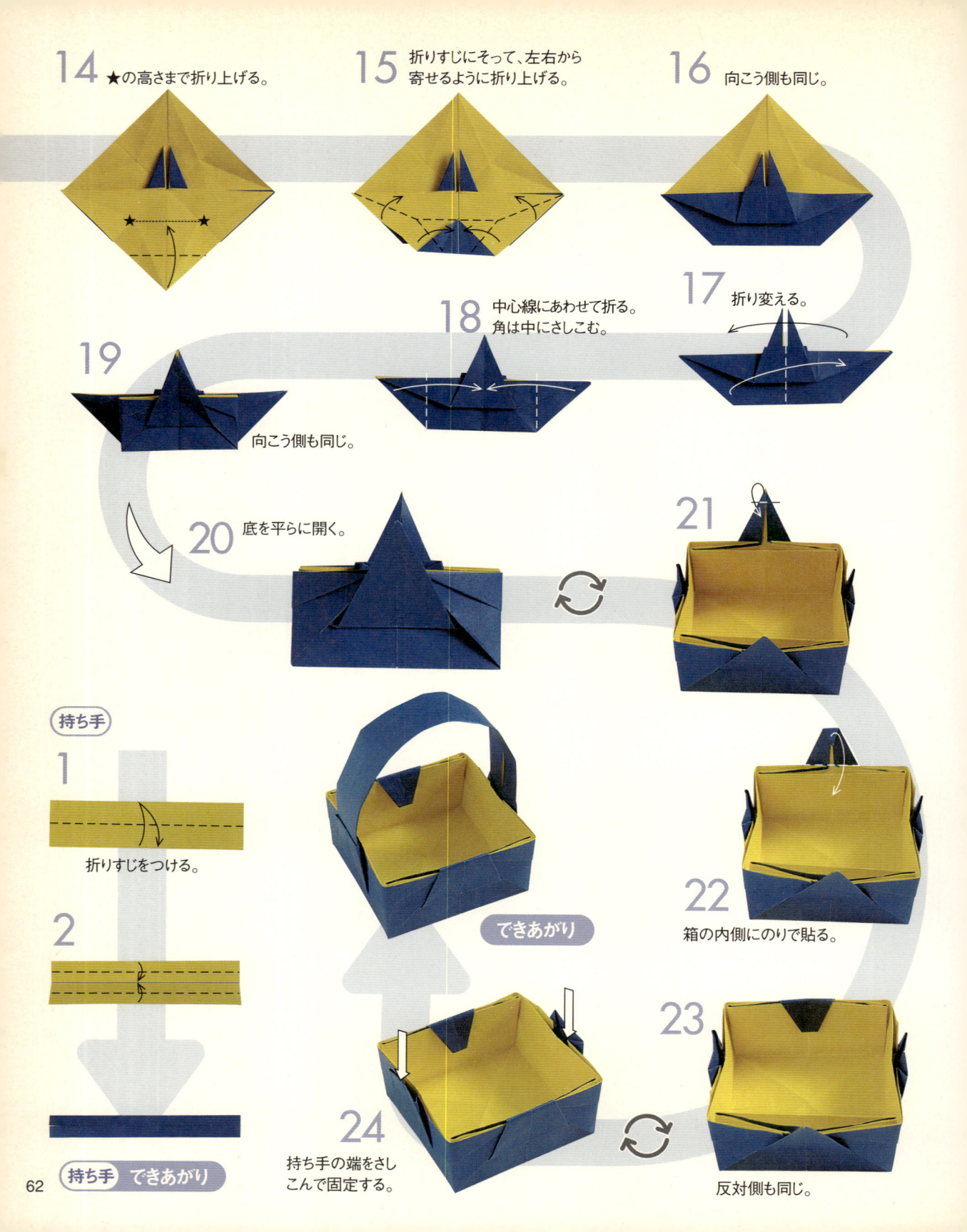

62

席札

● 1つあたりの紙のサイズ・用意する数
15×15cm　1枚

● 作者　山本文子

● ポイント
シンプルなつくりですが、立派な足つきの席札になります。

つくり方がわかりやすいように、作品写真とは異なる紙を使用しています。

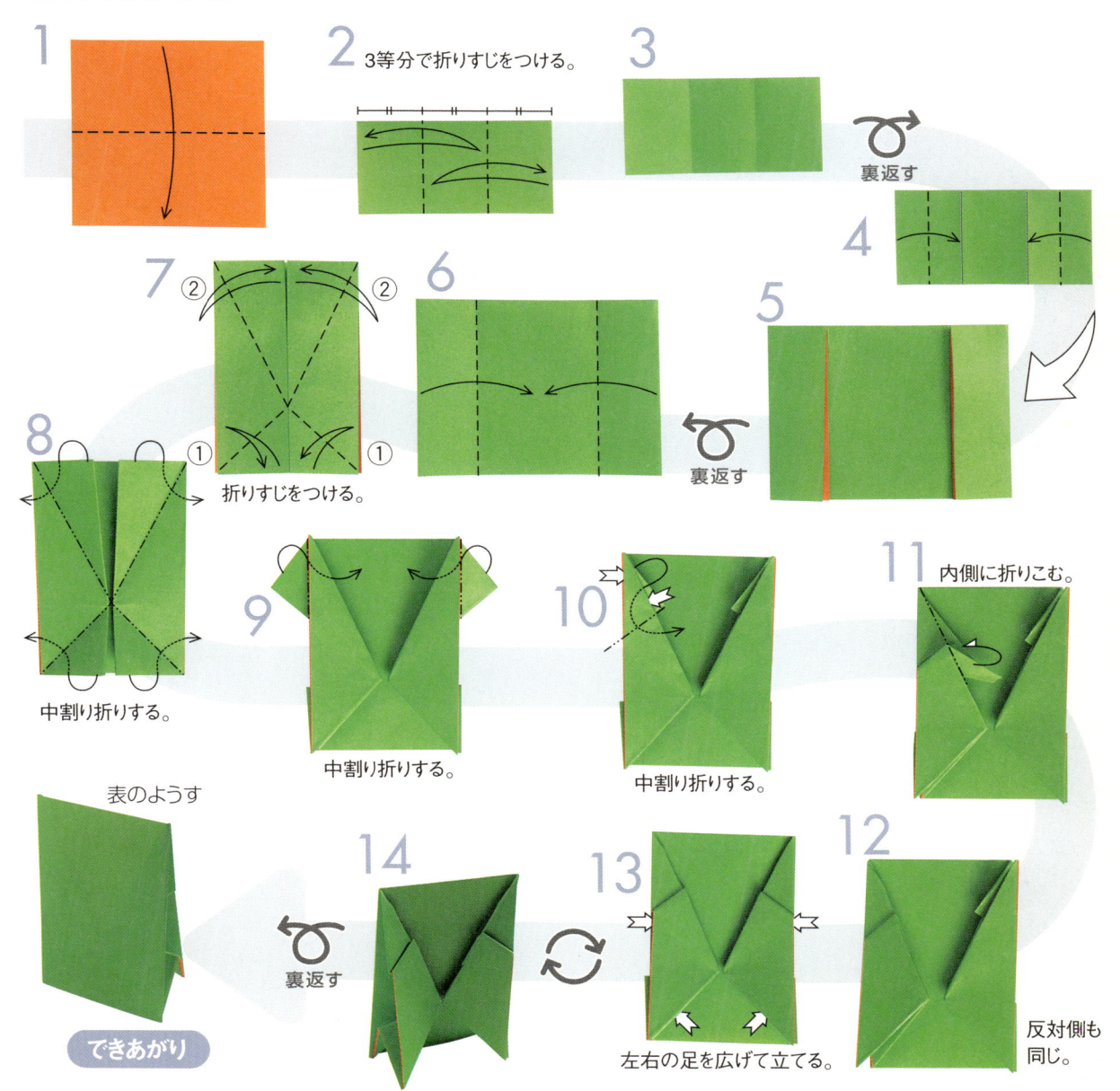

1

2 3等分で折りすじをつける。

3 裏返す

4

5 裏返す

6

7 折りすじをつける。

8 中割り折りする。

9 中割り折りする。

10 中割り折りする。

11 内側に折りこむ。

12 反対側も同じ。

13 左右の足を広げて立てる。

14 裏返す

表のようす

できあがり

市松模様のコースター

- 1つあたりの紙のサイズ・用意する数
  10×10cm　4枚
- 作者　紹介：山本きみ
- ポイント
  色や柄の組みあわせを楽しみましょう。

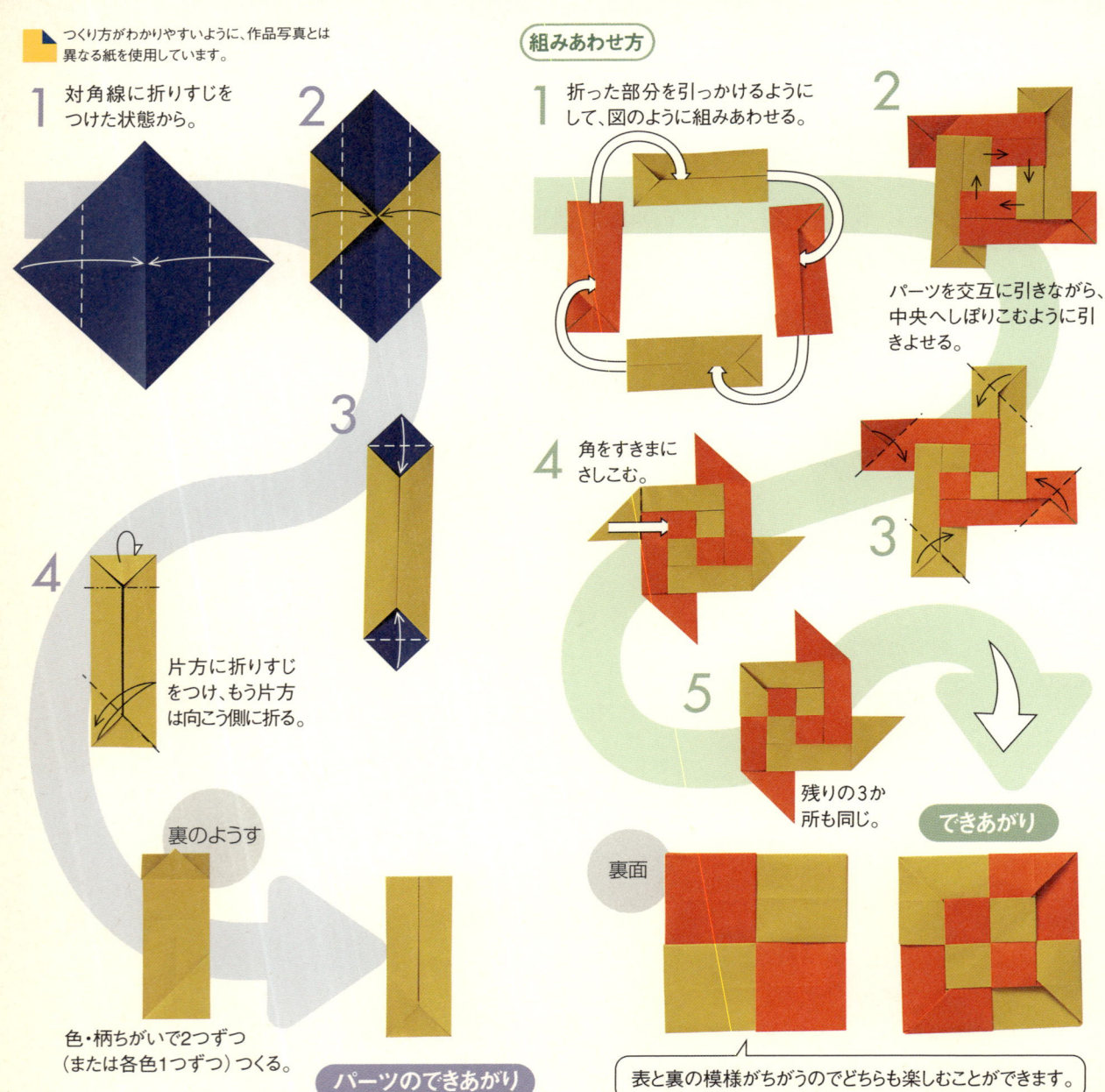

▸ つくり方がわかりやすいように、作品写真とは異なる紙を使用しています。

1 対角線に折りすじをつけた状態から。

2

3

4 片方に折りすじをつけ、もう片方は向こう側に折る。

裏のようす

色・柄ちがいで2つずつ（または各色1つずつ）つくる。

パーツのできあがり

組みあわせ方

1 折った部分を引っかけるようにして、図のように組みあわせる。

2 パーツを交互に引きながら、中央へしぼりこむように引きよせる。

3

4 角をすきまにさしこむ。

5 残りの3か所も同じ。

裏面

できあがり

表と裏の模様がちがうのでどちらも楽しむことができます。

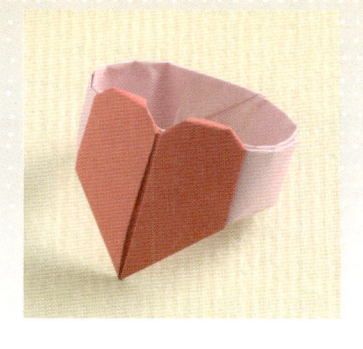

ハートのナプキンリング

● 1つあたりの紙のサイズ・用意する数
15×15cm　1枚

● 作者　熊坂浩

● ポイント
ナプキンの大きさや素材によって、紙のサイズ、種類をかえてみましょう。

つくり方がわかりやすいように、作品写真とは異なる紙を使用しています。

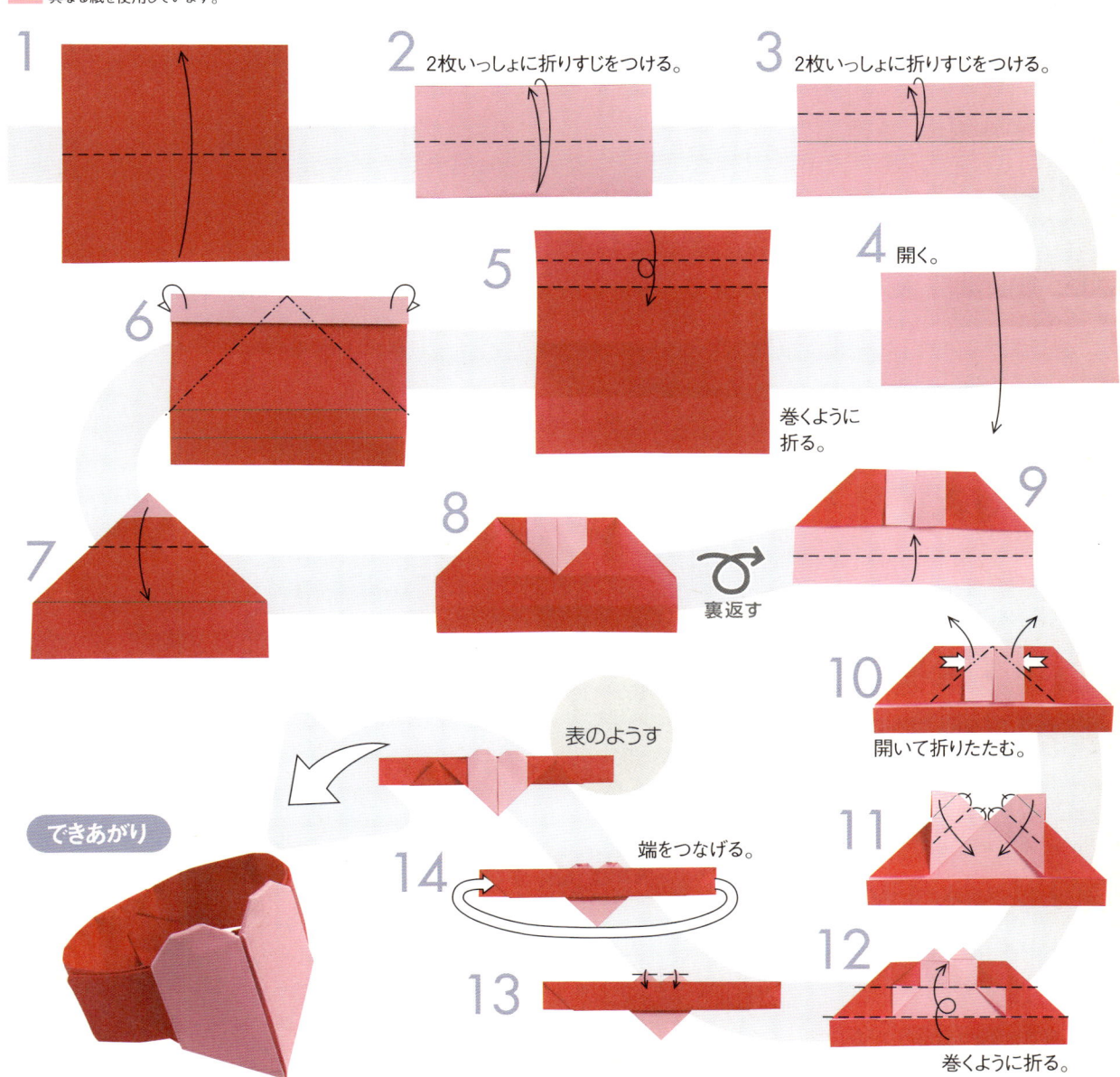

1

2　2枚いっしょに折りすじをつける。

3　2枚いっしょに折りすじをつける。

4　開く。

5　巻くように折る。

6

7

8　裏返す

9

10　開いて折りたたむ。

11

12　巻くように折る。

13

14　端をつなげる。

表のようす

できあがり

65

六角形のコースター

- 1つあたりの紙のサイズ・用意する数
  18.2×25.7cm（B5）
  A判やB判などの1：√2の比率の紙を使用します。正方形からのつくり方は、12ページを参照してください。

- 作者　紹介：長谷川太市郎

- ポイント
  正六角形に巻いてつくります。

つくり方がわかりやすいように、作品写真とは異なる紙を使用しています。

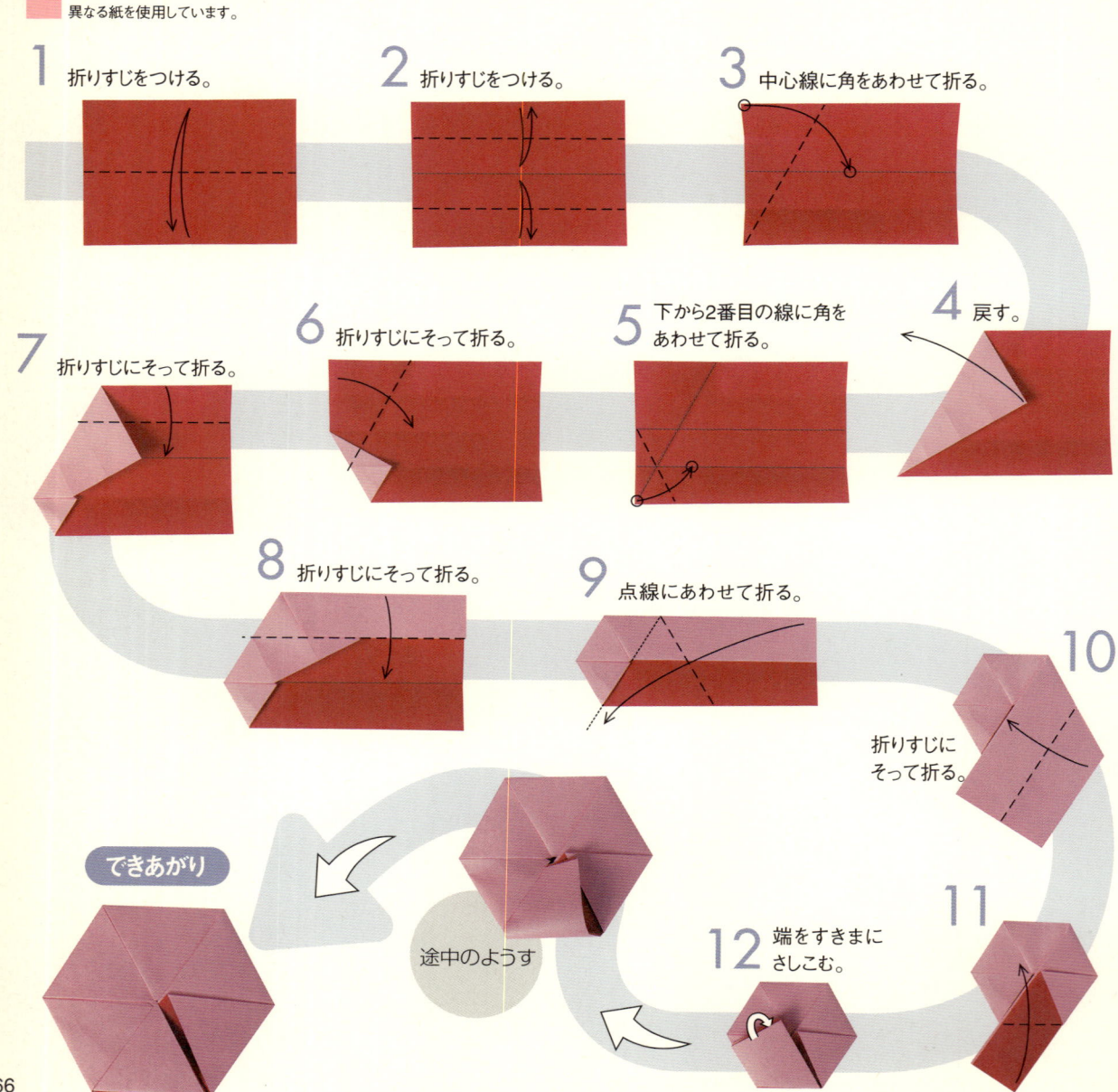

1　折りすじをつける。

2　折りすじをつける。

3　中心線に角をあわせて折る。

4　戻す。

5　下から2番目の線に角をあわせて折る。

6　折りすじにそって折る。

7　折りすじにそって折る。

8　折りすじにそって折る。

9　点線にあわせて折る。

10　折りすじにそって折る。

11

12　端をすきまにさしこむ。

途中のようす

できあがり

席札スタンド

● 1つあたりの紙のサイズ・用意する数
15×15cm 1枚

● 作者　長谷川太市郎

● ポイント
少しかための紙で折るといいでしょう。

凧の基本形（8ページ）から　つくり方がわかりやすいように、作品写真とは異なる紙を使用しています。

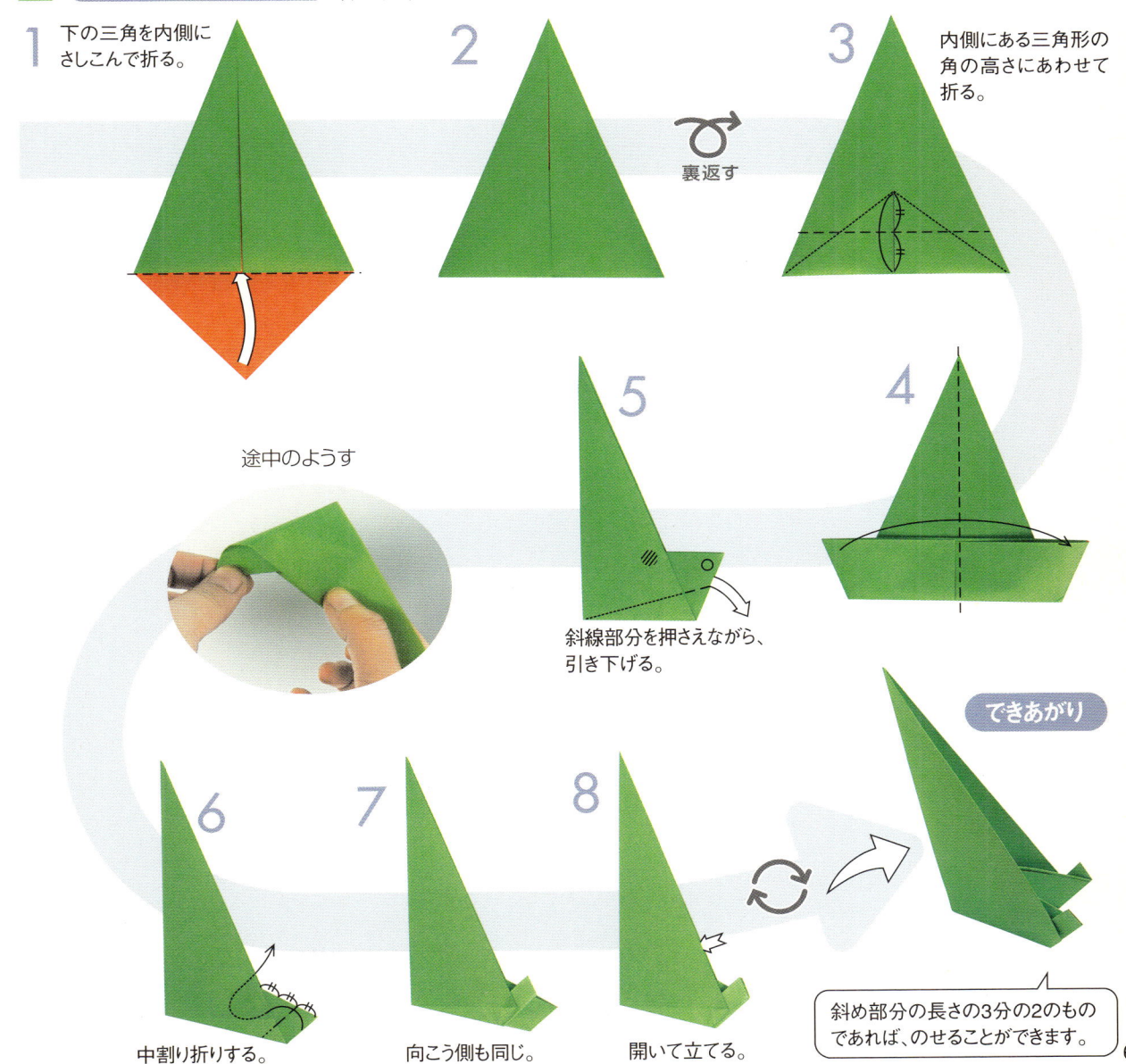

1　下の三角を内側にさしこんで折る。

2　裏返す

3　内側にある三角形の角の高さにあわせて折る。

4

5　斜線部分を押さえながら、引き下げる。

途中のようす

6　中割り折りする。

7　向こう側も同じ。

8　開いて立てる。

できあがり

斜め部分の長さの3分の2のものであれば、のせることができます。

67

パン皿

- 1つあたりの紙のサイズ・用意する数
  18×18cm　1枚
- 作者　紹介：長谷川太市郎
- ポイント
  ふちの丸みは、好みによって調節しましょう。細い棒で丸くくせをつけます。

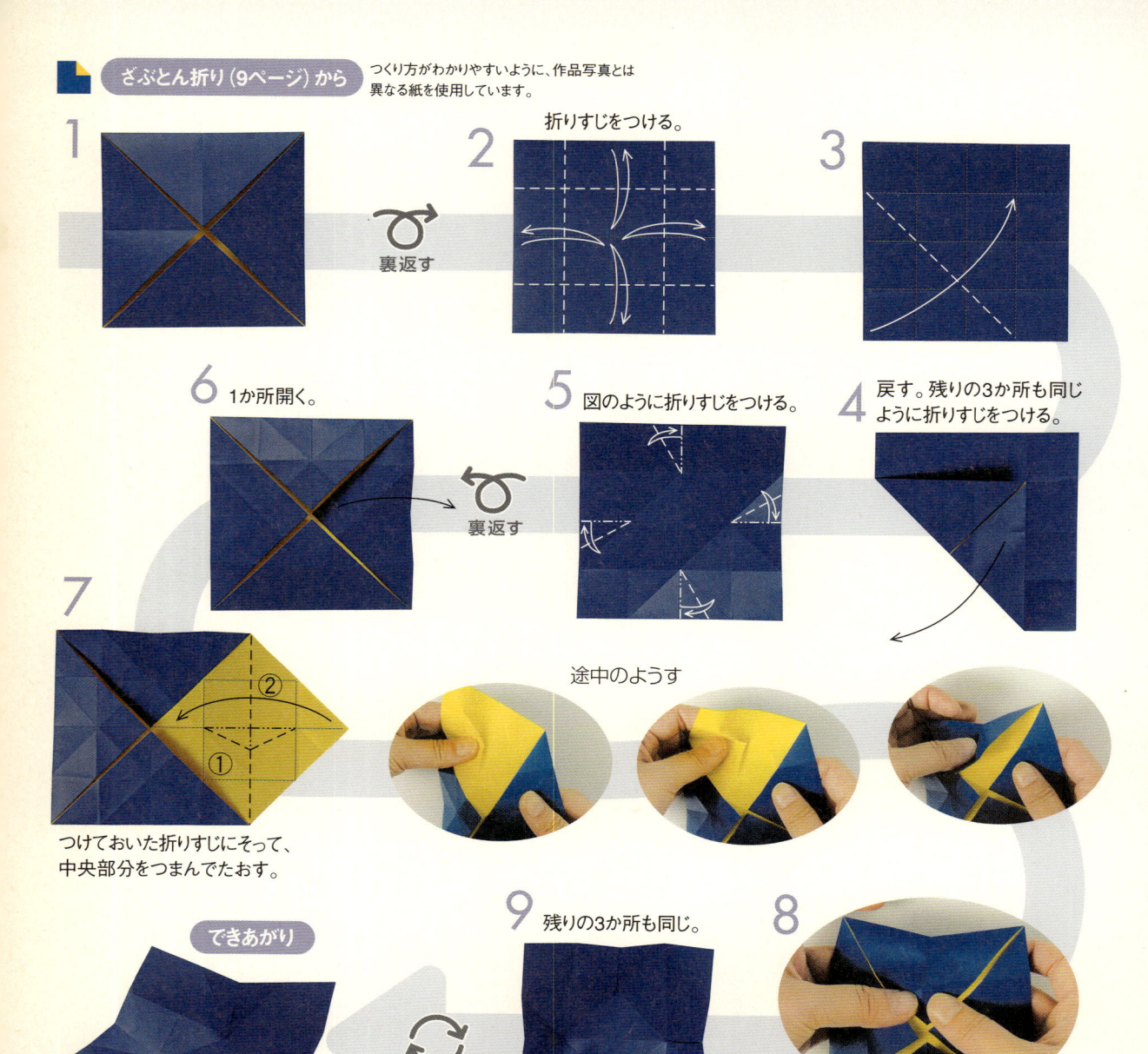

> ざぶとん折り（9ページ）から

つくり方がわかりやすいように、作品写真とは異なる紙を使用しています。

1

2 裏返す　折りすじをつける。

3

4 戻す。残りの3か所も同じように折りすじをつける。

5 図のように折りすじをつける。

6 1か所開く。　裏返す

7 つけておいた折りすじにそって、中央部分をつまんでたおす。

途中のようす

8 開いている角を元に戻す。

9 残りの3か所も同じ。

できあがり

68

ゆったりと過ごす
午後のティータイムに

香り高いダージリンといっしょに、おいしい焼き菓子をいただきましょう。かわいいバスケットと小皿を用意して。

1 シュガートレイ
つくり方→71ページ

2 バスケット
つくり方→73ページ

3 菊の小皿
つくり方→74ページ

楽しいお話とすてきな小物がつくる
忘れられないひとときを

香ばしいお茶と人気の甘味を用意して。干菓子の入った仕切りつき小箱は、
ふたをしてそのままおみやげにできます。

1 X字仕切りつき小箱
つくり方→76ページ

2 十字仕切り
つくり方→78ページ

3 花の小皿
つくり方→80ページ

4 楊枝入れ
つくり方→81ページ

シュガートレイ

- 1つあたりの紙のサイズ・用意する数
  - 皿 10.5×14.8cm（A6） 1枚
    A判やB判などの1：√2の比率の紙を使用します。正方形からのつくり方は、12ページを参照してください。
  - 底 14.8×14.8cm（皿の長辺と同じ長さの正方形） 1枚
- 作者　初音みね子
- ポイント
  菱形のきれいな皿です。底を別パーツで組みあわせるので、しっかりとして安定した皿になります。

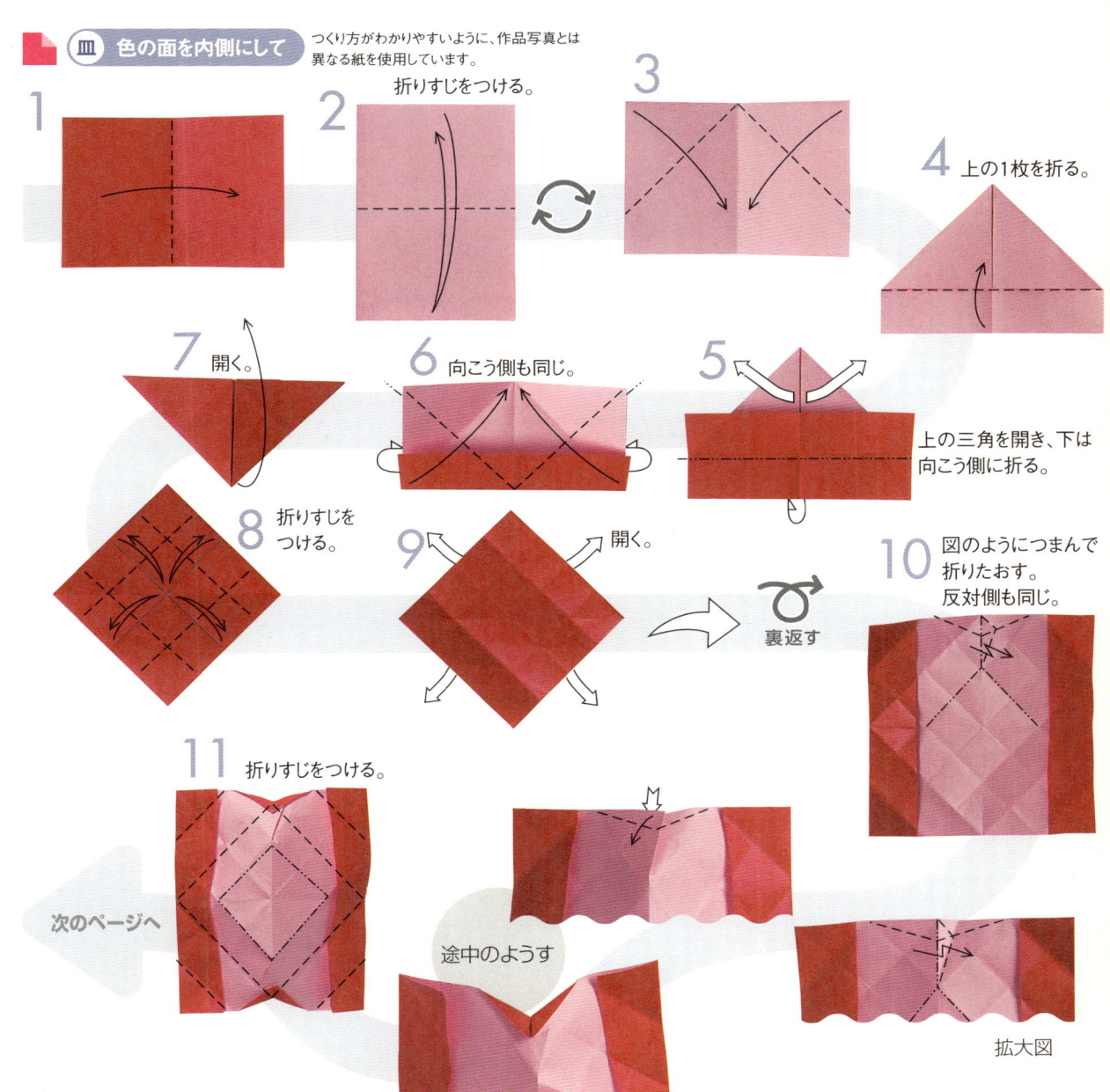

皿 色の面を内側にして

つくり方がわかりやすいように、作品写真とは異なる紙を使用しています。

1

2　折りすじをつける。

3

4　上の1枚を折る。

5　上の三角を開き、下は向こう側に折る。

6　向こう側も同じ。

7　開く。

8　折りすじをつける。

9　開く。　裏返す

10　図のようにつまんで折りたおす。反対側も同じ。

11　折りすじをつける。

途中のようす

拡大図

次のページへ

71

◆ 底

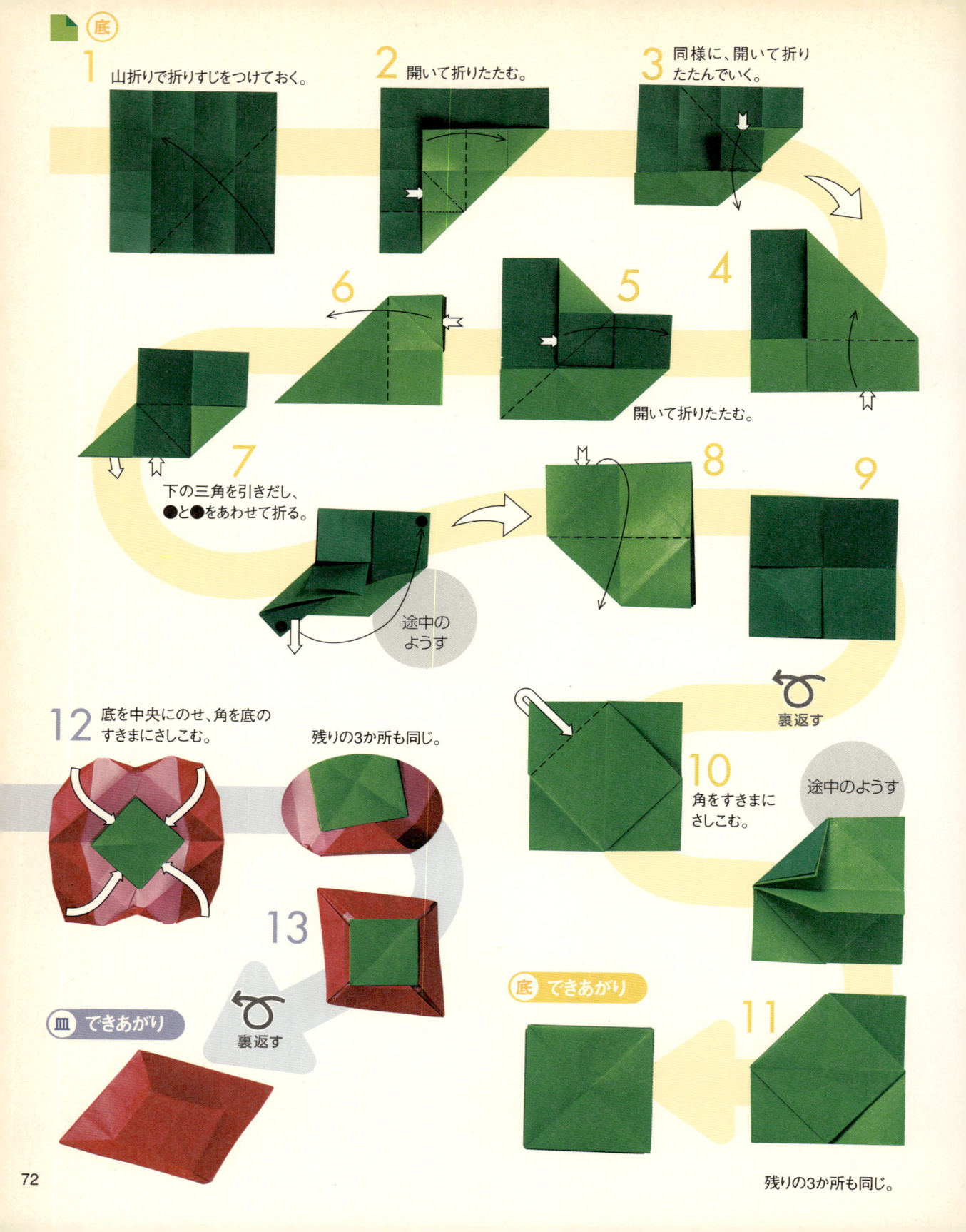

1 山折りで折りすじをつけておく。

2 開いて折りたたむ。

3 同様に、開いて折りたたんでいく。

4

5 開いて折りたたむ。

6

7 下の三角を引きだし、●と●をあわせて折る。

途中のようす

8

9 裏返す

10 角をすきまにさしこむ。

途中のようす

11

底 できあがり

12 底を中央にのせ、角を底のすきまにさしこむ。

残りの3か所も同じ。

13 裏返す

皿 できあがり

残りの3か所も同じ。

バスケット

- 1つあたりの紙のサイズ・用意する数
  24×24cm　1枚

- 作者　遠藤和邦

- ポイント
  やわらかめの紙で折ります。硬いと持ち手のあわせ目が折りにくくなります。

つくり方がわかりやすいように、作品写真とは異なる紙を使用しています。

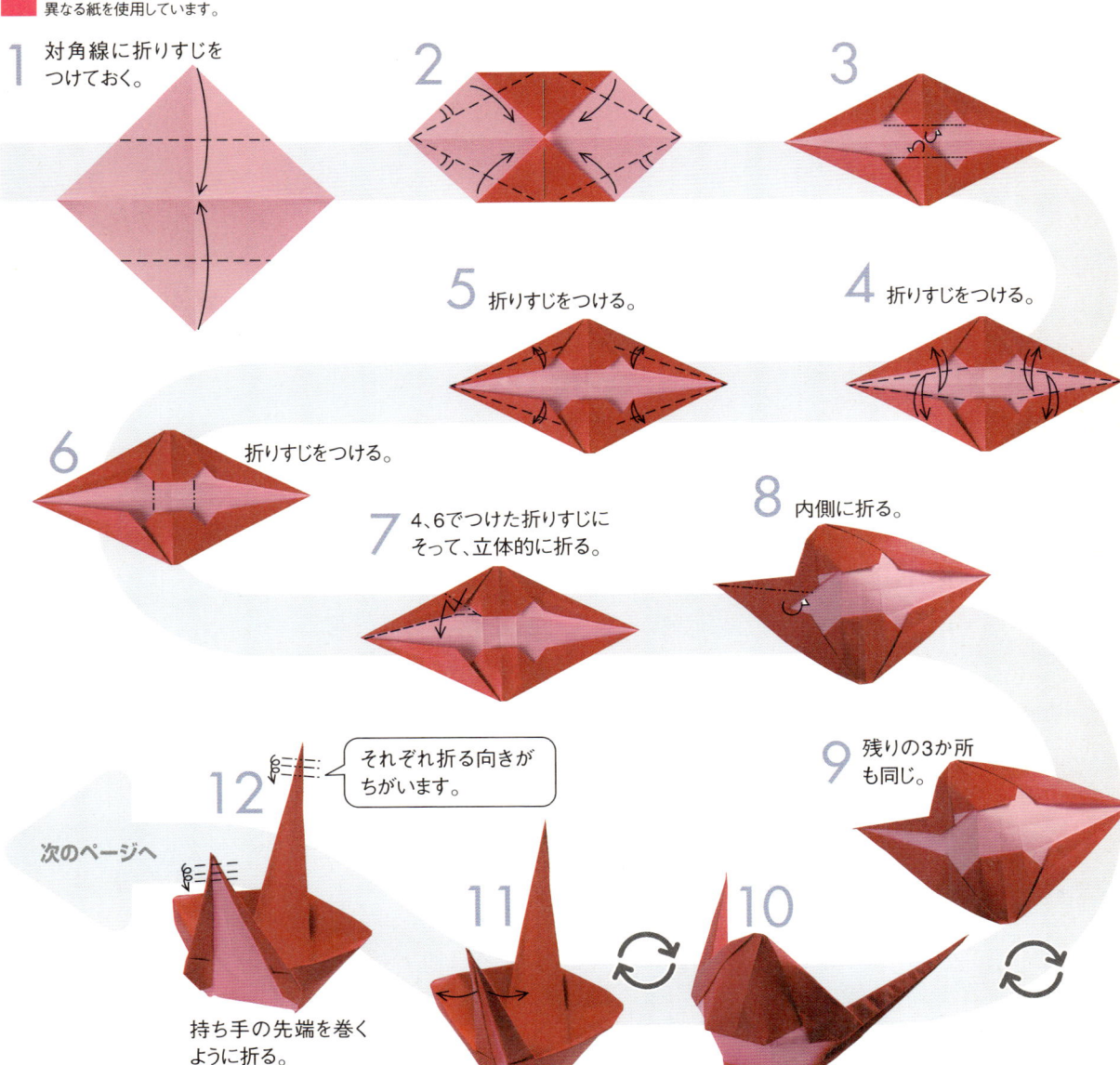

1　対角線に折りすじをつけておく。

2

3

4　折りすじをつける。

5　折りすじをつける。

6　折りすじをつける。

7　4、6でつけた折りすじにそって、立体的に折る。

8　内側に折る。

9　残りの3か所も同じ。

10

11　片側だけ開く。

12　それぞれ折る向きがちがいます。
持ち手の先端を巻くように折る。

次のページへ

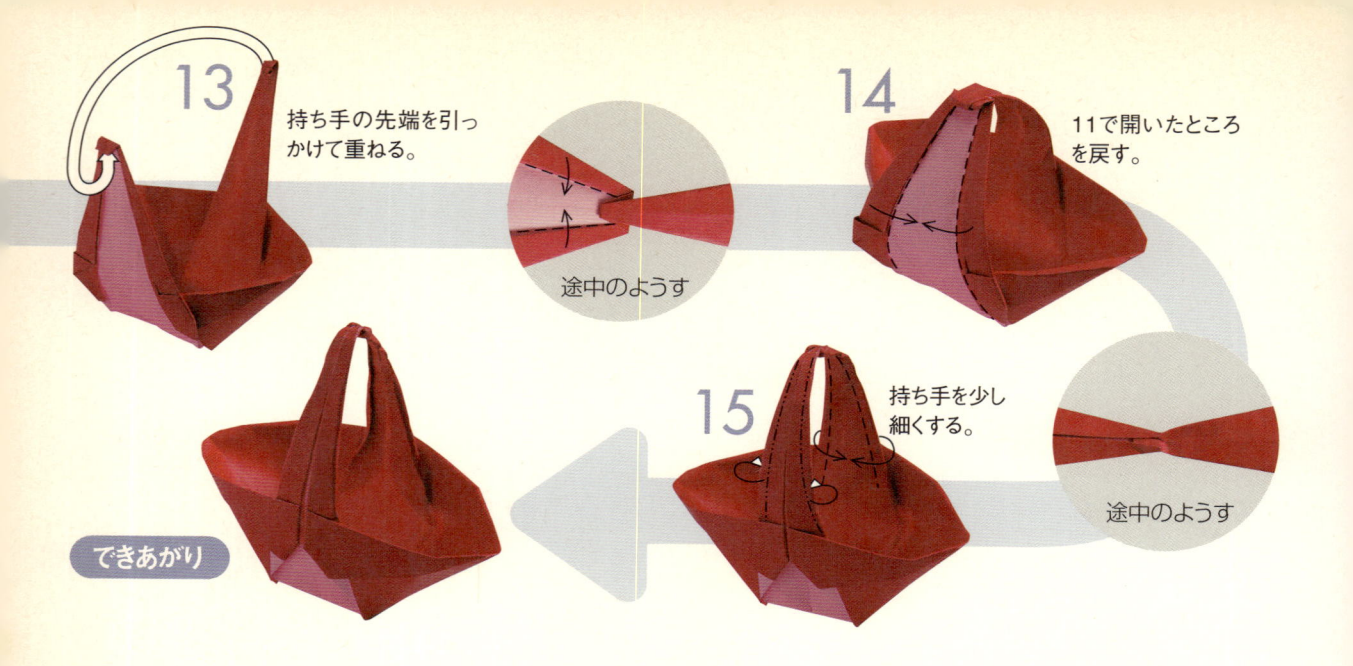

13 持ち手の先端を引っかけて重ねる。

14 11で開いたところを戻す。

途中のようす

15 持ち手を少し細くする。

途中のようす

できあがり

菊の小皿

● 1つあたりの紙のサイズ・用意する数
　15×15cm　1枚

● 作者　古山文子

● ポイント
基本の折り方は、たとう折りの応用です。

魚の基本形（8ページ）から　つくり方がわかりやすいように、作品写真とは異なる紙を使用しています。

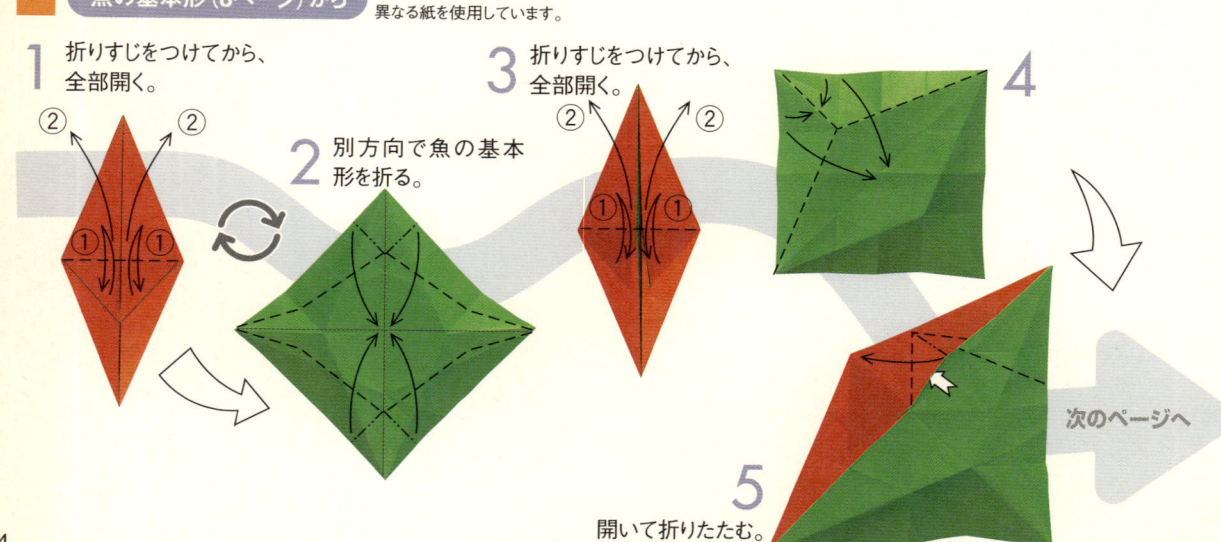

1 折りすじをつけてから、全部開く。

2 別方向で魚の基本形を折る。

3 折りすじをつけてから、全部開く。

4

5 開いて折りたたむ。

次のページへ

74

6 開いて折りたたむ。

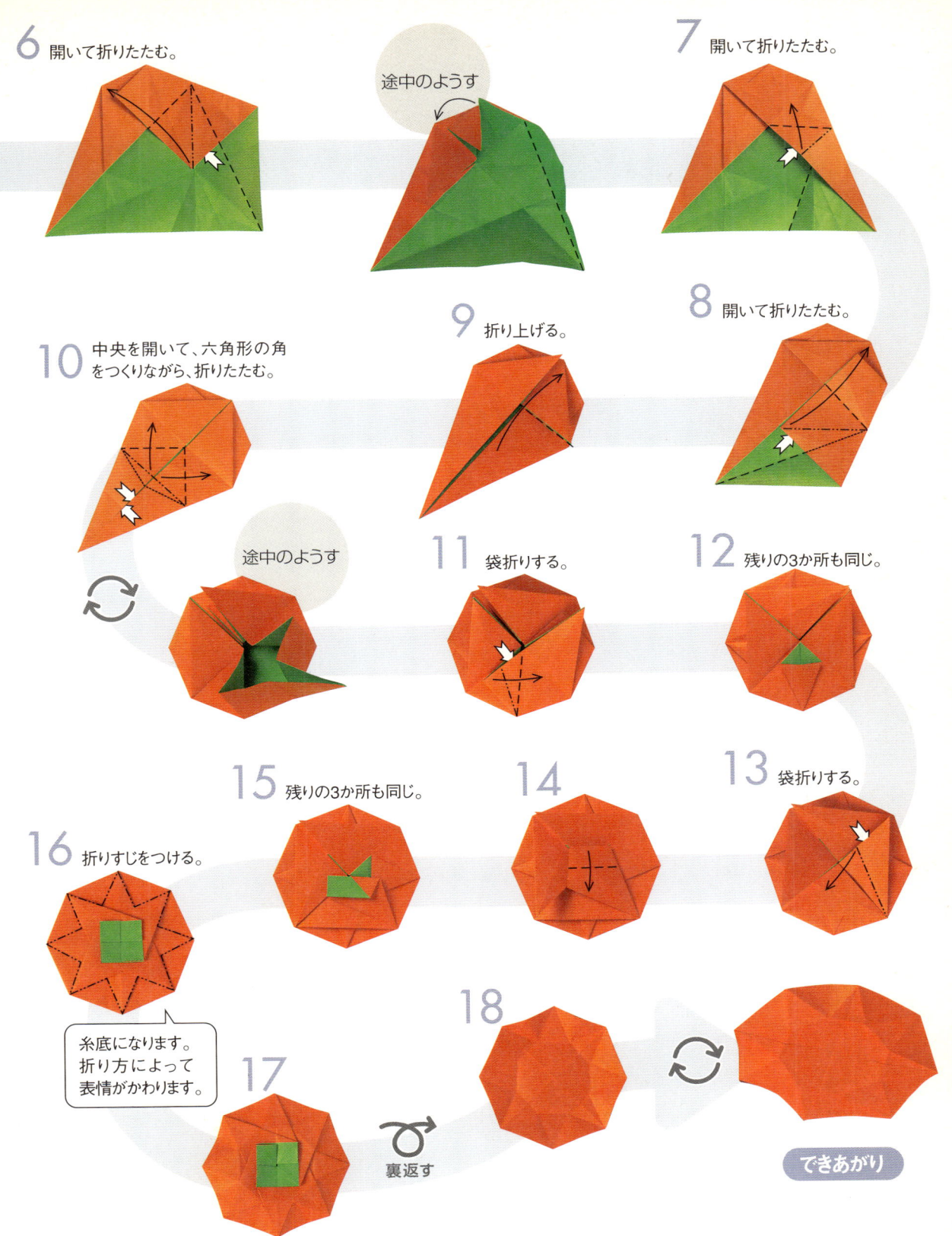

途中のようす

7 開いて折りたたむ。

10 中央を開いて、六角形の角をつくりながら、折りたたむ。

9 折り上げる。

8 開いて折りたたむ。

途中のようす

11 袋折りする。

12 残りの3か所も同じ。

16 折りすじをつける。

15 残りの3か所も同じ。

14

13 袋折りする。

糸底になります。
折り方によって
表情がかわります。

17

裏返す

18

できあがり

X字仕切りつき小箱

- 1つあたりの紙のサイズ・用意する数
  箱　15×15cm　2枚（身・ふた）
  X字仕切り　15×15cm　1枚　箱と同じ大きさの紙を使用する。

- 作者
  箱　伝承
  X字仕切り　鈴木昭代

- ポイント
  仕切りは、昔からある伝承の箱にぴったりおさまります。

箱（身）
つくり方がわかりやすいように、作品写真とは異なる紙を使用しています。

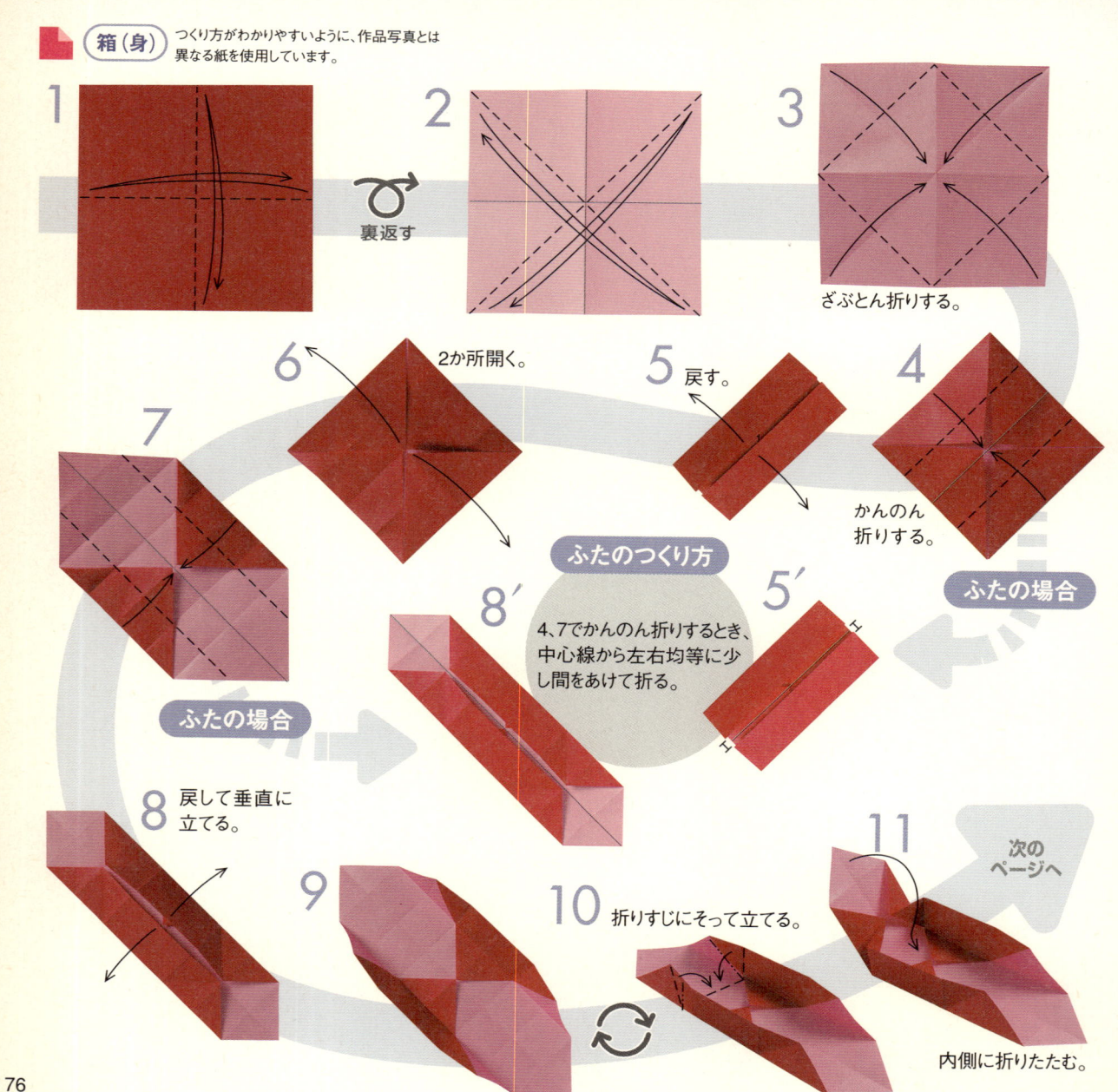

1.
2. 裏返す
3. ざぶとん折りする。
4. かんのん折りする。　ふたの場合
5. 戻す。
5'.
6. 2か所開く。
7. ふたの場合
8. 戻して垂直に立てる。
8'.
9.
10. 折りすじにそって立てる。
11. 内側に折りたたむ。

ふたのつくり方
4、7でかんのん折りするとき、中心線から左右均等に少し間をあけて折る。

次のページへ

12 反対側も同じ。

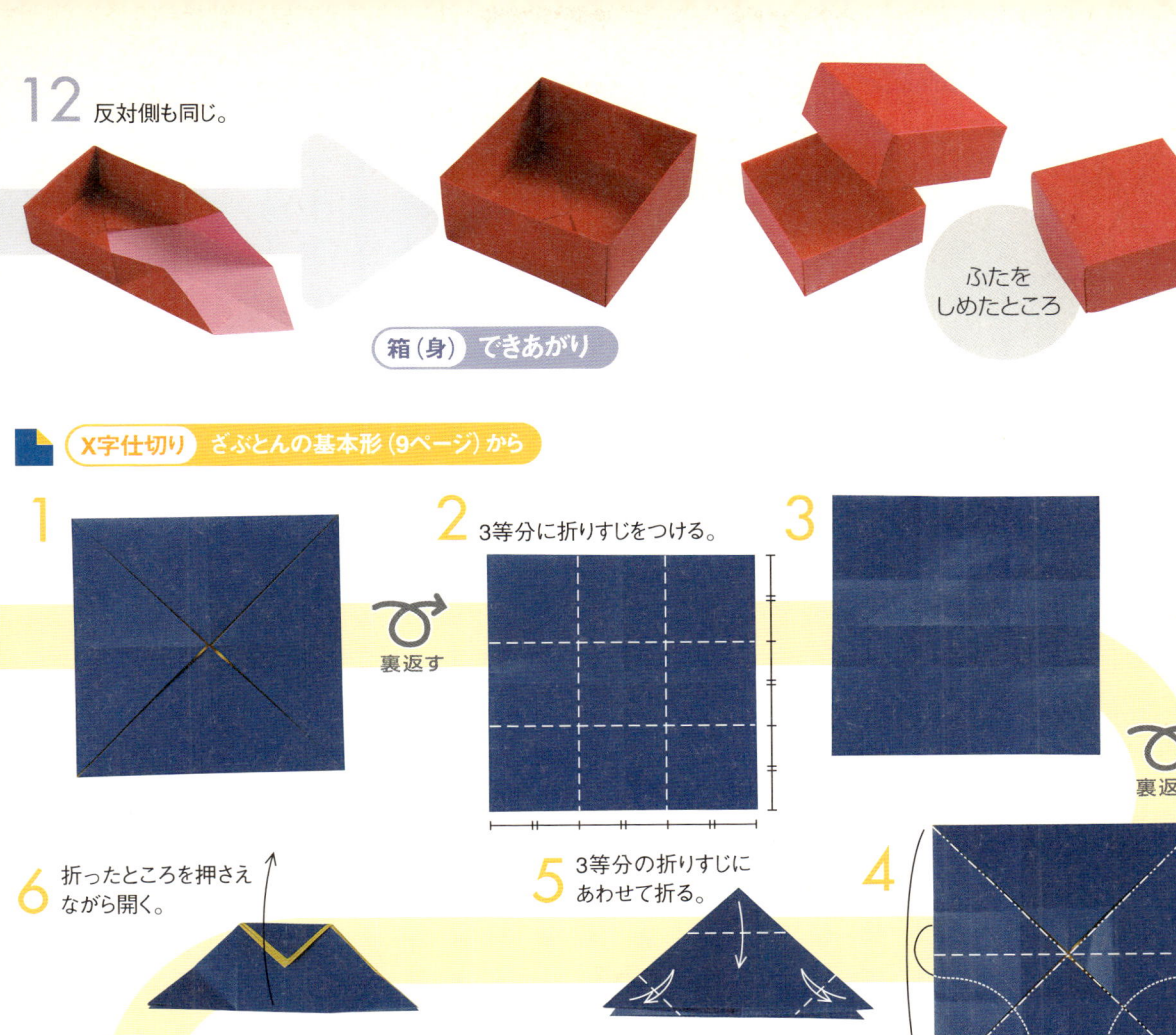

箱(身) できあがり

ふたを
しめたところ

X字仕切り   ざぶとんの基本形(9ページ)から

1

2 3等分に折りすじをつける。

裏返す

3

裏返す

4 風船の基本形(8ページ)にたたむ。

5 3等分の折りすじにあわせて折る。

6 折ったところを押さえながら開く。

7 裏側の三角といっしょに、山折り線部分を立てる。

途中のようす

8

9 角を折り上げる。

X字仕切り できあがり

箱に入れたようす

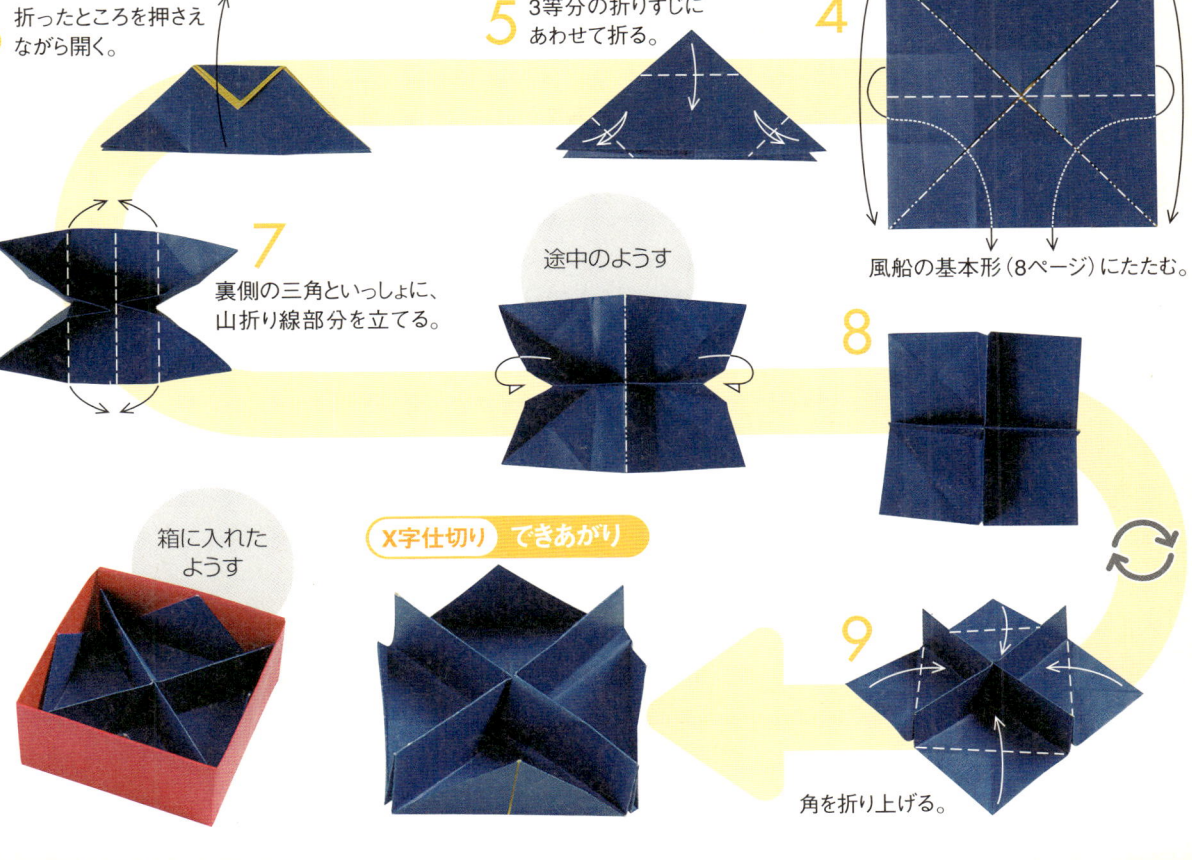

十字仕切り

- 1つあたりの紙のサイズ・用意する数
  15×15cm　1枚
  箱と同じ大きさの紙を使用する。

- 作者　丹羽兌子

- ポイント
  仕切りのまわりの三角の部分の処理が細かいので、ゆっくりとていねいに折りましょう。

小箱の折り方は76ページと同じです。

つくり方がわかりやすいように、作品写真とは異なる紙を使用しています。

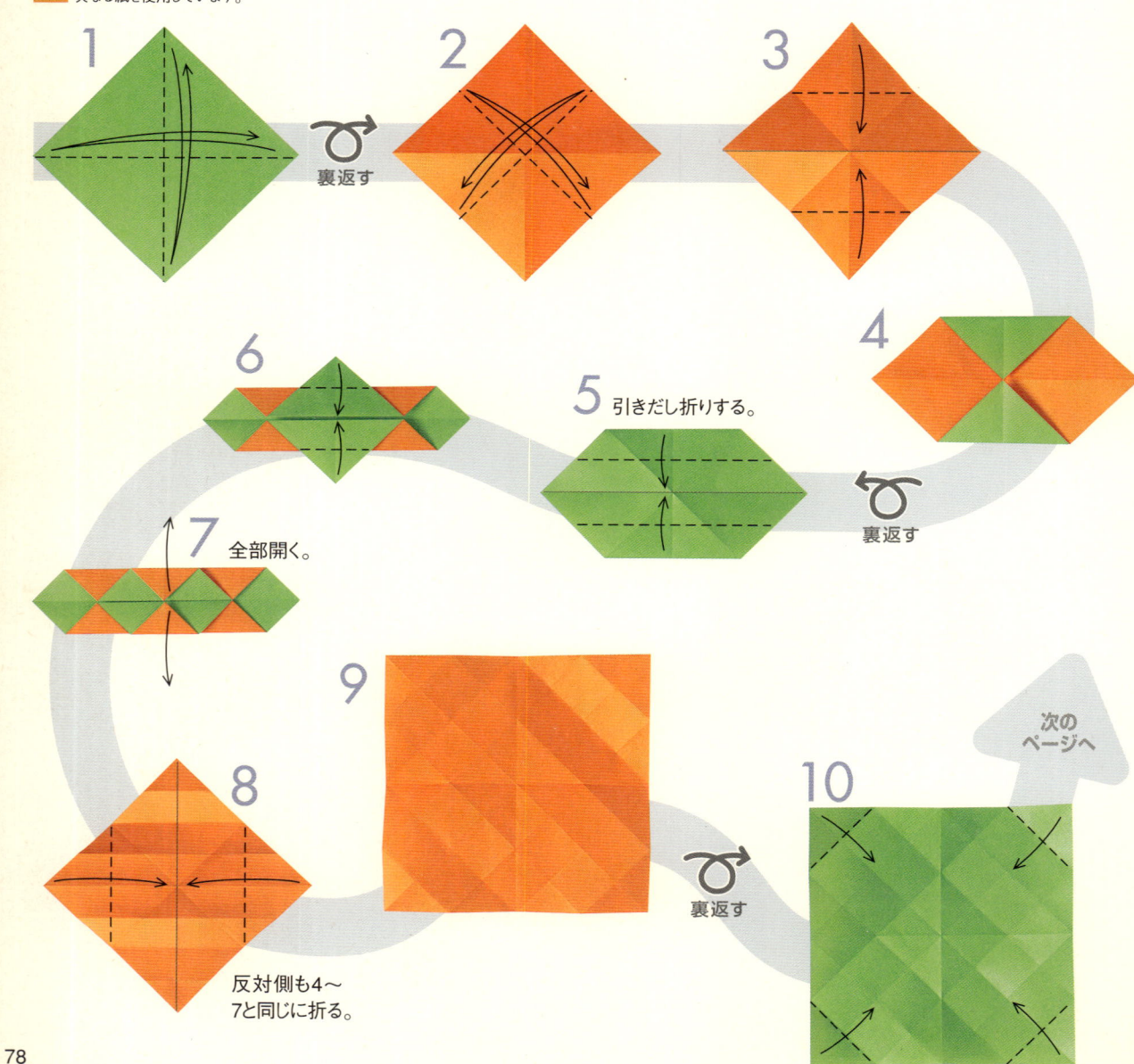

1

2 裏返す

3

4

5 引きだし折りする。

6

7 全部開く。

8 反対側も4〜7と同じに折る。

9 裏返す

10 次のページへ

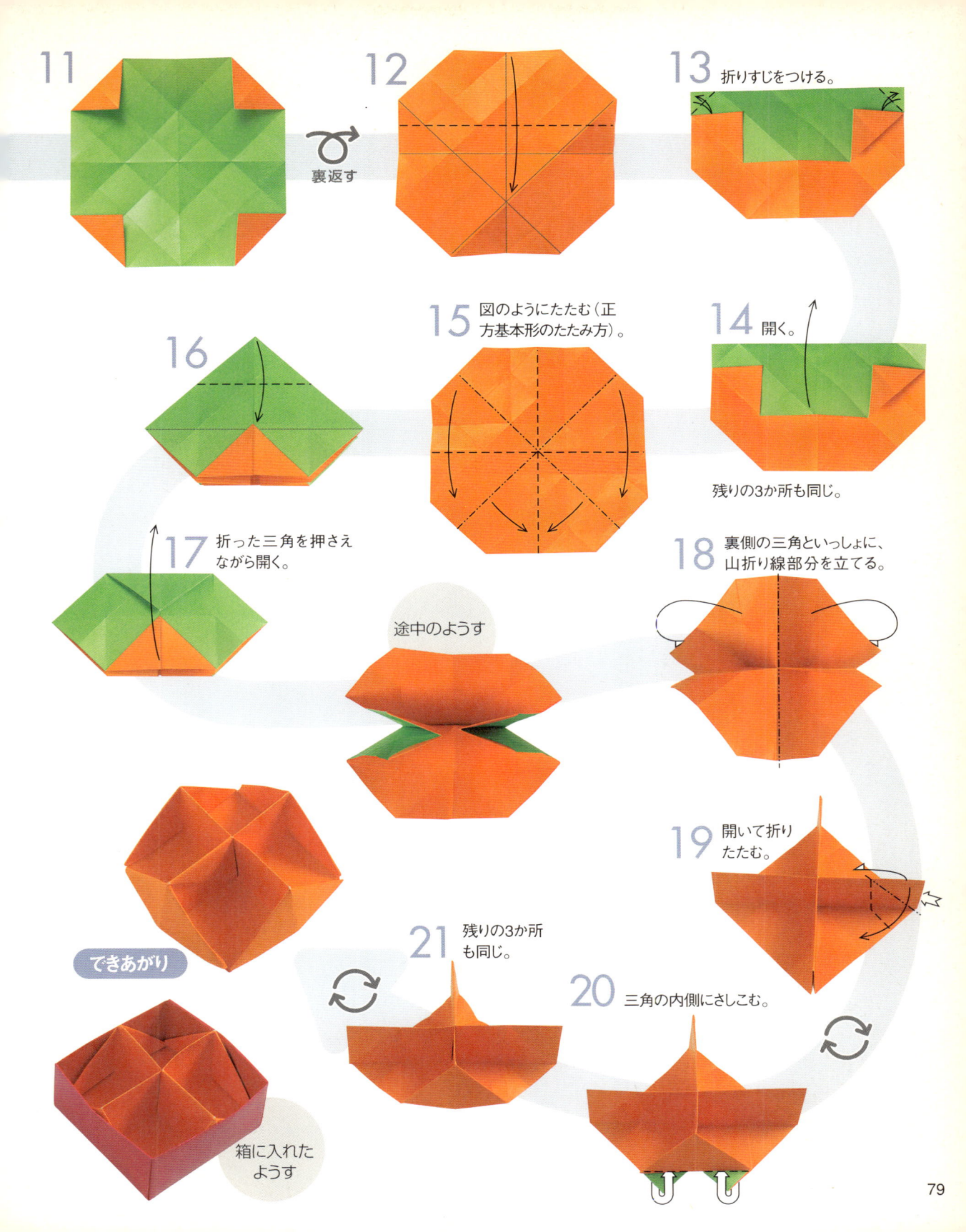

11

12

13 折りすじをつける。

16

15 図のようにたたむ（正方基本形のたたみ方）。

14 開く。

残りの3か所も同じ。

17 折った三角を押さえながら開く。

途中のようす

18 裏側の三角といっしょに、山折り線部分を立てる。

できあがり

箱に入れたようす

21 残りの3か所も同じ。

20 三角の内側にさしこむ。

19 開いて折りたたむ。

裏返す

79

花の小皿

● 1つあたりの紙のサイズ・用意する数
15×15cm 1枚

● 作者 野間正路

● ポイント
ふちの押しこんで折るところの角度を変えると、花びらの立つ角度が変わります。

> ざぶとん折り（9ページ）から

つくり方がわかりやすいように、作品写真とは異なる紙を使用しています。

1 折りすじをつける。

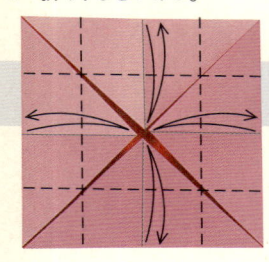

2 内側に折りこむ。

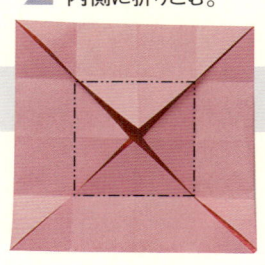

3

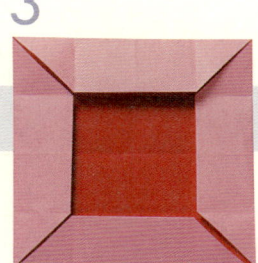

裏返す

4 折りすじをつける。

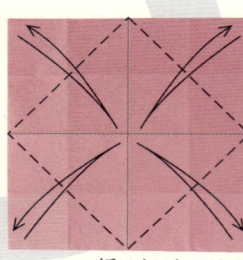

5

裏返す

6 段折りで折りすじをつける。

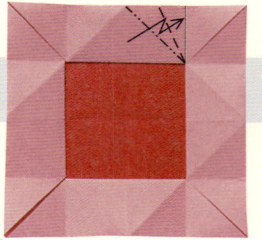

7 6でつけた折りすじの半分に段折りする。

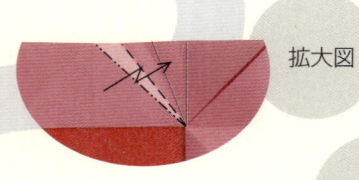

8 戻す。残りの7か所も同じ。

拡大図

裏のようす

9 折りすじにそって、開いて折りたたむ。

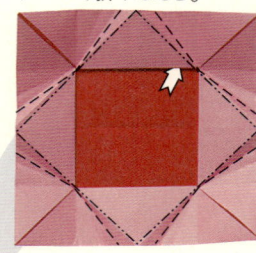

裏のようす

折りすじの角になる部分を押さえ、押しこむようにたたむ。

楊枝入れ

● 1つあたりの紙のサイズ・用意する数
6×18cm　1枚

● 作者　アレンジ：長谷川太市郎

● ポイント
オーソドックスなデザインの楊枝入れです。

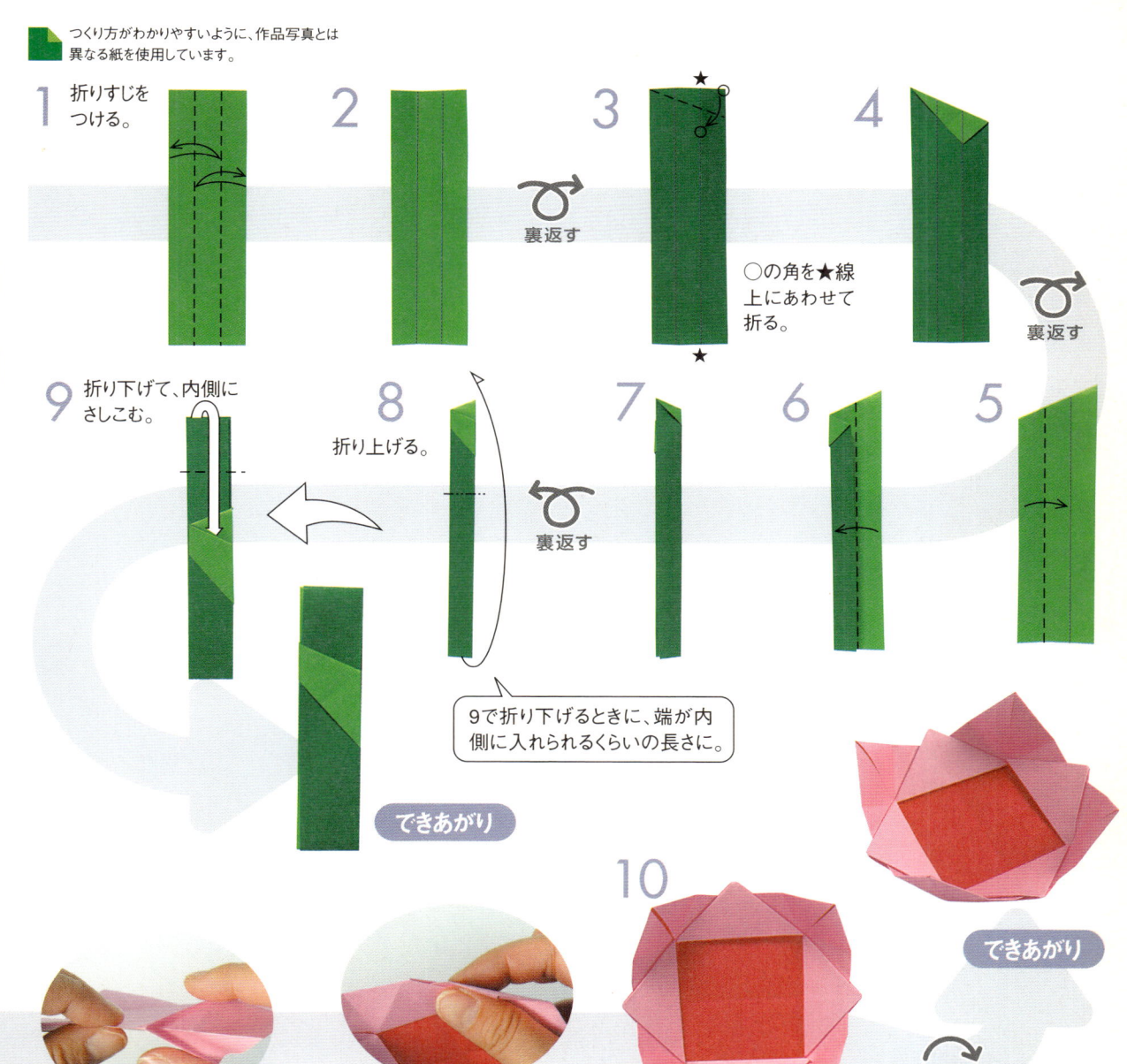

つくり方がわかりやすいように、作品写真とは異なる紙を使用しています。

1　折りすじをつける。

2

3　裏返す

○の角を★線上にあわせて折る。

4　裏返す

5

6

7

8　折り上げる。　裏返す

9　折り下げて、内側にさしこむ。

9で折り下げるときに、端が内側に入れられるくらいの長さに。

できあがり

10　残りの3か所も同じ。

できあがり

用意したおみやげは すてきな入れものとともに

別れ際には、お菓子やお茶の葉のおみやげをさりげなく渡しましょう。ツメを引っかけてしめた小箱や蛇腹の巾着袋に「ほんの気持ち」をつめこんで。

1 おみやげ小箱
つくり方→83ページ

2 おみやげ巾着
つくり方→84ページ

おみやげ小箱

- 1つあたりの紙のサイズ・用意する数
  24×24cm　1枚
- 作者　田川富美子
- ポイント
  花びらの部分のすきまにツメをさしこんで箱にします。

つくり方がわかりやすいように、作品写真とは異なる紙を使用しています。

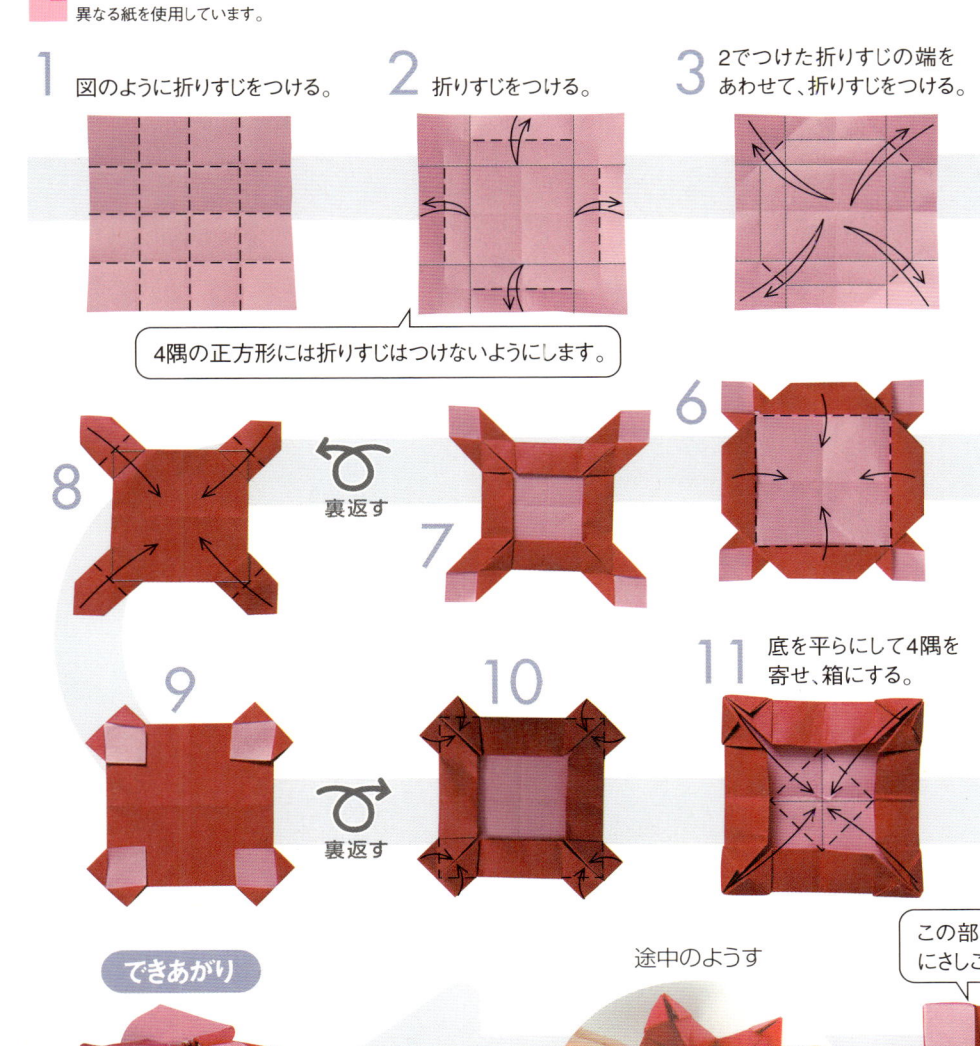

1　図のように折りすじをつける。

2　折りすじをつける。

4隅の正方形には折りすじはつけないようにします。

3　2でつけた折りすじの端をあわせて、折りすじをつける。

4　折りすじにそってたたむ。

5　向こう側に引きだし折りする。

6

7

8

裏返す

9

裏返す

10

11　底を平らにして4隅を寄せ、箱にする。

途中のようす

12　すき間に三角をさしこんで箱を閉じる。

この部分のすき間にさしこみます。

11の裏のようす

できあがり

4つの正方形の部分を整える。

83

おみやげ巾着

- 1つあたりの紙のサイズ・用意する数
  15×15〜18×18cm　1枚
  大きさは好みに応じて調節して下さい。

- 作者　守屋朝子

- ポイント
  中割り折りをくり返して、蛇腹にしていきます。

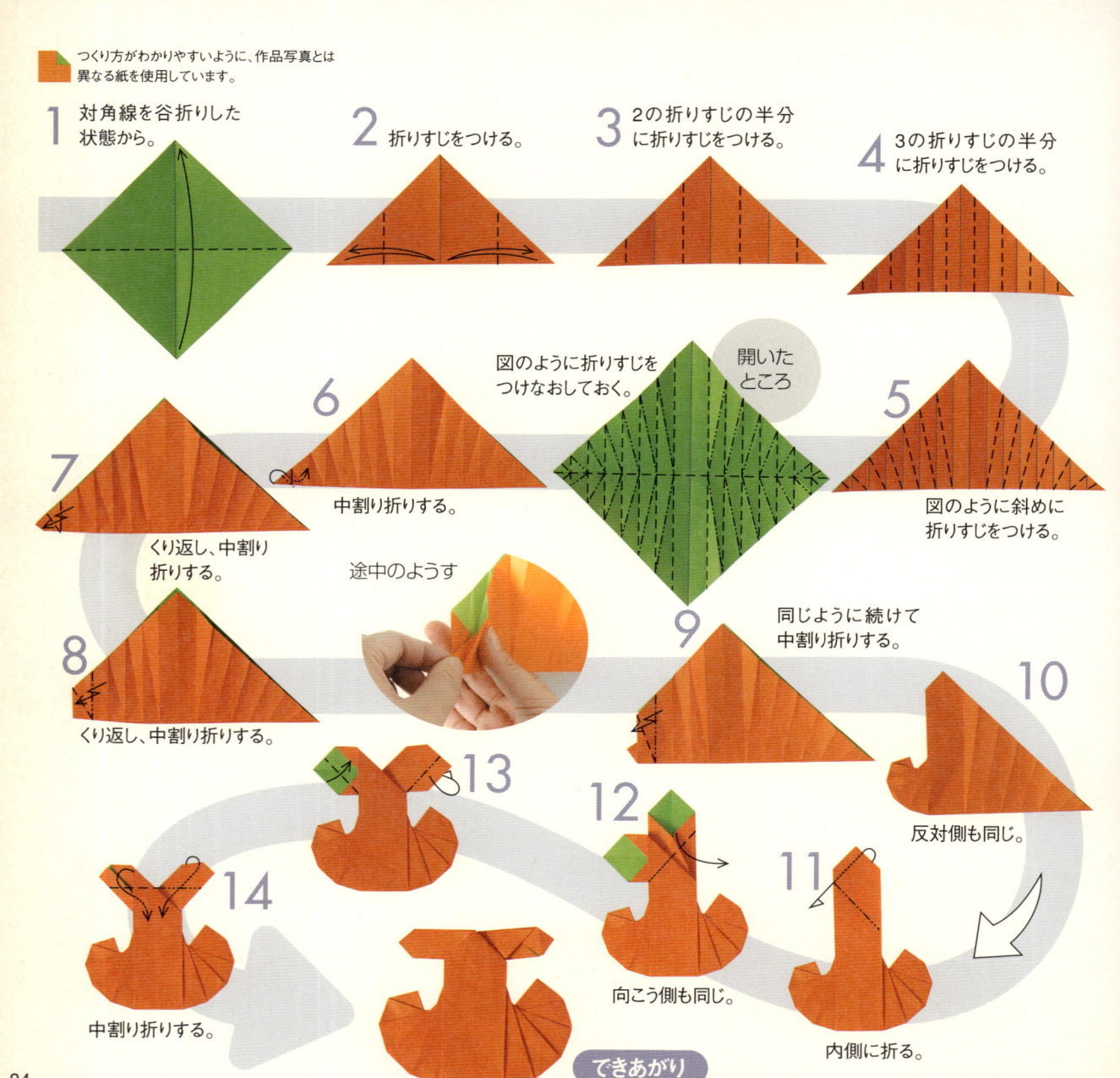

つくり方がわかりやすいように、作品写真とは異なる紙を使用しています。

1. 対角線を谷折りした状態から。
2. 折りすじをつける。
3. 2の折りすじの半分に折りすじをつける。
4. 3の折りすじの半分に折りすじをつける。
5. 図のように斜めに折りすじをつける。
6. 中割り折りする。図のように折りすじをつけなおしておく。開いたところ
7. くり返し、中割り折りする。
8. くり返し、中割り折りする。
9. 同じように続けて中割り折りする。
10. 反対側も同じ。
11. 内側に折る。
12. 向こう側も同じ。
13.
14. 中割り折りする。

途中のようす

できあがり

Chapter 3

手づくりで飾る
季節の行事

正月

新年を祝うおめでたい飾りを、折り紙でつくってみましょう。門松は一対用意します。梅の花をまわりにあしらってもきれいです。花のこまは、上の持ち手をまわすとよく回り、実際に遊ぶことができます。

1 門松
つくり方→87ページ

2 鶴の器
つくり方→89ページ

3 花のこま
つくり方→90ページ

門松

●1つあたりの紙のサイズ・用意する数
門松　15×15cm　1枚（もしくは2枚）
86ページの作品は、濃淡のちがう色の和紙を貼りあわせてつくっています。両面おりがみでもいいでしょう。
巻菰　7.5×7.5cm　1枚

● 作者　長谷川太市郎

● ポイント
巻菰がついた豪華な門松です。門松なので、1対つくりましょう。

門松　つくり方がわかりやすいように、作品写真とは異なる紙を使用しています。

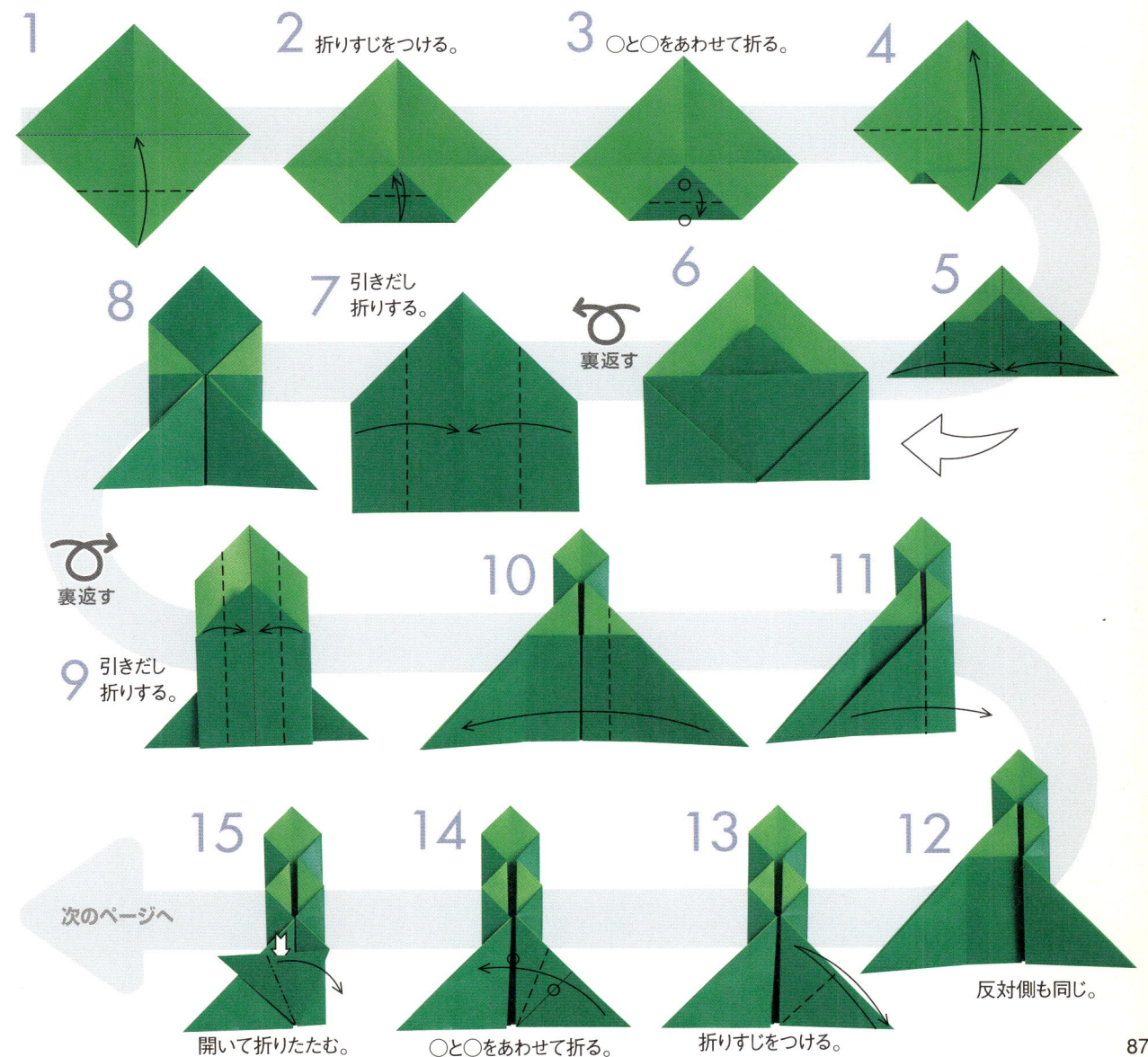

1

2　折りすじをつける。

3　○と○をあわせて折る。

4

5

6　裏返す

7　引きだし折りする。

8

9　引きだし折りする。

裏返す

10

11

12　反対側も同じ。

13　折りすじをつける。

14　○と○をあわせて折る。

15　開いて折りたたむ。

次のページへ

87

16 反対側も同じ。

17

18

19

20の○と○が平行になるように折ります。

20 折りたおす。

○と○が平行になる。

21 ①②の順に折る。

22 折り戻す。

23 反対側も同じ。

門松 できあがり

巻菰

1 図のように折りすじをつける。

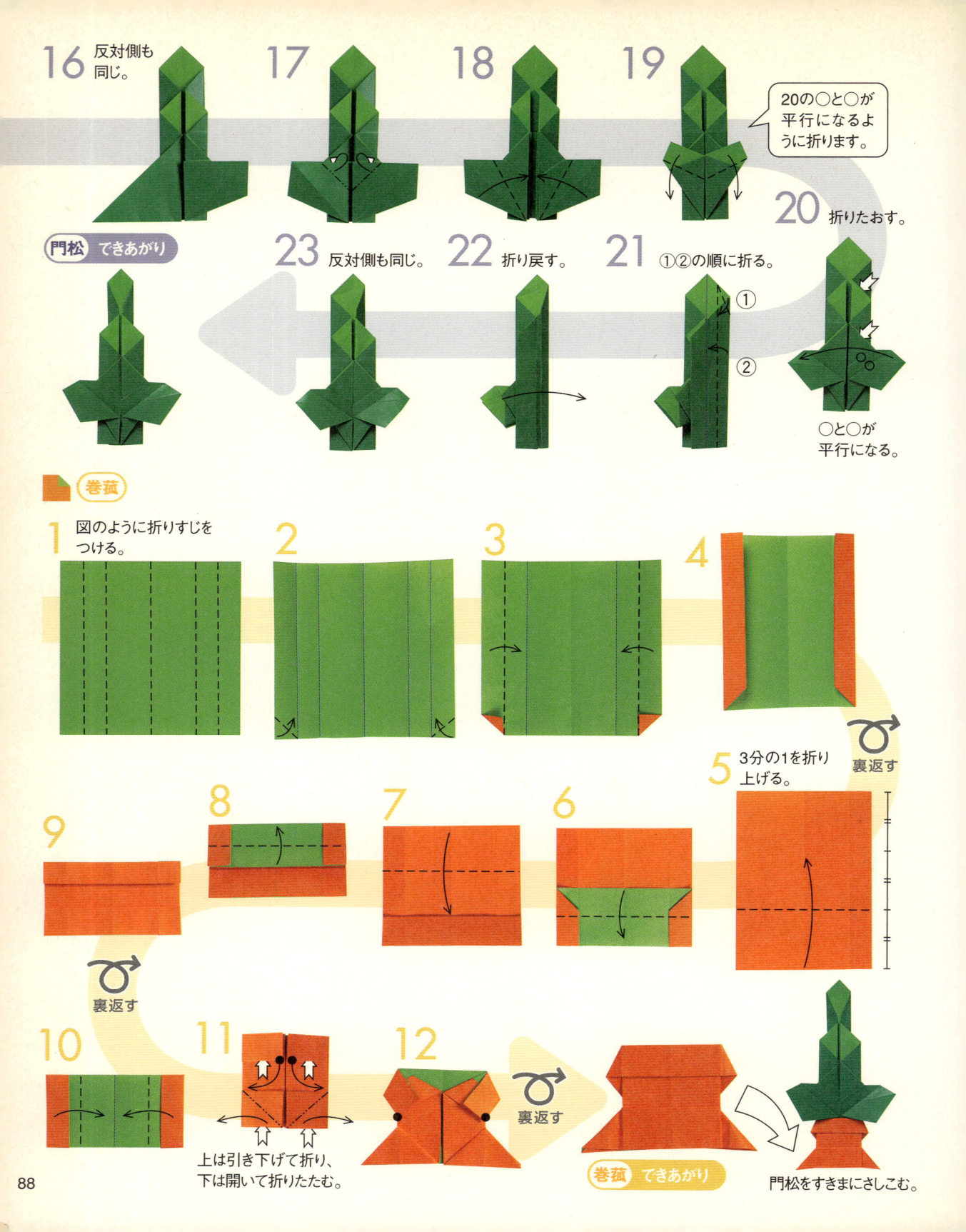

2

3

4

裏返す

5 3分の1を折り上げる。

6

7

8

9

裏返す

10

11 上は引き下げて折り、下は開いて折りたたむ。

12

裏返す

巻菰 できあがり

門松をすきまにさしこむ。

88

鶴の器

- 1つあたりの紙のサイズ・用意する数
  15×15cm　1枚
- 作者　竹尾篤子
- ポイント
  頭と足の色がちがうように折ります。

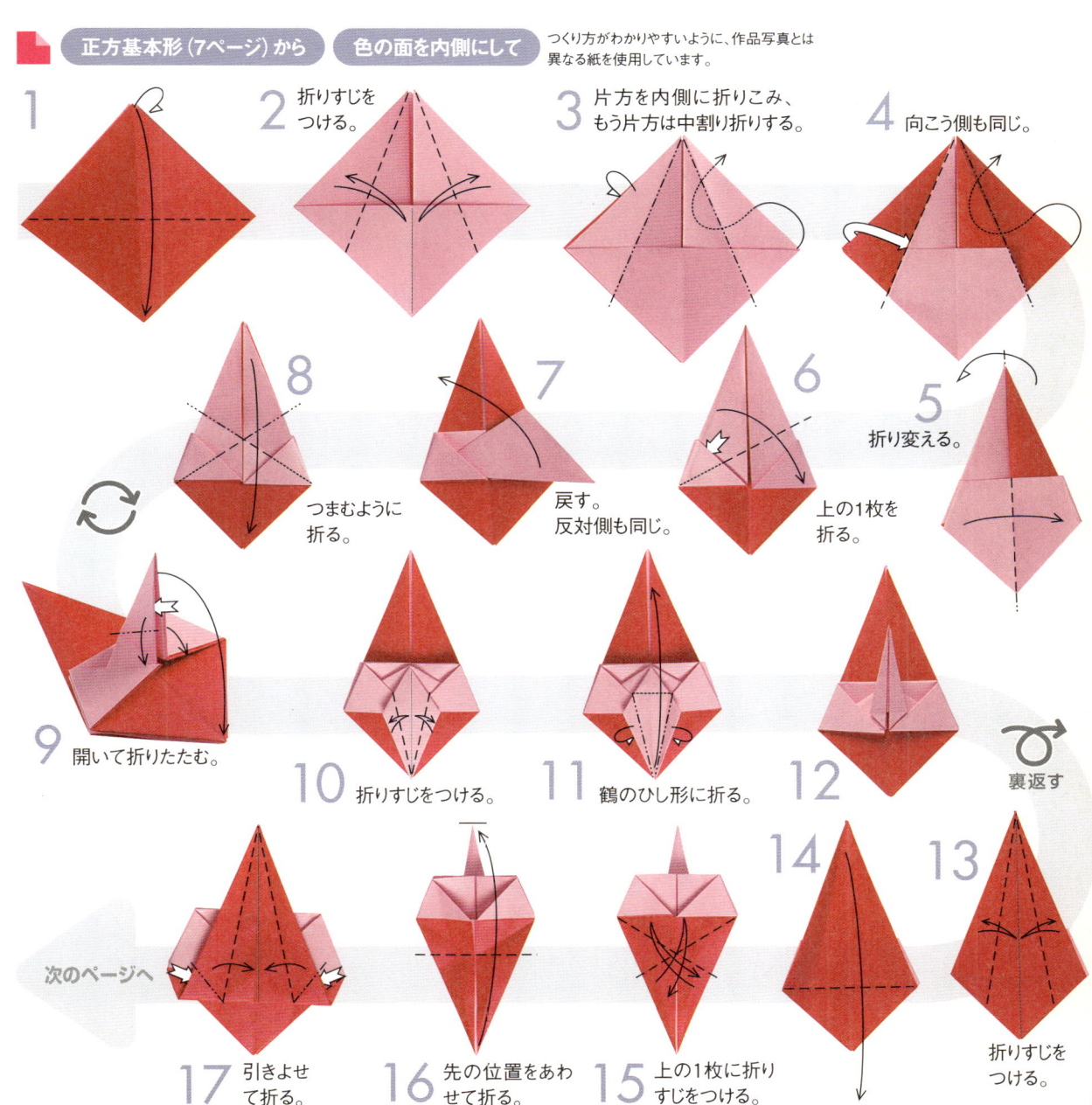

正方基本形（7ページ）から　色の面を内側にして

つくり方がわかりやすいように、作品写真とは異なる紙を使用しています。

1

2 折りすじをつける。

3 片方を内側に折りこみ、もう片方は中割り折りする。

4 向こう側も同じ。

5 折り変える。

6 上の1枚を折る。

7 戻す。反対側も同じ。

8 つまむように折る。

9 開いて折りたたむ。

10 折りすじをつける。

11 鶴のひし形に折る。

12 裏返す

13 折りすじをつける。

14

15 上の1枚に折りすじをつける。

16 先の位置をあわせて折る。

17 引きよせて折る。

次のページへ

89

18 折りかえる。

19 羽を折り上げ、頭を中割り折りする。

20 折りすじをつける。

21 沈め折りする。

沈め折りしたようす。

内側を開いて器にする。

頭と足を前後に動かすとはばたきます。

できあがり

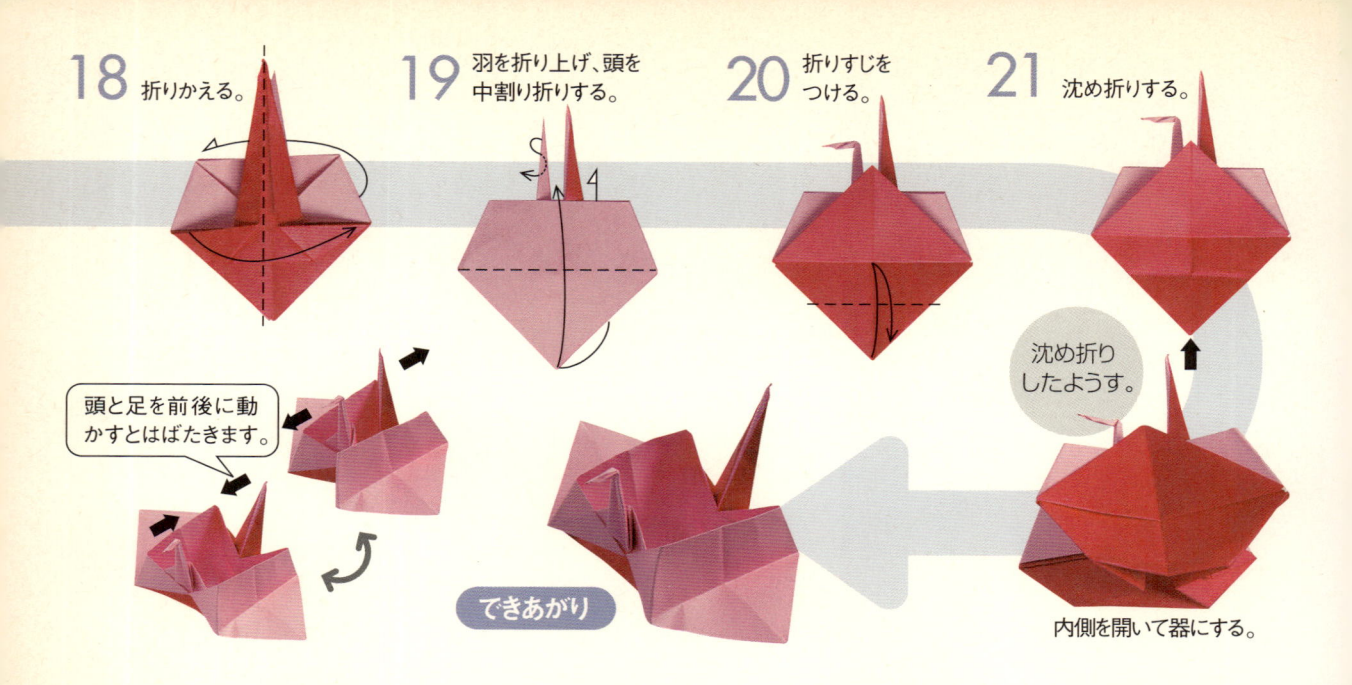

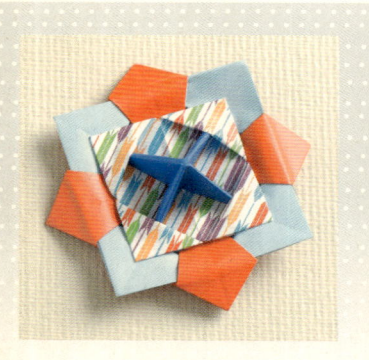

花のこま

● 1つあたりの紙のサイズ・用意する数
15×15cm　3枚

● 作者　長谷川太市郎

● ポイント
3段目は両面おりがみで折るといいでしょう。色や柄の取りあわせをくふうして楽しめます。

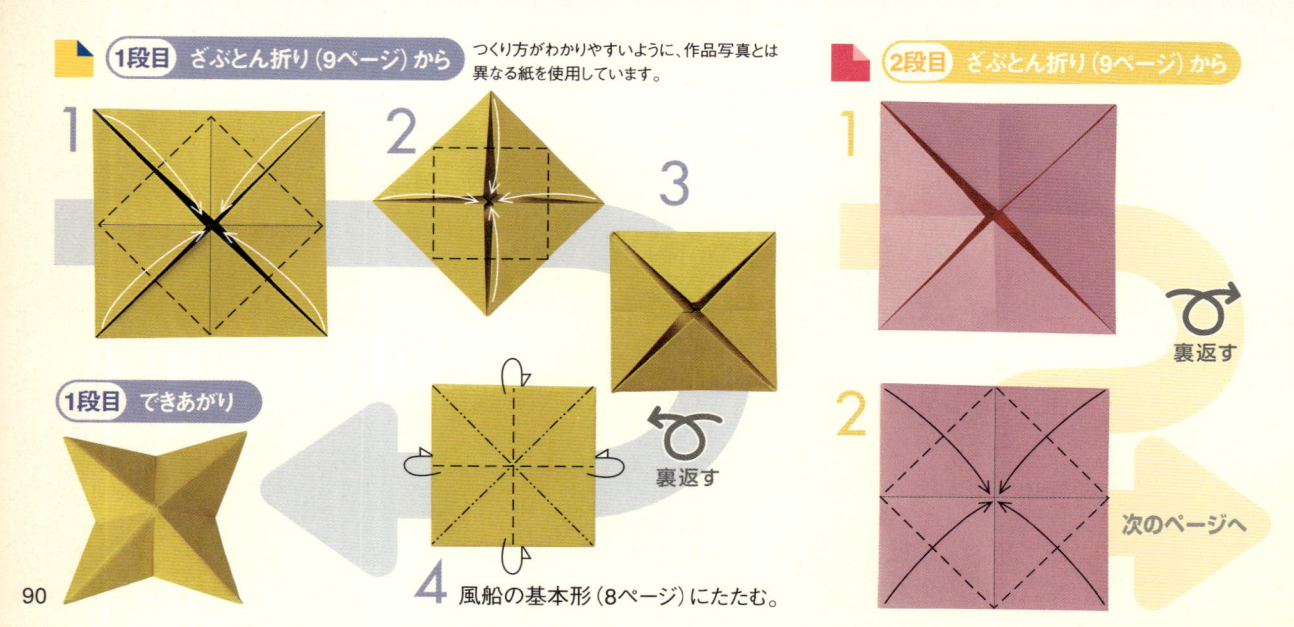

1段目　ざぶとん折り（9ページ）から

つくり方がわかりやすいように、作品写真とは異なる紙を使用しています。

1

2

3

1段目できあがり

4 風船の基本形（8ページ）にたたむ。

裏返す

2段目　ざぶとん折り（9ページ）から

1

裏返す

2

次のページへ

3

4 裏返す

2段目 できあがり

3段目

1 折りすじをつける。

2 山折りで折りすじをつける。

3 ○の部分を押して辺を寄せ、たたむ。

5 折りすじをつける。

4 折りすじをつける。

途中のようす

6 鶴のひし形に折る。

7 残りの3か所も同じ。

8 中央の角を開いて折る。

3段目 できあがり

9

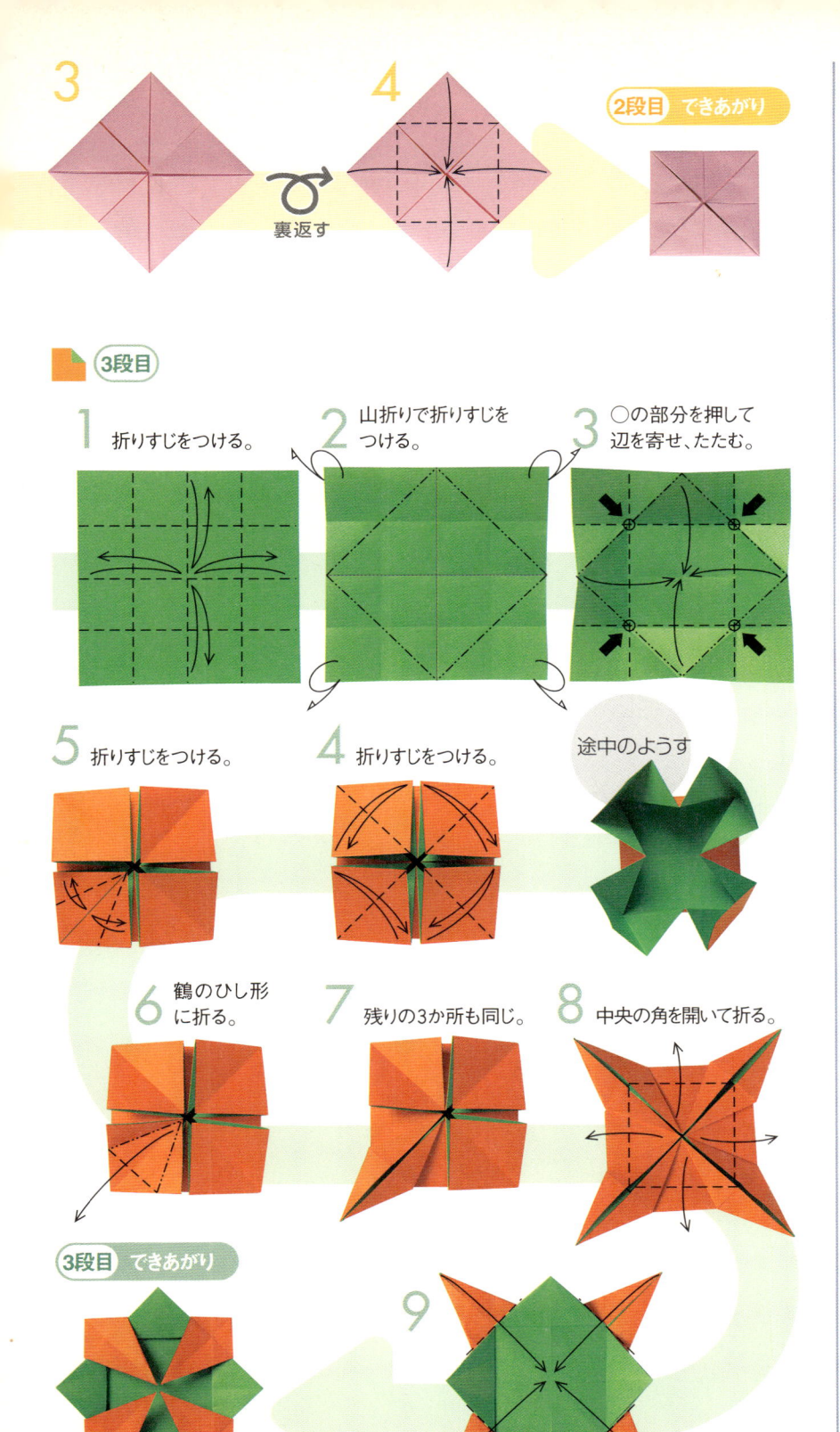

組みあわせ方

1 3段目の上のすきまに、2段目の角をさしこんで組みこむ。

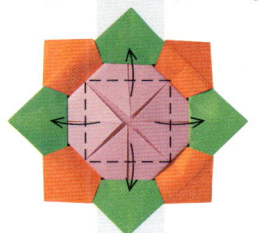

2段目の中心の角を開いて折る。

2 中央の正方形のすきまに、1段目の角をさしこむ。

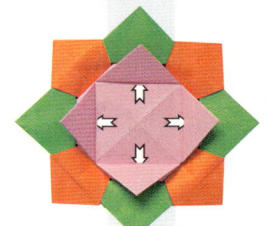

3

花のこま できあがり

実際にまわして遊べます。

91

節分

豆まきをしながら福を呼びこむ節分は、親子で楽しめる行事のひとつです。憎めない表情の鬼の顔は、大きくつくってお面にすることもできます。

1 鬼の顔
つくり方→93ページ

2 豆箱
つくり方→95ページ

3 かしばち
つくり方→96ページ

鬼の顔

- 1つあたりの紙のサイズ・用意する数
  24×24cm　1枚
- 作者　長谷川太市郎
- ポイント
  折り進むうちに、鬼の表情が少しずつあらわれてくる楽しいおりがみです。

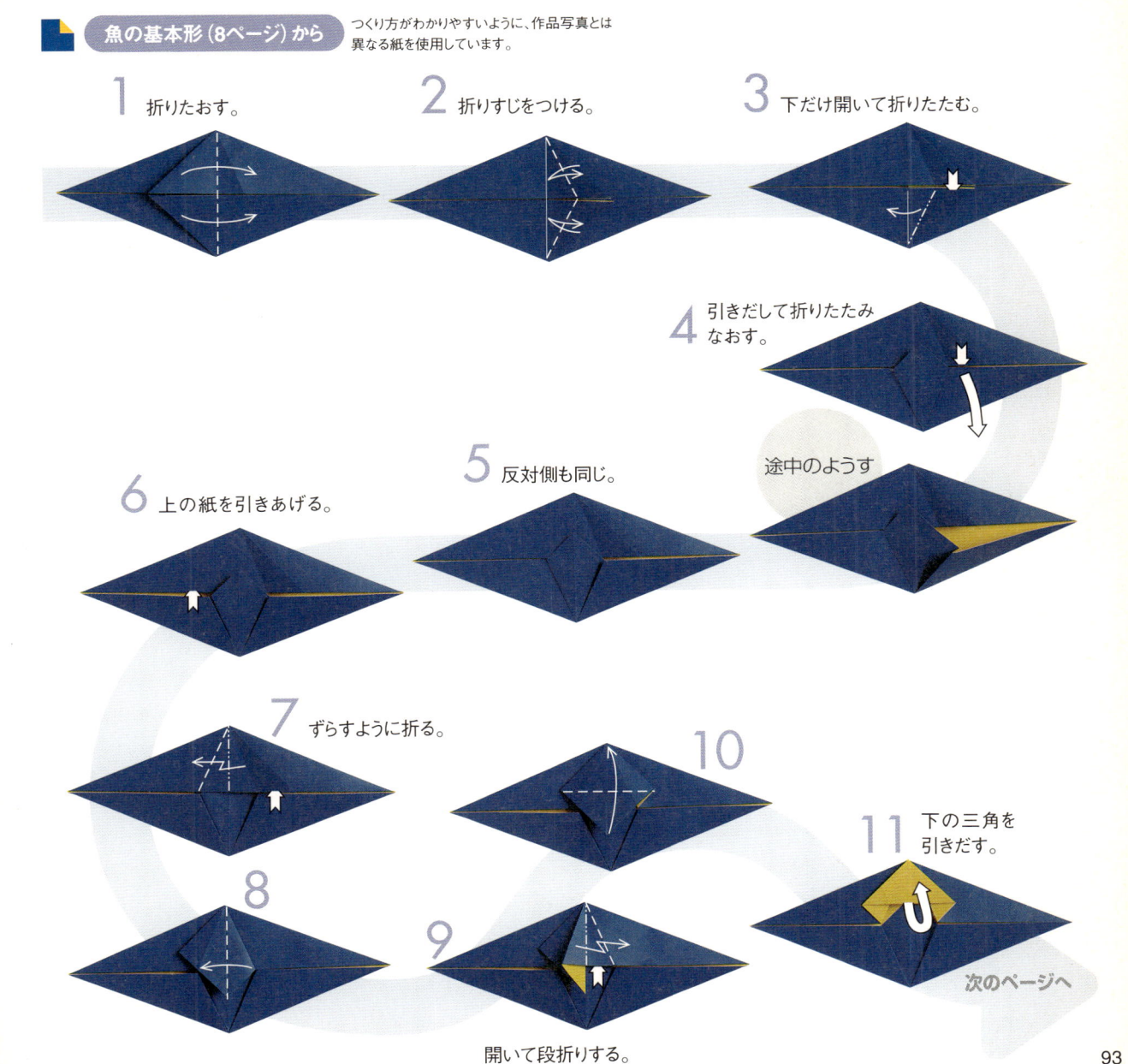

魚の基本形（8ページ）から　つくり方がわかりやすいように、作品写真とは異なる紙を使用しています。

1　折りたおす。

2　折りすじをつける。

3　下だけ開いて折りたたむ。

4　引きだして折りたたみなおす。

途中のようす

5　反対側も同じ。

6　上の紙を引きあげる。

7　ずらすように折る。

8

9　開いて段折りする。

10

11　下の三角を引きだす。

次のページへ

93

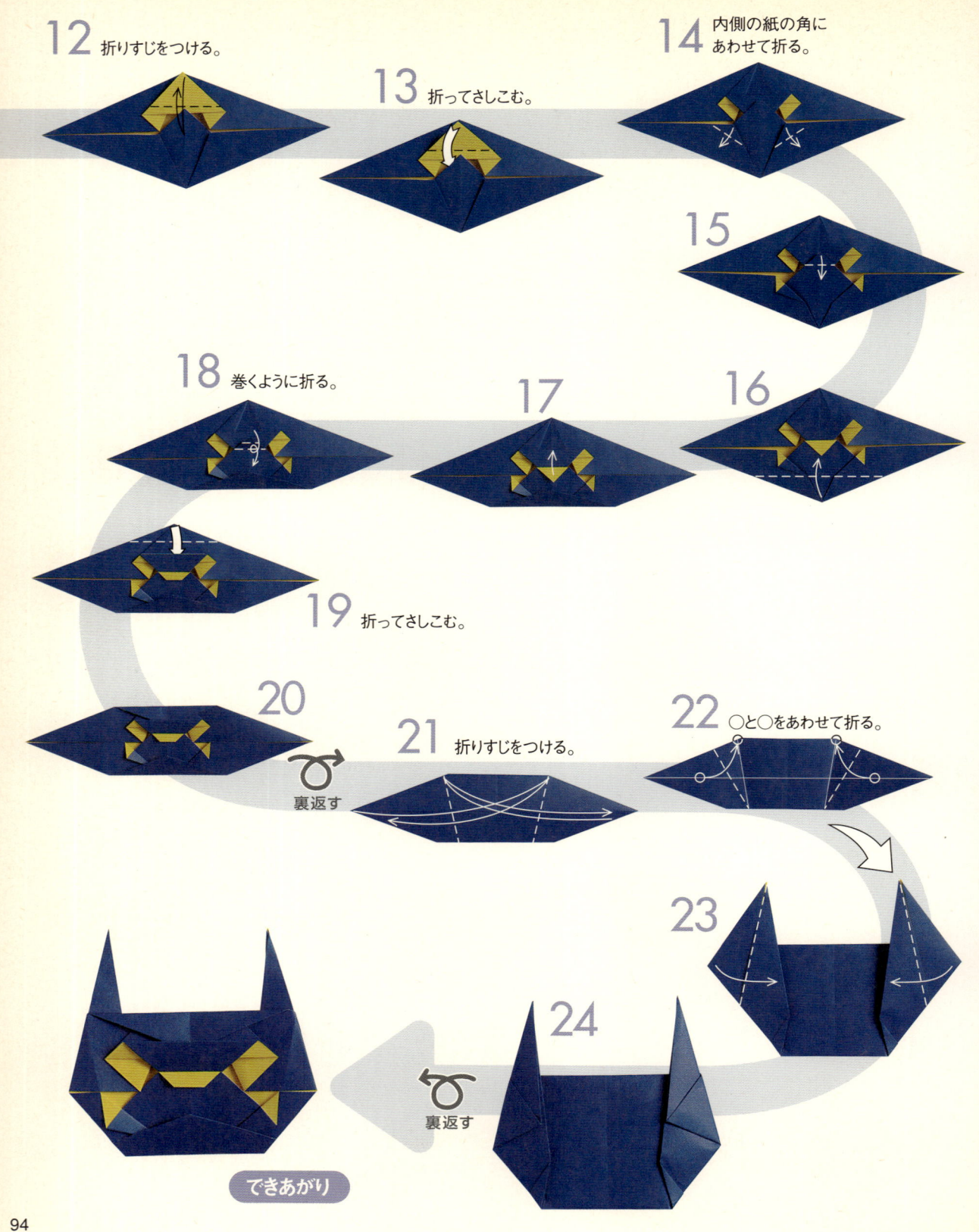

12 折りすじをつける。

13 折ってさしこむ。

14 内側の紙の角にあわせて折る。

15

16

17

18 巻くように折る。

19 折ってさしこむ。

20 裏返す

21 折りすじをつける。

22 ○と○をあわせて折る。

23

24 裏返す

できあがり

豆箱

● 1つあたりの紙のサイズ・用意する数
15×15cm　1枚

● 作者　野中陽子

● ポイント
豆箱だけでなく、いろいろな使い方ができるかわいい箱です。ふちを折り返すので、しっかりとしたつくりになります。

つくり方がわかりやすいように、作品写真とは異なる紙を使用しています。

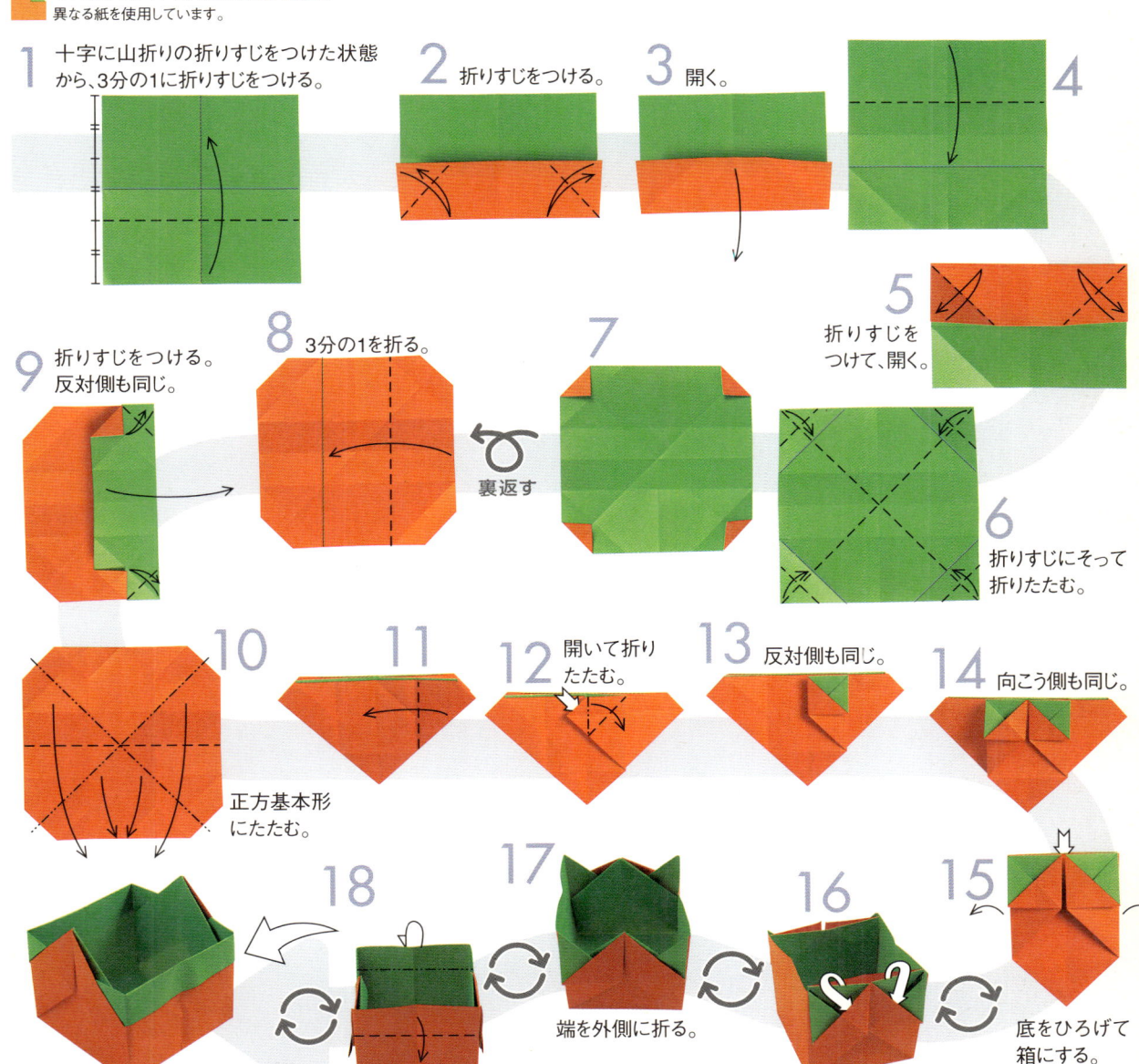

1　十字に山折りの折りすじをつけた状態から、3分の1に折りすじをつける。

2　折りすじをつける。

3　開く。

4

5　折りすじをつけて、開く。

6　折りすじにそって折りたたむ。

7

8　3分の1を折る。　裏返す

9　折りすじをつける。反対側も同じ。

10　正方基本形にたたむ。

11

12　開いて折りたたむ。

13　反対側も同じ。

14　向こう側も同じ。

15　底をひろげて箱にする。

16　内側の紙をさしこんで折る。

17　端を外側に折る。

18　できあがり

かしばち

- 1つあたりの紙のサイズ・用意する数
  15×15cm　1枚
- 作者　伝承
- ポイント
  昔から伝わるシンプルな器です。大きさは、好みに応じて変えて折りましょう。

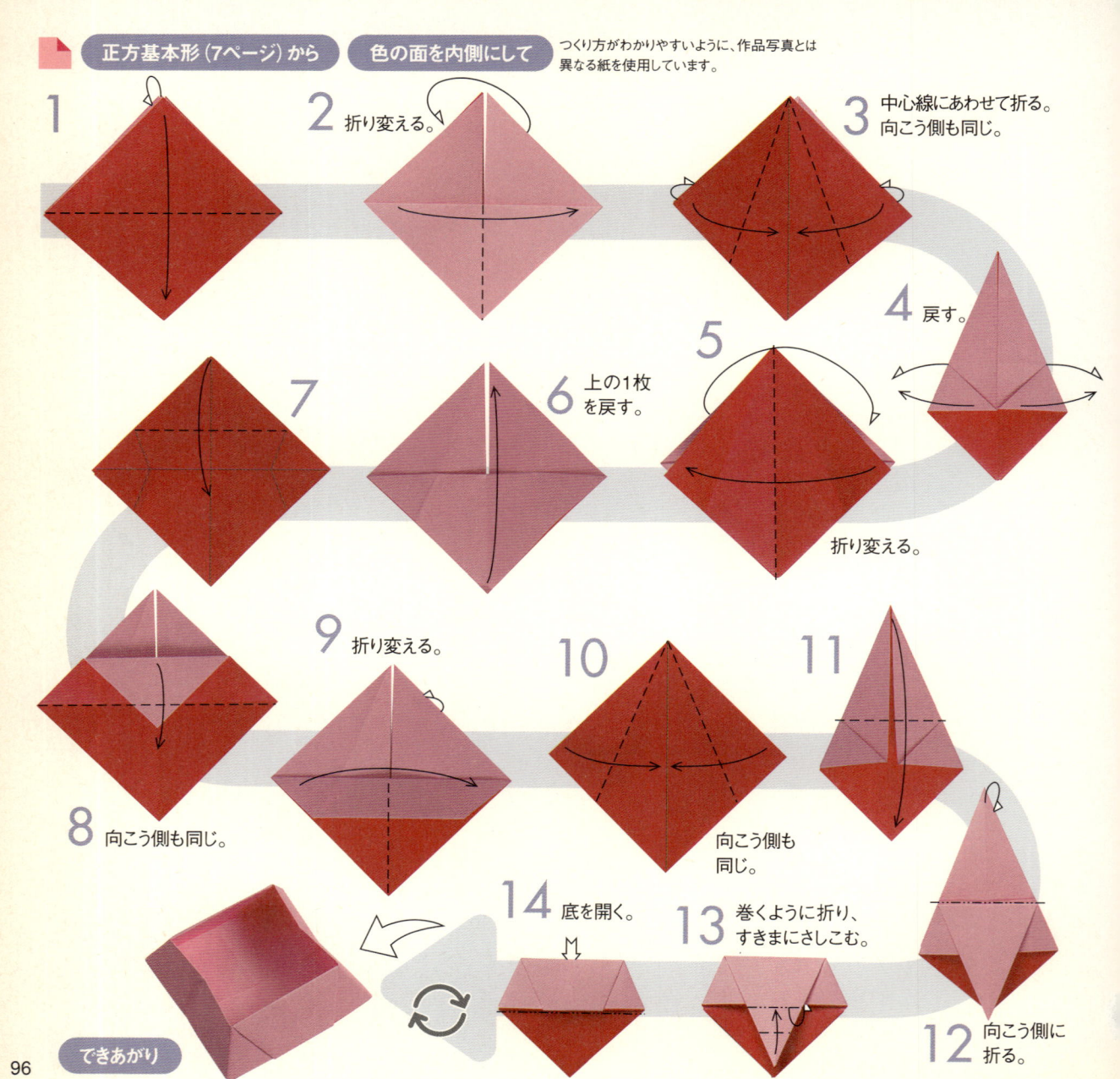

正方基本形（7ページ）から　色の面を内側にして

つくり方がわかりやすいように、作品写真とは異なる紙を使用しています。

1

2 折り変える。

3 中心線にあわせて折る。向こう側も同じ。

4 戻す。

5

6 上の1枚を戻す。

7

折り変える。

8 向こう側も同じ。

9 折り変える。

10 向こう側も同じ。

11

12 向こう側に折る。

13 巻くように折り、すきまにさしこむ。

14 底を開く。

できあがり

桃の節句

2種類のお雛さまを紹介しました。わらべ雛は、ころんとした愛らしい姿が魅力です。プチ雛は、好きな大きさでつくって、机の上や玄関などにさりげなく飾るとかわいいでしょう。

1 わらべ雛
つくり方→98ページ

2 桃の花の皿
つくり方→100ページ

3 花の器
つくり方→101ページ

4 プチ雛
つくり方→102ページ

わらべ雛

- 1つあたりの紙のサイズ・用意する数
  顔 7.5×7.5cm 2枚
  体 15×15cm 2枚

- 作者
  顔 井上文雄
  体 伝承のアレンジ
  紹介：長谷川太市郎

- ポイント
  男雛と女雛は、両手のあわせる角度を変えます。

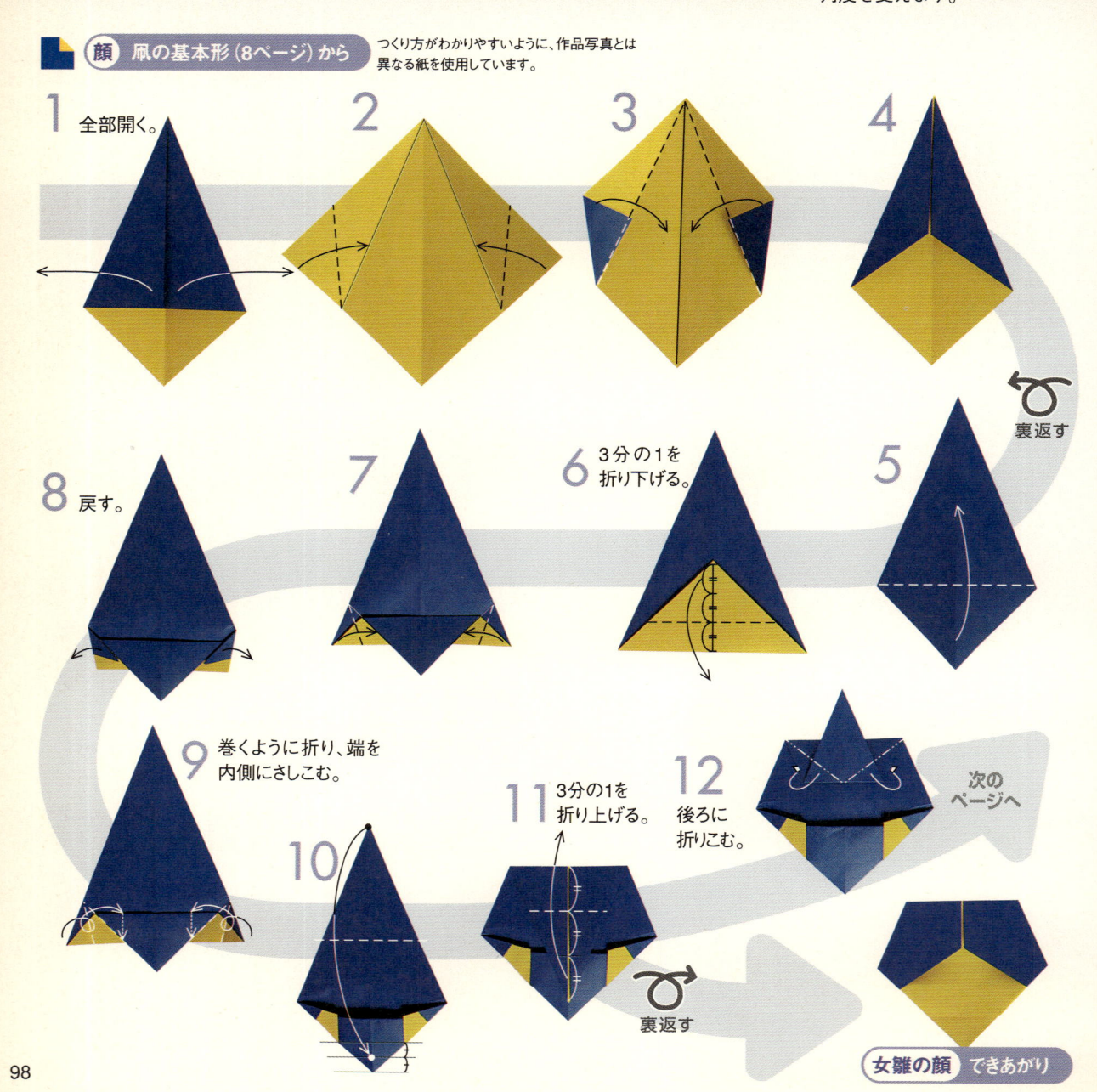

顔 凧の基本形（8ページ）から

つくり方がわかりやすいように、作品写真とは異なる紙を使用しています。

1 全部開く。

2

3

4

裏返す

5

6 3分の1を折り下げる。

7

8 戻す。

9 巻くように折り、端を内側にさしこむ。

10

11 3分の1を折り上げる。

12 後ろに折りこむ。

裏返す

次のページへ

女雛の顔 できあがり

98

13

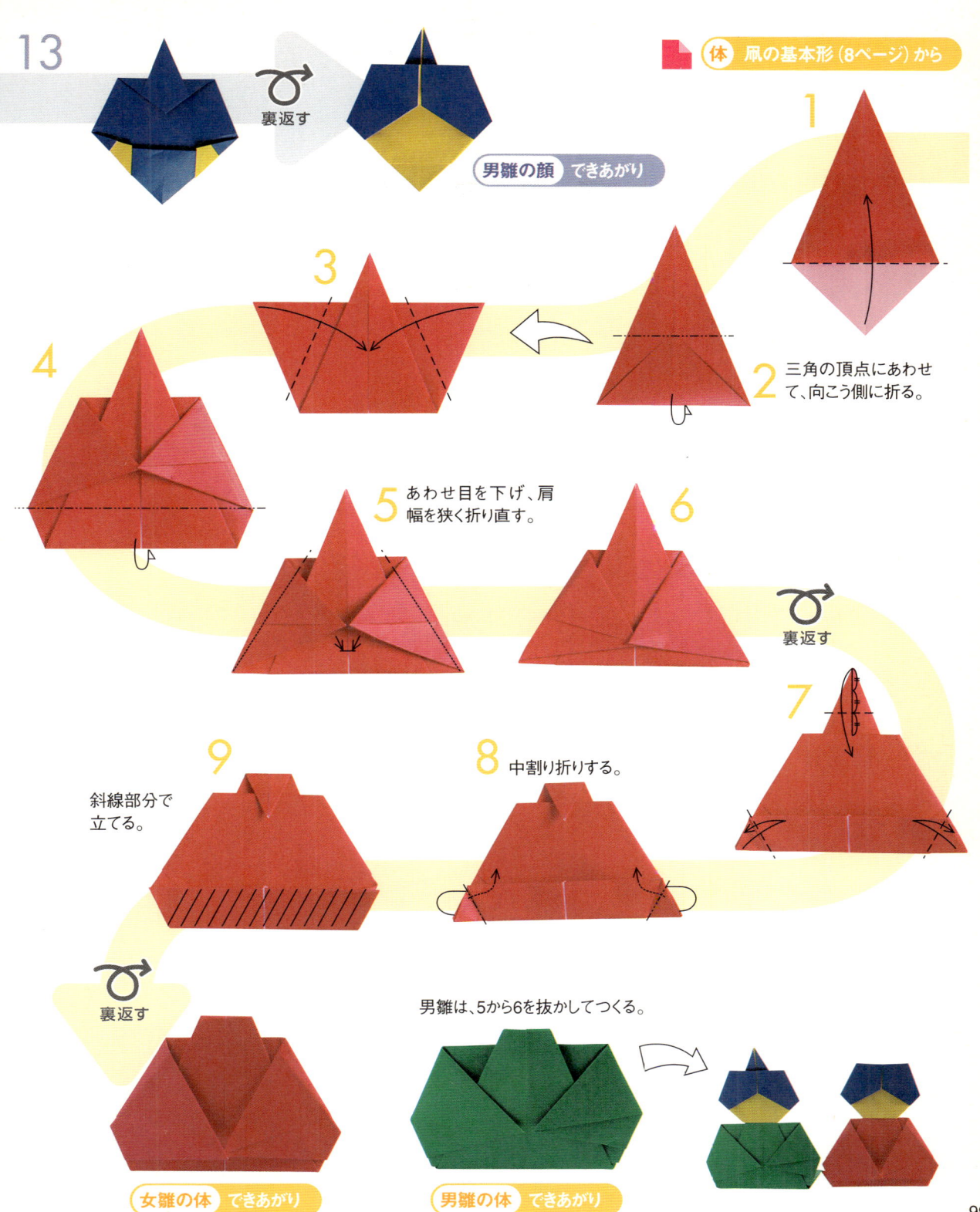

裏返す

男雛の顔 できあがり

体 凧の基本形（8ページ）から

1

2 三角の頂点にあわせて、向こう側に折る。

3

4

5 あわせ目を下げ、肩幅を狭く折り直す。

6

裏返す

7

8 中割り折りする。

9 斜線部分で立てる。

裏返す

男雛は、5から6を抜かしてつくる。

女雛の体 できあがり

男雛の体 できあがり

99

桃の花の皿

- 1つあたりの紙のサイズ・用意する数
  15×15cmなど　1枚
- 作者　紹介：長谷川太市郎
- ポイント
  正五角形に切ってから折ります。切りとった正五角形は、もともとの紙のサイズよりも小さくなるので、考慮してつくってください。

正五角形（9ページ）から　色の面を内側にして

つくり方がわかりやすいように、作品写真とは異なる紙を使用しています。

1. 折りすじのようにたたむ。
2. 4分の1のところに折りすじをつける。
3. 沈め折りする。
   開いたようす
4. 下のほうが少し幅広くなるように折ります。
5. 残りの4か所も同じ。
6. 中央を押さえながら開く。
   表のようす
7. 開いて折りたたむ。
   拡大図
   残りの4か所も同じ。
8. 裏返す
9. 折って水平にする。

できあがり

花の器

● 1つあたりの紙のサイズ・用意する数
　12×12cm　1枚

● 作者　遠藤和邦

● ポイント
あらかじめつけた折りすじをもとに、立体的に折っていく器です。

正方基本形（7ページ）から　つくり方がわかりやすいように、作品写真とは異なる紙を使用しています。

1　印をつける程度、折りすじをつける。

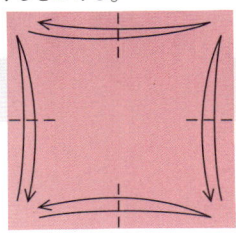

2　○と○をあわせる。

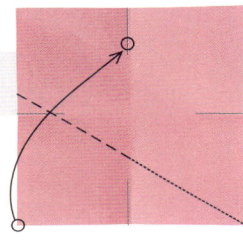

3　波線のところにだけ折りすじをつけて戻す。

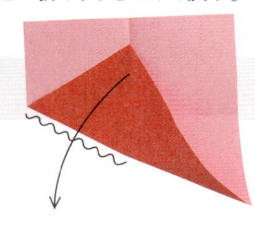

4　残りの3か所も同じ。

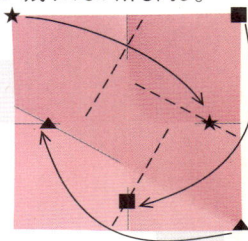

5 　裏返す

6　○と○をあわせる。

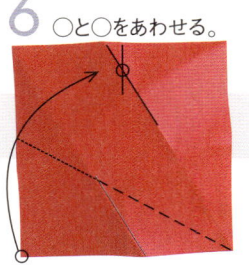

7　波線のところにだけ折りすじをつけて戻す。

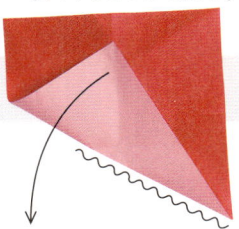

8　残りの3か所も同じ。

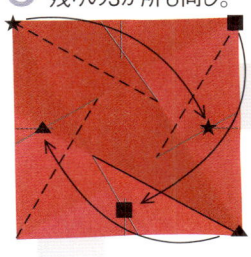

9 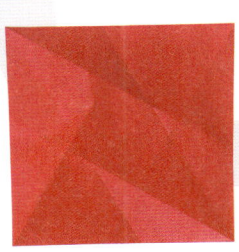　裏返す

10　○を上から押さえながら、図のように折る。

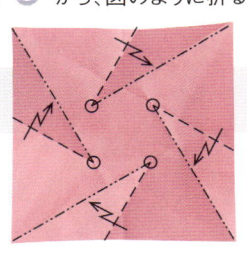

途中のようす

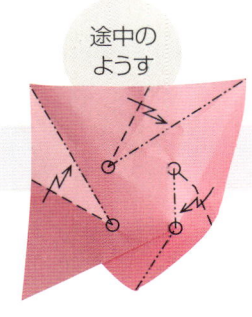

11 　重なっているところは、のりで押さえた状態です。実際には、離れています。

12

13　角の先をさしこむ。

14　残りの3か所も同じ。

できあがり

裏のようす

プチ雛

- 1つあたりの紙のサイズ・用意する数
  10×10cm　2枚
  男雛と女雛で、色や柄を変えましょう。
- 作者　長谷川太市郎
- ポイント
  1枚の紙で、顔も体も表現できるおりがみです。

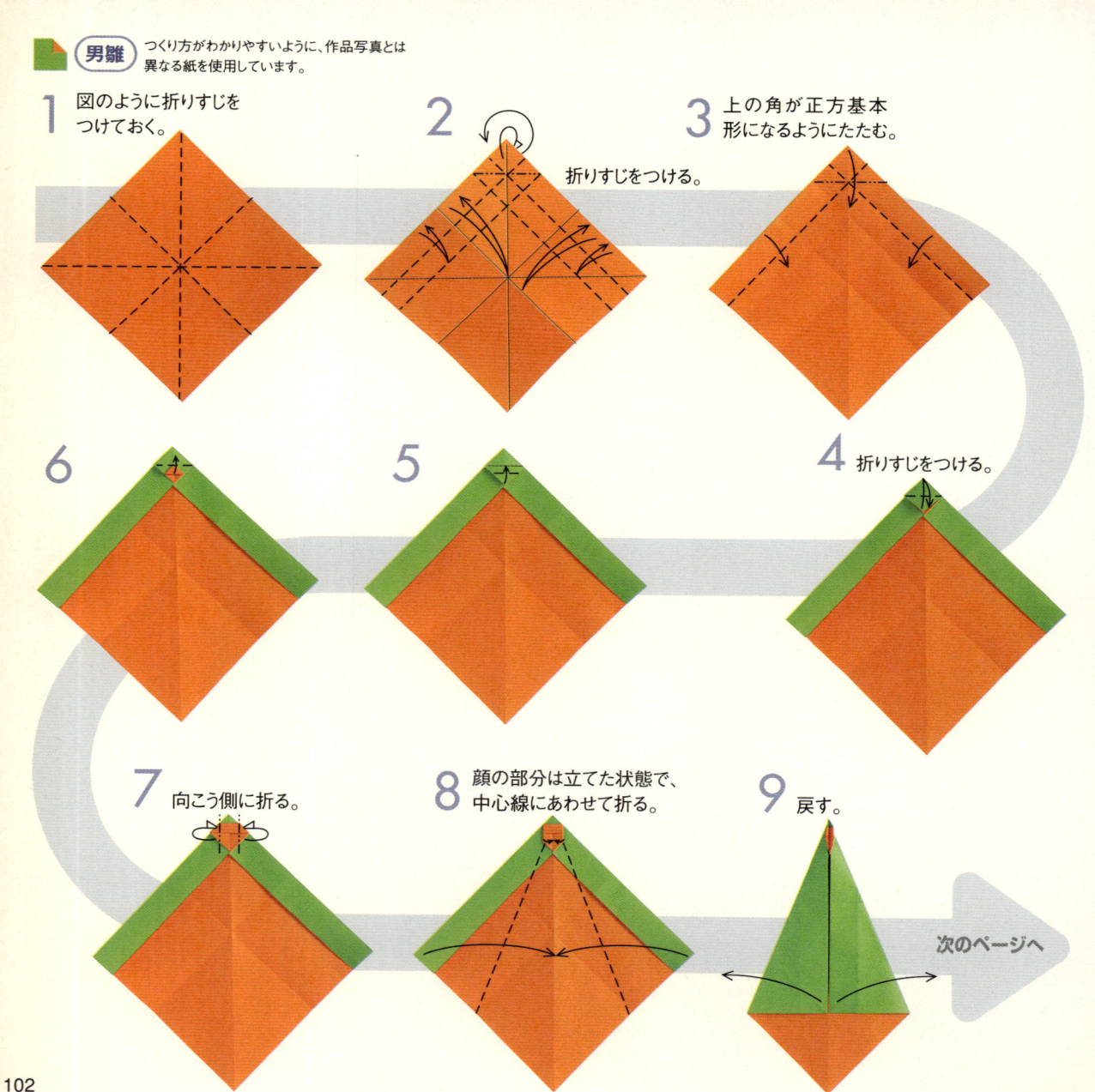

男雛　つくり方がわかりやすいように、作品写真とは異なる紙を使用しています。

1　図のように折りすじをつけておく。

2　折りすじをつける。

3　上の角が正方基本形になるようにたたむ。

4　折りすじをつける。

5

6

7　向こう側に折る。

8　顔の部分は立てた状態で、中心線にあわせて折る。

9　戻す。

次のページへ

10

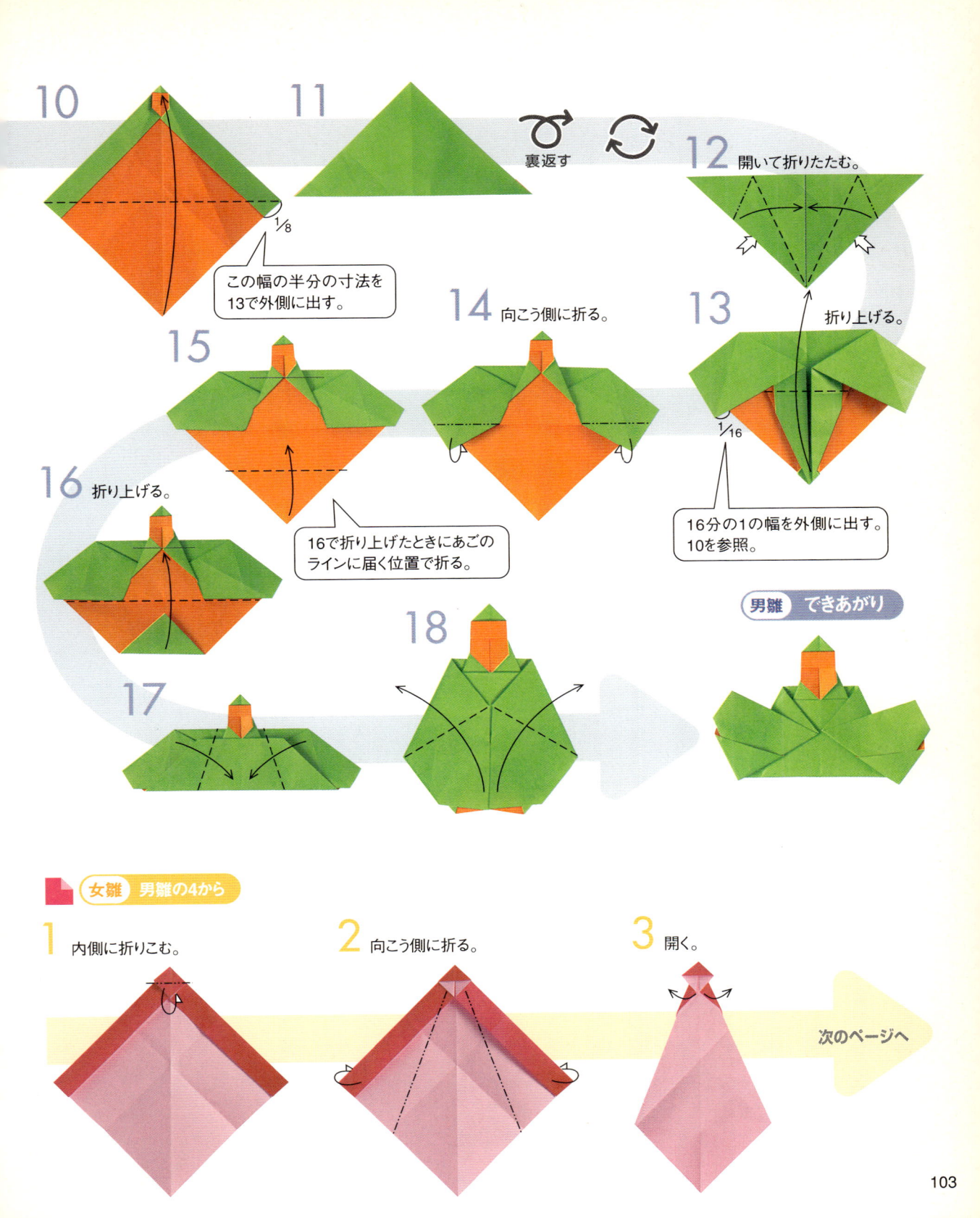

1/8

この幅の半分の寸法を13で外側に出す。

11

裏返す

12 開いて折りたたむ。

15

14 向こう側に折る。

13 折り上げる

1/16

16分の1の幅を外側に出す。10を参照。

16 折り上げる。

16で折り上げたときにあごのラインに届く位置で折る。

男雛 できあがり

17

18

女雛 男雛の4から

1 内側に折りこむ。

2 向こう側に折る。

3 開く。

次のページへ

4

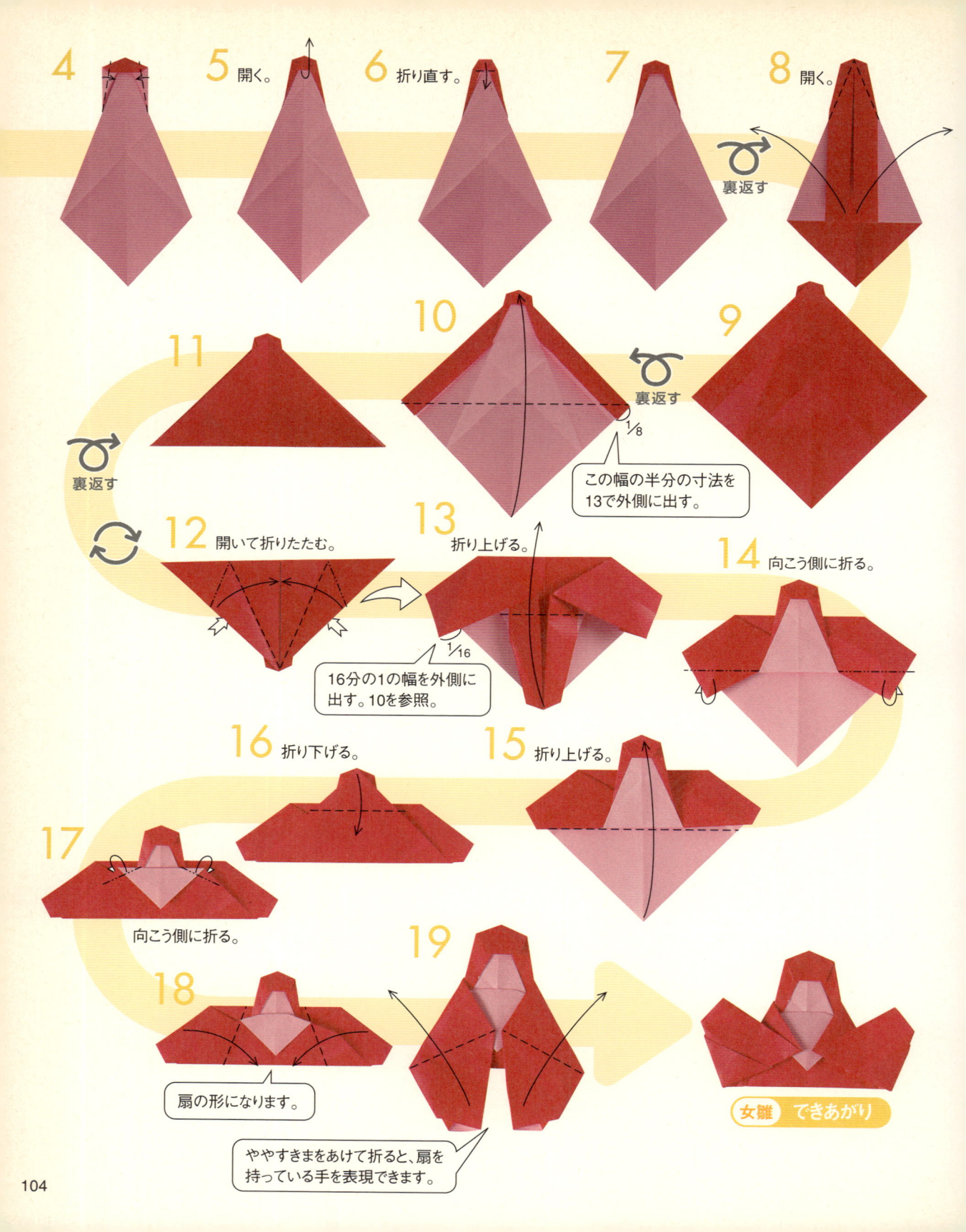

5 開く。

6 折り直す。

7

8 開く。 ♂ 裏返す

11 ♂ 裏返す

10 1/8 この幅の半分の寸法を13で外側に出す。

9 ♂ 裏返す

12 開いて折りたたむ。

13 折り上げる。 1/16 16分の1の幅を外側に出す。10を参照。

14 向こう側に折る。

16 折り下げる。

15 折り上げる。

17 向こう側に折る。

18 扇の形になります。

19 ややすきまをあけて折ると、扇を持っている手を表現できます。

女雛 できあがり

104

端午の節句

立派な吹き返しをつけたかぶととは、大きくつくると実際にかぶることができます。お子さんといっしょに、新聞紙などでつくって遊んでみてはいかがでしょうか？

1 かぶとと吹き返し
つくり方→106ページ

2 矢車
つくり方→108ページ

3 吹き流し
つくり方→109ページ

4 鯉のぼり
つくり方→110ページ

かぶとと吹き返し

- 1つあたりの紙のサイズ・用意する数
  24×24cm　2枚
- 作者　井上文雄
- ポイント
  かぶとと吹き返しはちがう色で折ってもいいでしょう。大きな紙でつくると、実際にかぶることができます。

かぶと　つくり方がわかりやすいように、作品写真とは異なる紙を使用しています。

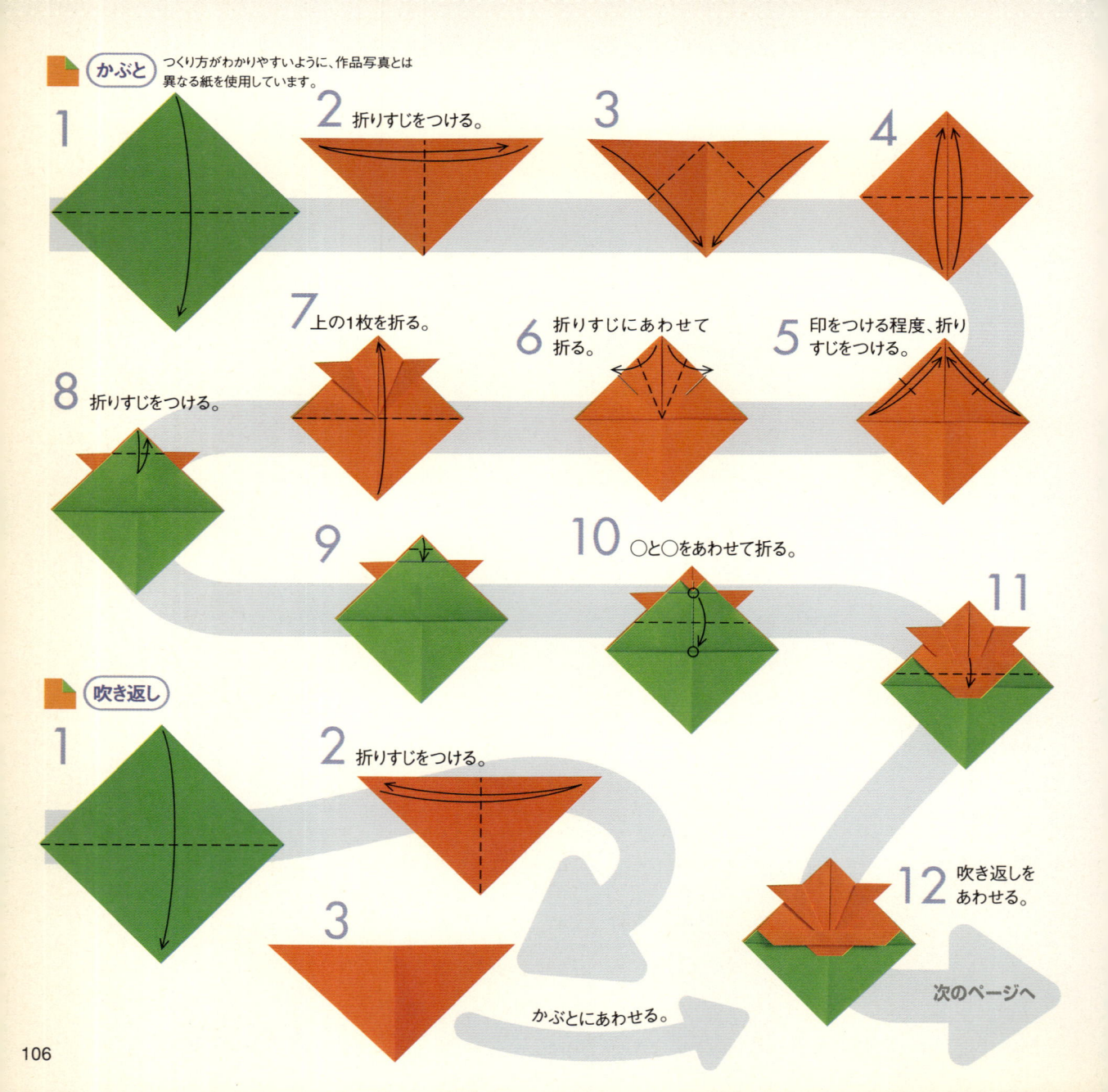

1
2 折りすじをつける。
3
4
5 印をつける程度、折りすじをつける。
6 折りすじにあわせて折る。
7 上の1枚を折る。
8 折りすじをつける。
9
10 ○と○をあわせて折る。
11

吹き返し

1
2 折りすじをつける。
3 かぶとにあわせる。
12 吹き返しをあわせる。

次のページへ

13

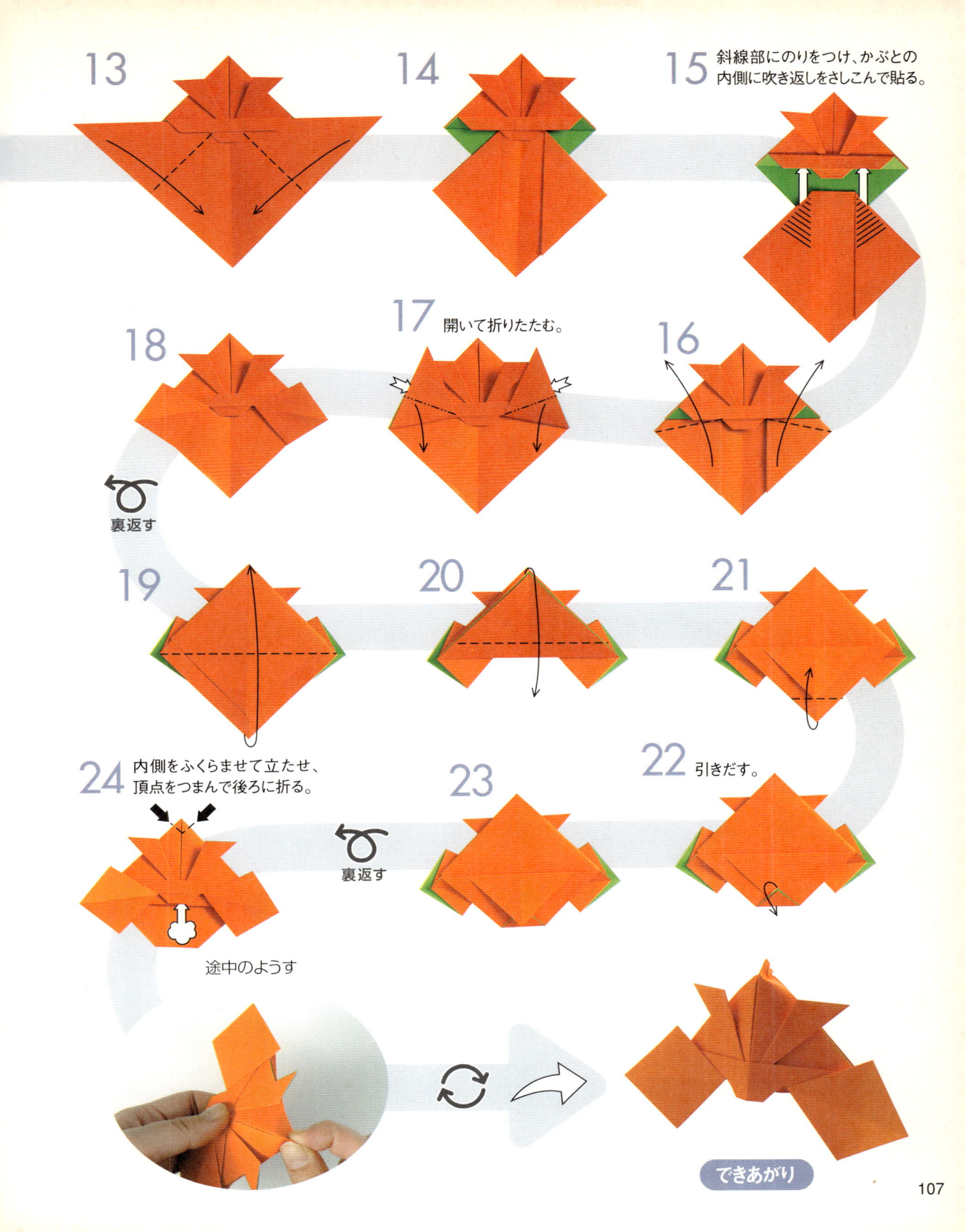

14

15 斜線部にのりをつけ、かぶとの内側に吹き返しをさしこんで貼る。

18

17 開いて折りたたむ。

16

裏返す

19

20

21

24 内側をふくらませて立たせ、頂点をつまんで後ろに折る。

23

22 引きだす。

裏返す

途中のようす

できあがり

107

矢車

●1つあたりの紙のサイズ・用意する数
5×5cm　2枚（貼りあわせる場合4枚）
写真の作品は、おりがみを2枚貼りあわせて折っています。
両面おりがみでもいいでしょう。

●作者　伝承

●ポイント
伝承のくす玉のモチーフを2枚貼りあわせてつくります。

つくり方がわかりやすいように、作品写真とは異なる紙を使用しています。

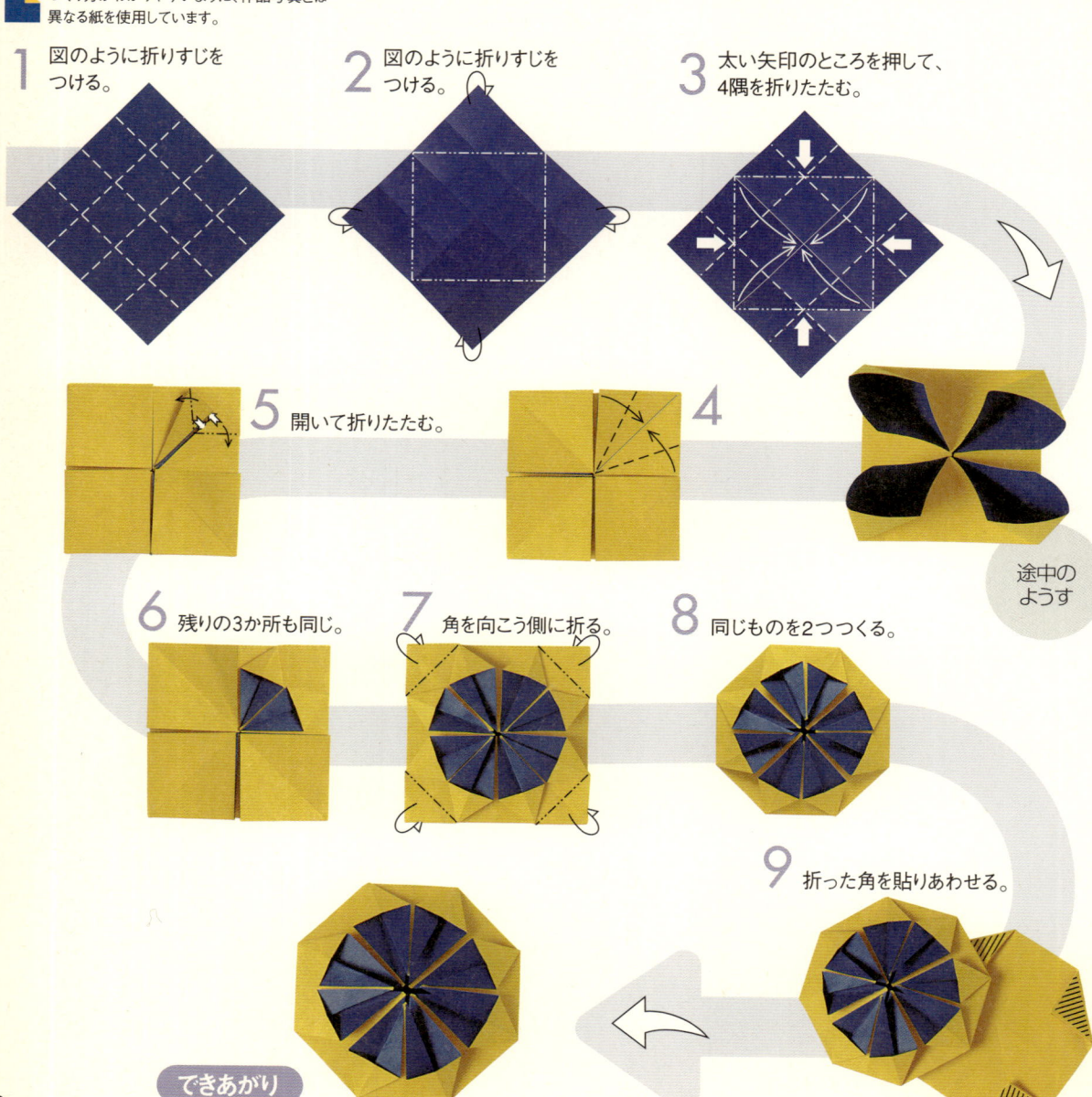

1　図のように折りすじをつける。

2　図のように折りすじをつける。

3　太い矢印のところを押して、4隅を折りたたむ。

途中のようす

5　開いて折りたたむ。

4

6　残りの3か所も同じ。

7　角を向こう側に折る。

8　同じものを2つつくる。

9　折った角を貼りあわせる。

できあがり

108

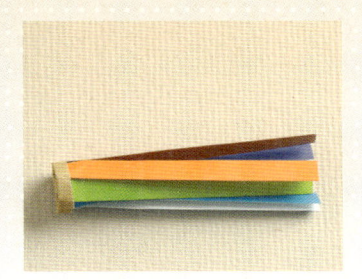

吹き流し

- 1つあたりの紙のサイズ・用意する数
  輪　2×10cm　1枚
  5色の帯　2×10cm　5枚

- 作者　木下一郎

- ポイント
  のりを使わずに、細いパーツを組みあわせてつくれる吹き流しです。

輪
つくり方がわかりやすいように、作品写真とは異なる紙を使用しています。

1. 中心に折りすじをつけた状態から。
2. 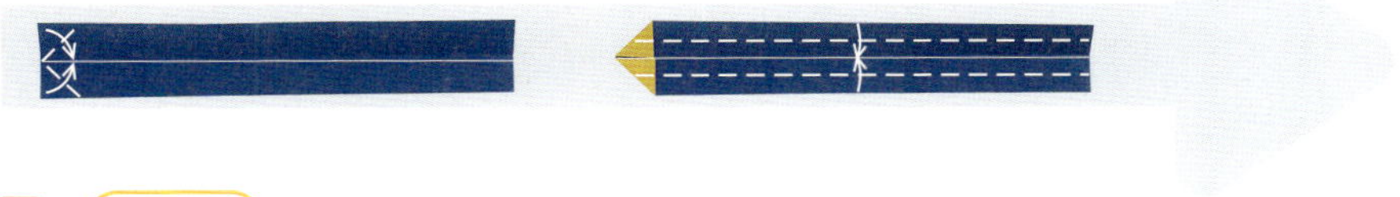
　　輪 できあがり

5色の帯

1.
2.
3.
4.
5.
6. 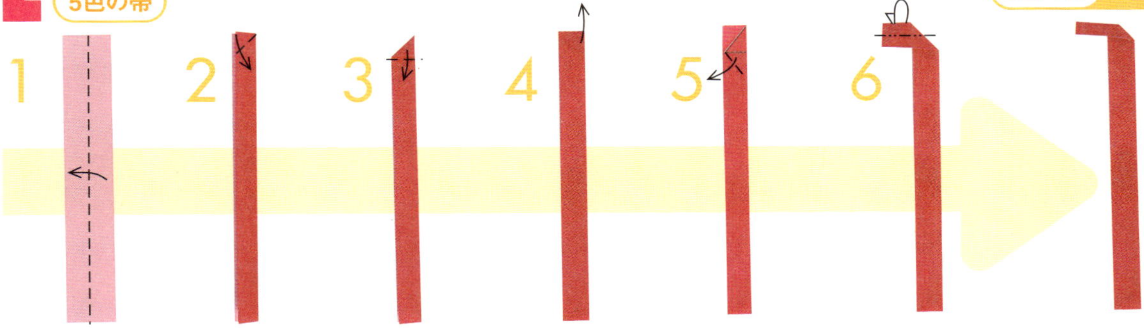
　　5色の帯 できあがり

組みあわせ方

1. 輪のすきまに、帯をさしこむ。 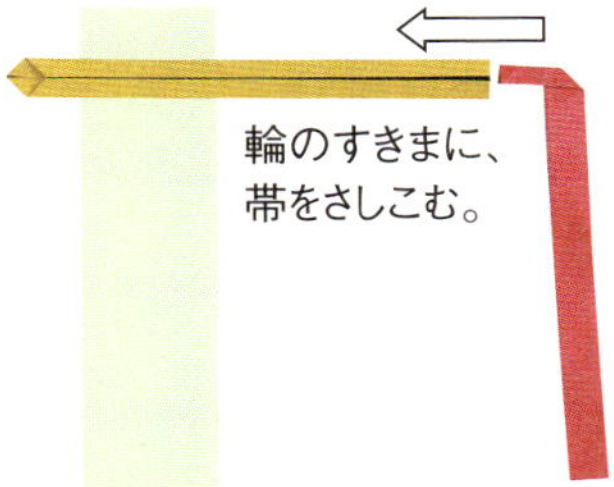 
2. 残りの4つも同じようにさしこんで並べる。 
3.
4.
5. 輪を半分に折る。
6. 途中のようす

輪の端をあわせる。

できあがり

鯉のぼり

- 1つあたりの紙のサイズ・用意する数
  15×15cm など　1枚
- 作者　二階堂黎子
- ポイント
  目やひれも1枚の紙で表現できるおりがみです。サイズは好みで調整しましょう。

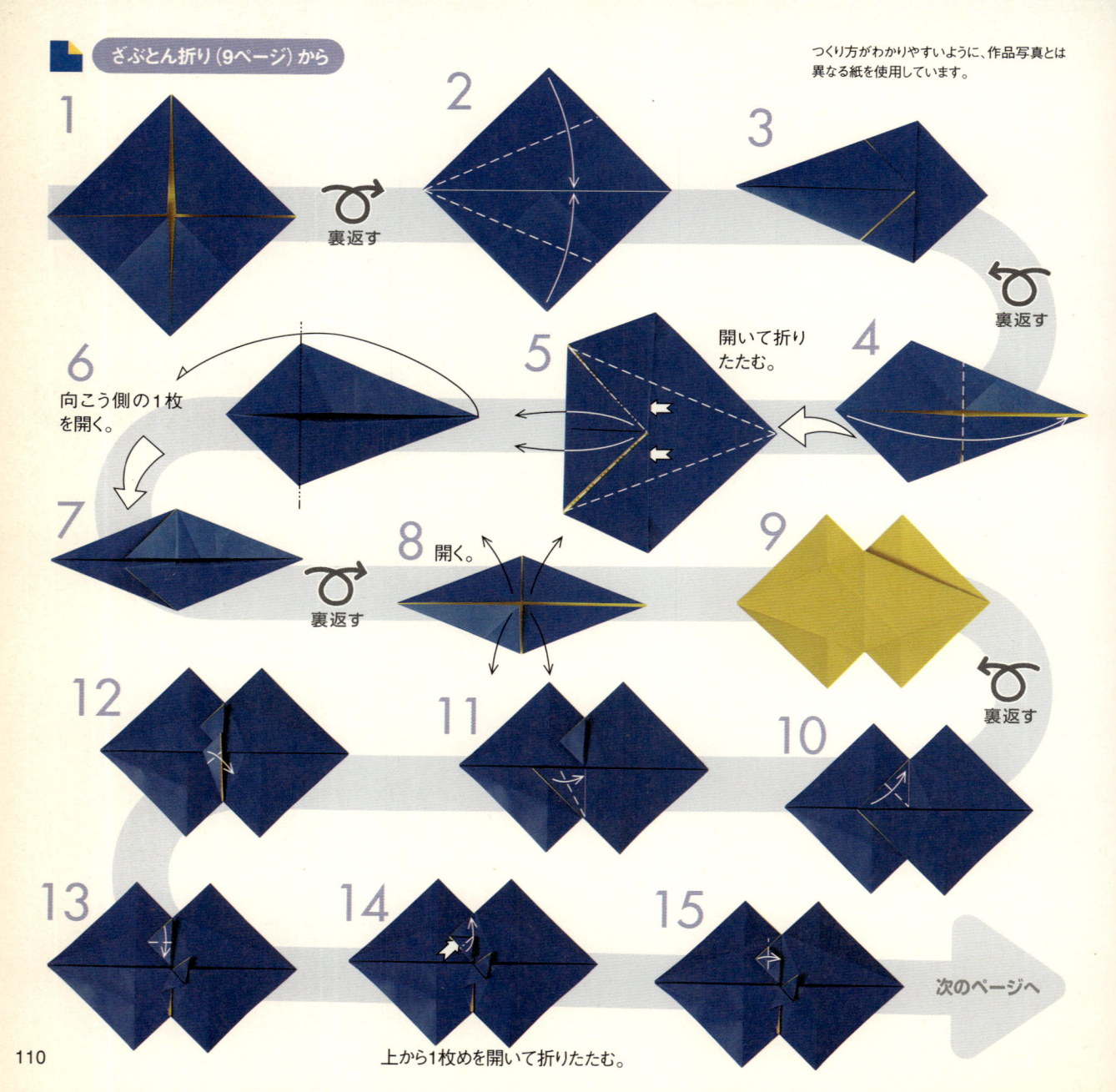

ざぶとん折り（9ページ）から

つくり方がわかりやすいように、作品写真とは異なる紙を使用しています。

1

2

3　裏返す

4

5　開いて折りたたむ。

6　向こう側の1枚を開く。

7　裏返す

8　開く。

9　裏返す

10

11

12

13

14　上から1枚めを開いて折りたたむ。

15　次のページへ

16

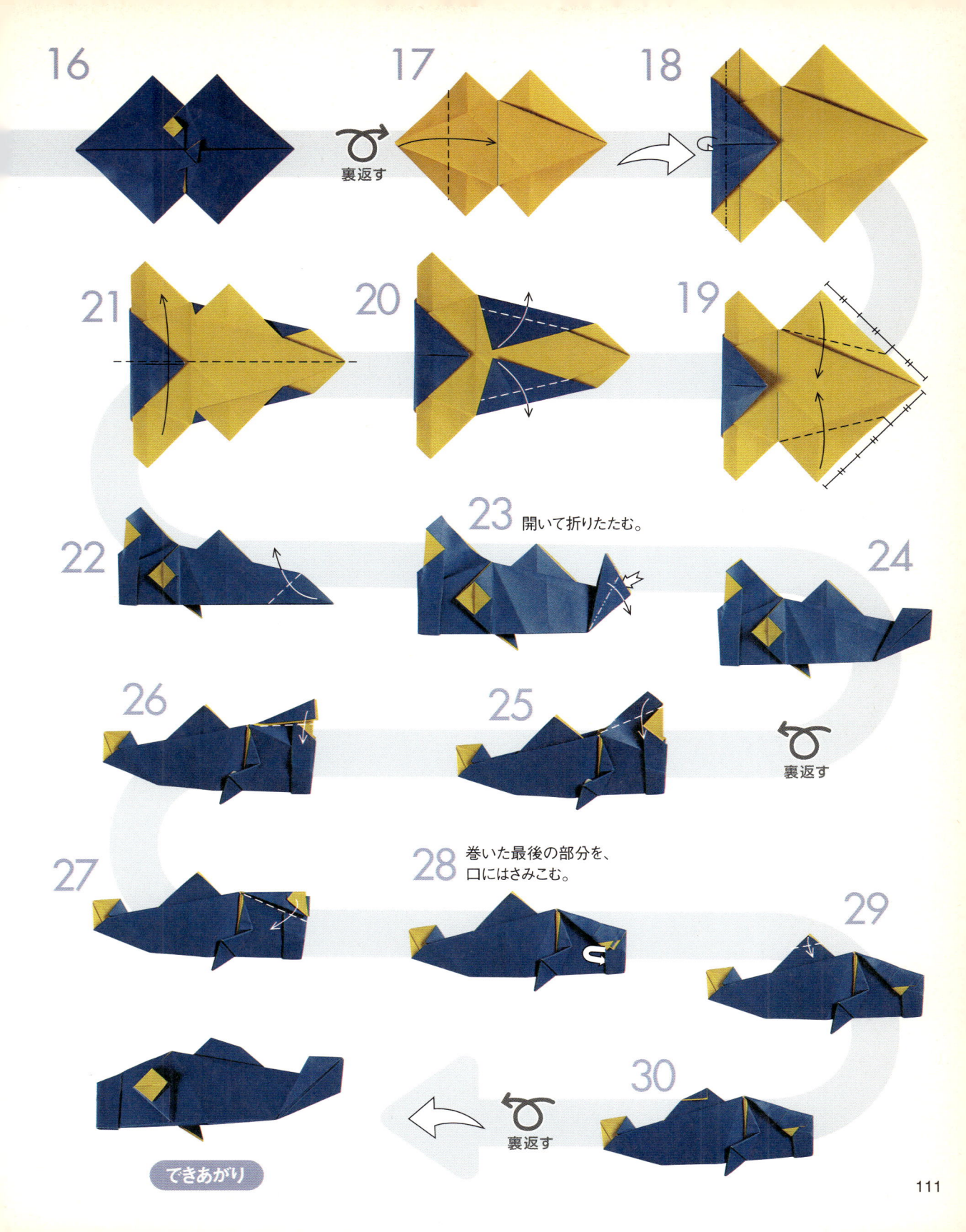

17 裏返す

18

19

20

21

22

23 開いて折りたたむ。

24

25

26

27

28 巻いた最後の部分を、口にはさみこむ。

29

30 裏返す

できあがり

111

1 くす玉（鼓）
つくり方→113ページ

2 くす玉（錦）
つくり方→114ページ

七夕

小さなくす玉（鼓）には、願いごとを書いた短冊を結びつけましょう。
ビーズやトンボ玉など、きれいな石を通すとさらにすてきになります。

くす玉（鼓）

- 1つあたりの紙のサイズ・用意する数
  15×15cm　2枚
- 作者　石橋美奈子
- ポイント
  2つのパーツを組みあわせて、お囃子の鼓のような形にします。

つくり方がわかりやすいように、作品写真とは異なる紙を使用しています。

1 対角線に山折りで折りすじをつけた状態から。

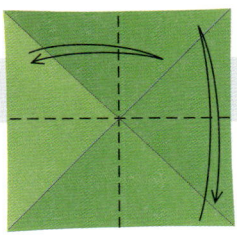

2 ざぶとん折りで折りすじをつける。

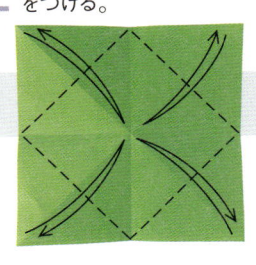

3

4

5 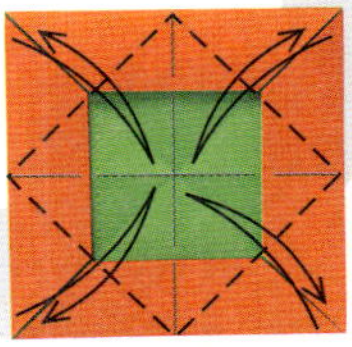 ざぶとん折りで折りすじをつける。

6

裏返す

7 図のように折りすじをつける。

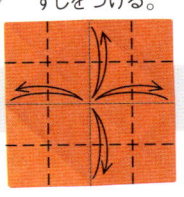

8 4隅を中心に寄せて折りたたむ。

途中のようす

9

裏返す

10 引きだし折りする。

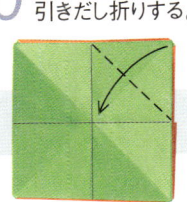

11 残りの3か所も同じ。

12

裏返す

13 図のように立体的に折る。

途中のようす

次のページへ

113

14 同じものを2つつくる。

15 先を互いちがいにさしこんで組みあわせる。

できあがり

くす玉（錦）

- 1つあたりの紙のサイズ・用意する数
  15×15cm　12枚
- 作者　石橋美奈子
- ポイント
  パーツの数によって、大きさが変わってきます。

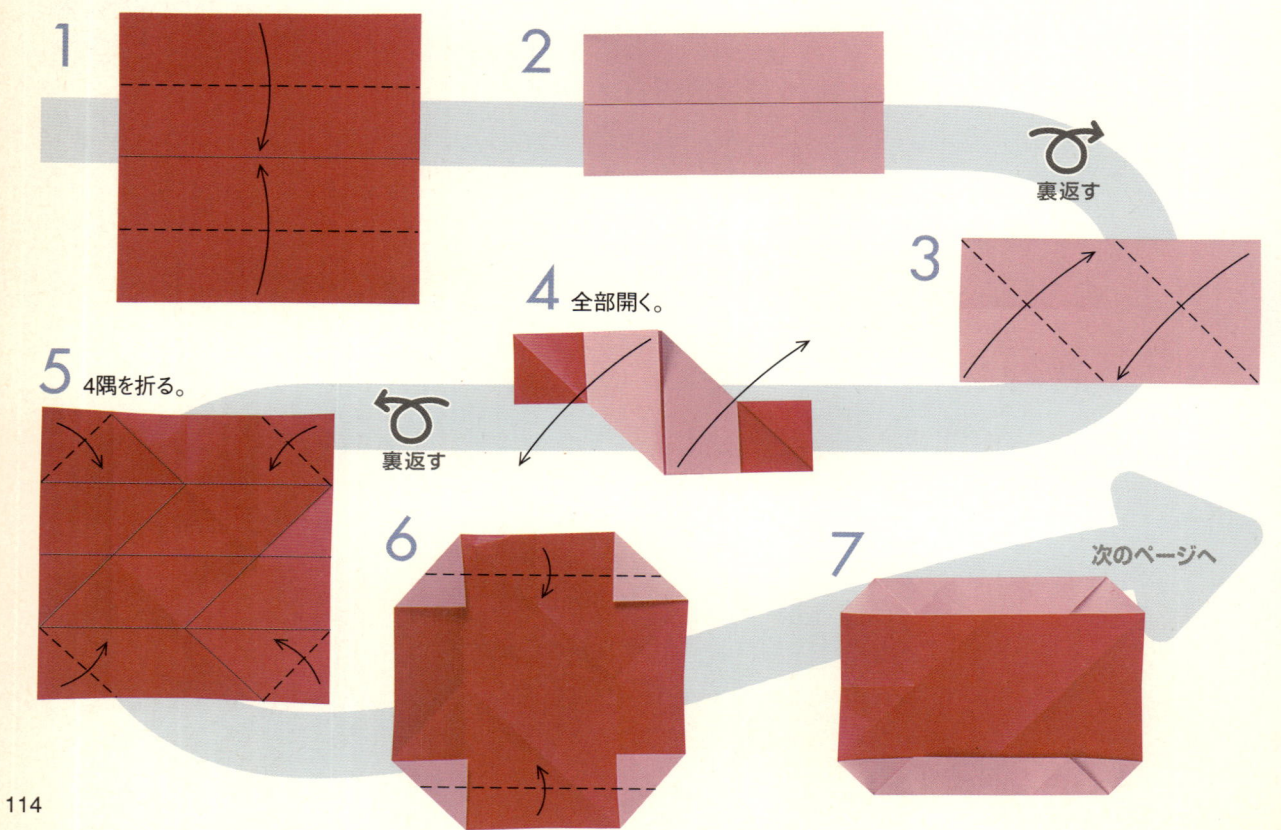

つくり方がわかりやすいように、作品写真とは異なる紙を使用しています。

1

2

裏返す

3

4 全部開く。

裏返す

5 4隅を折る。

6

7

次のページへ

8 折りすじにそって折る。

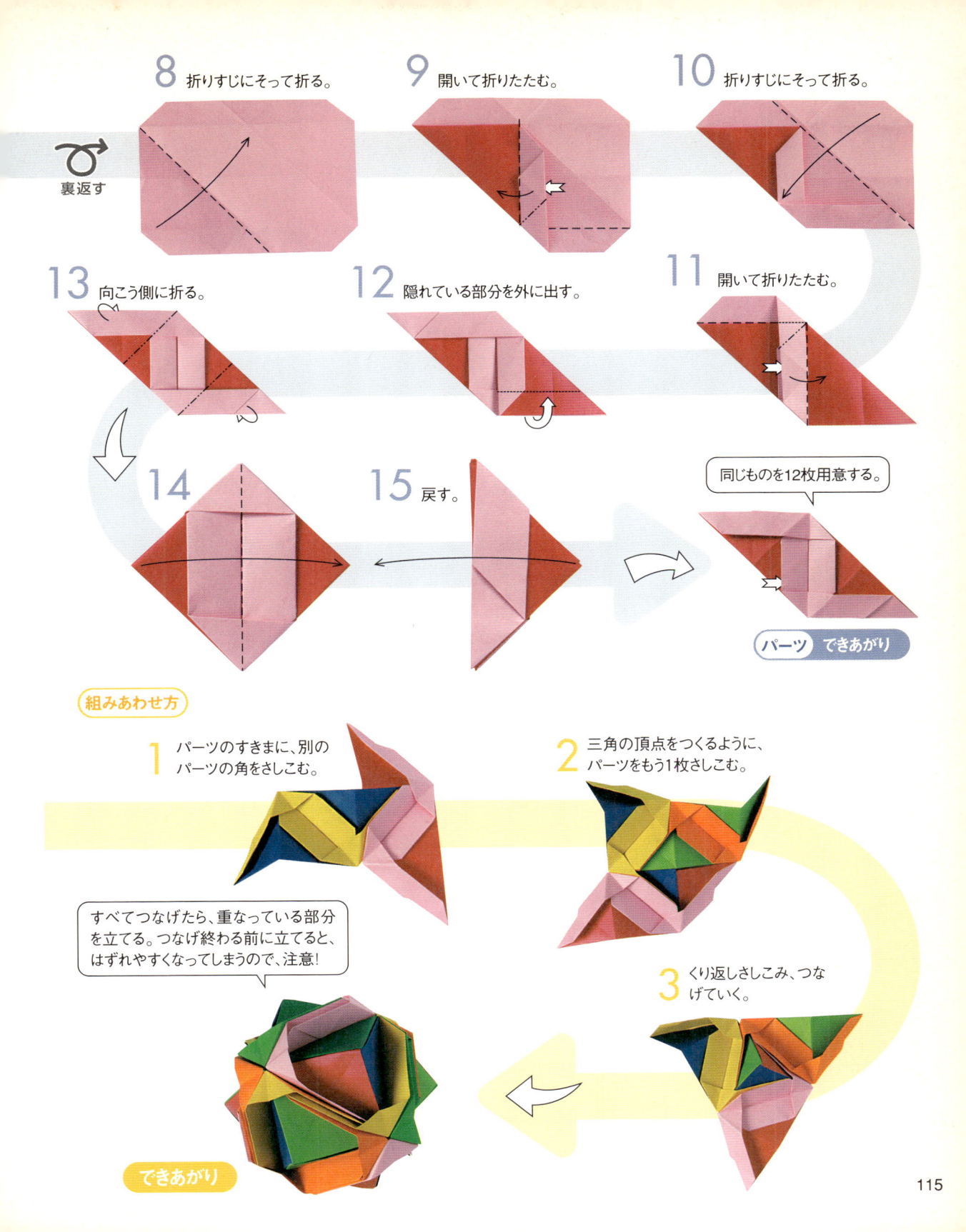

裏返す

9 開いて折りたたむ。

10 折りすじにそって折る。

13 向こう側に折る。

12 隠れている部分を外に出す。

11 開いて折りたたむ。

14

15 戻す。

同じものを12枚用意する。

パーツ できあがり

組みあわせ方

1 パーツのすきまに、別のパーツの角をさしこむ。

2 三角の頂点をつくるように、パーツをもう1枚さしこむ。

3 くり返しさしこみ、つなげていく。

すべてつなげたら、重なっている部分を立てる。つなげ終わる前に立てると、はずれやすくなってしまうので、注意！

できあがり

1 柿
つくり方→117ページ

2 足つき三方
つくり方→119ページ

3 うさぎ
つくり方→120ページ

中秋の名月

秋の夜長にはきれいな月をながめて過ごす、古来から伝わる風流な行事です。すすきとともに、うさぎや秋の味覚の柿などを並べて飾ると絵になります。

柿

- ●1つあたりの紙のサイズ・用意する数
  18×18cm　2枚
  写真の作品は、ちがう色の和紙を貼りあわせて折っています。
  両面おりがみの場合は1枚です。

- ●作者　長谷川太市郎

- ●ポイント
  底を一方向が直線状の沈め折りにしているので、自立します。

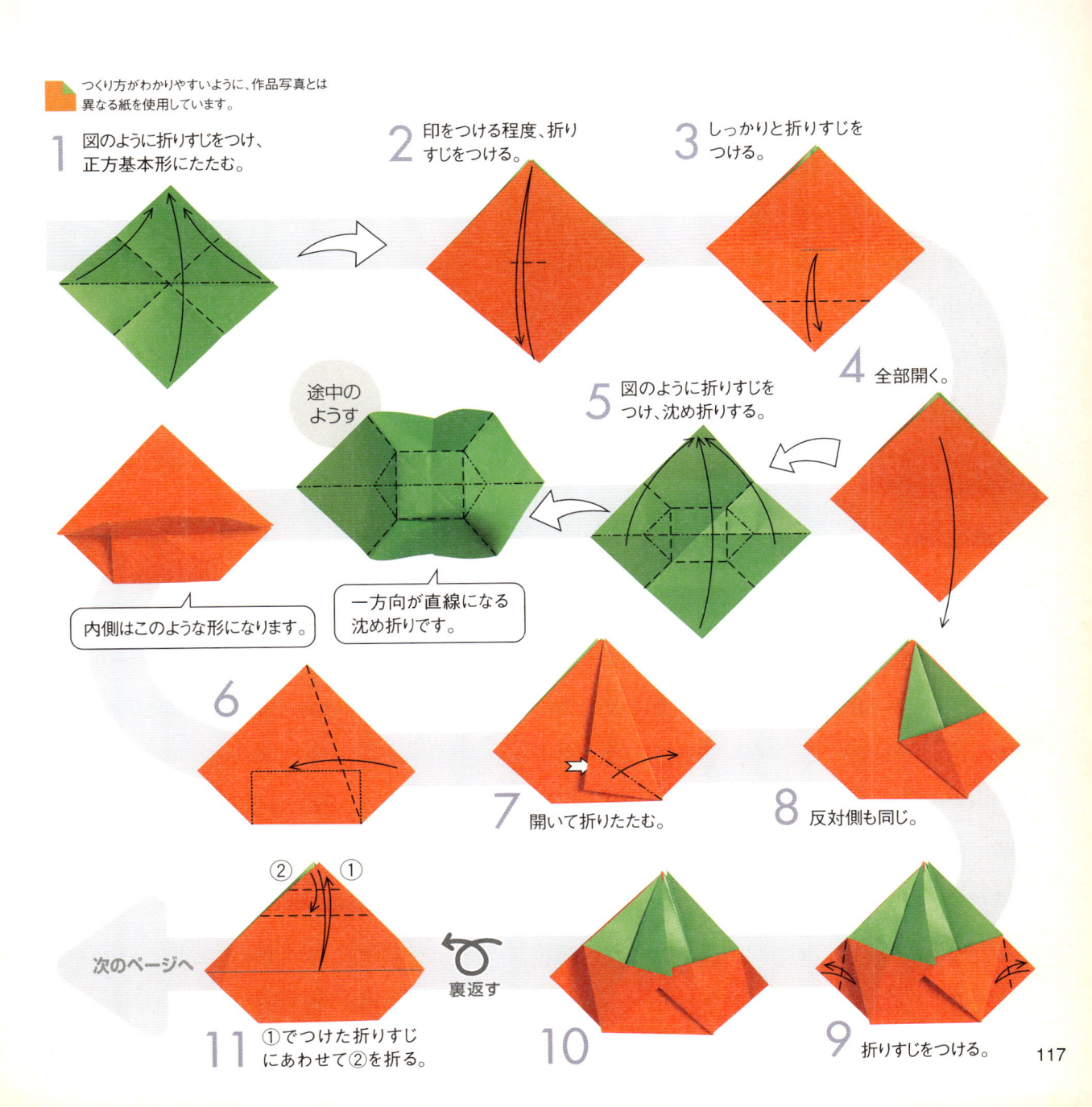

つくり方がわかりやすいように、作品写真とは異なる紙を使用しています。

1　図のように折りすじをつけ、正方基本形にたたむ。

2　印をつける程度、折りすじをつける。

3　しっかりと折りすじをつける。

4　全部開く。

5　図のように折りすじをつけ、沈め折りする。

途中のようす

内側はこのような形になります。

一方向が直線になる沈め折りです。

6

7　開いて折りたたむ。

8　反対側も同じ。

9　折りすじをつける。

10

裏返す

11　①でつけた折りすじにあわせて②を折る。

次のページへ

117

12

13 3分の1のところを折る。

14 折りすじをつける。

15 中割り折りする。

16 中割り折りする。

中のようす

17 反対側も同じ。

18 ○と○をあわせて折る。

19

裏返す

20

21

22 つまんで引きよせ折りする。

23

24

25 戻す。

この部分が足になり、自立します。

裏返す

できあがり

118

足つき三方

- 1つあたりの紙のサイズ・用意する数
  18×18cm など　1枚
- 作者　伝承
- ポイント
  昔ながらの上品なおりがみです。ひな祭りであられなどを入れるのにも使えます。

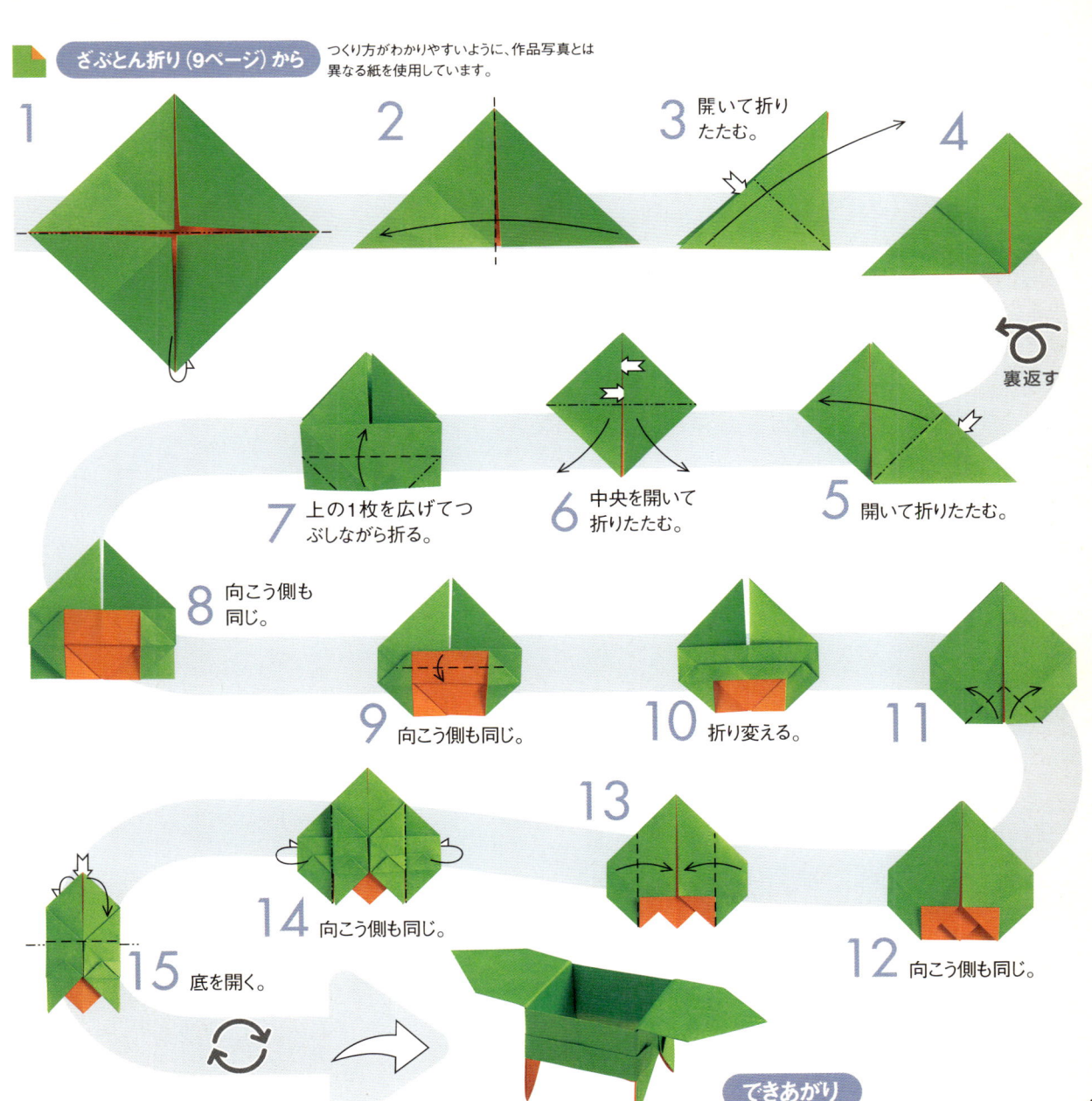

▶ ざぶとん折り（9ページ）から　つくり方がわかりやすいように、作品写真とは異なる紙を使用しています。

1．
2．
3．開いて折りたたむ。
4．
裏返す
5．開いて折りたたむ。
6．中央を開いて折りたたむ。
7．上の1枚を広げてつぶしながら折る。
8．向こう側も同じ。
9．向こう側も同じ。
10．折り変える。
11．
12．向こう側も同じ。
13．
14．向こう側も同じ。
15．底を開く。

できあがり

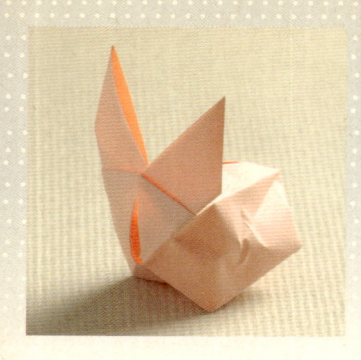

うさぎ

- 1つあたりの紙のサイズ・用意する数
  15×15cmなど　1枚
- 作者　伝承
- ポイント
  少しずつ引っぱって広げながら、ふくらましていきます。うさぎの色や大きさは、好みによって変えましょう。

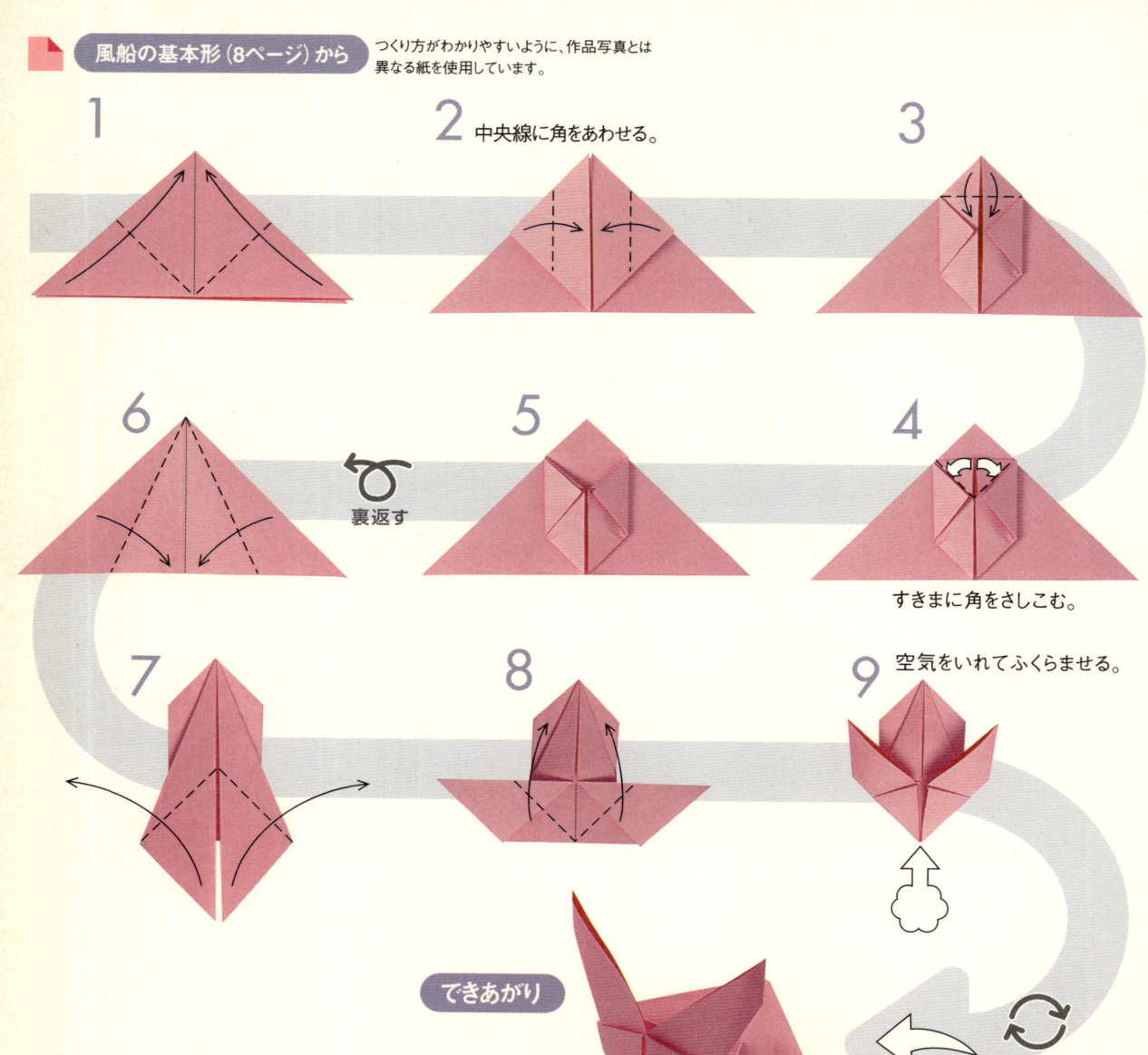

📕 風船の基本形（8ページ）から　つくり方がわかりやすいように、作品写真とは異なる紙を使用しています。

1

2　中央線に角をあわせる。

3

4　すきまに角をさしこむ。

5

6

裏返す

7

8

9　空気をいれてふくらませる。

できあがり

120

1 クリスマスツリー
　つくり方→122ページ

2 サンタクロース
　つくり方→123ページ

3 サンタクロースの帽子
　つくり方→125ページ

クリスマス

パーティーシーズンのメインイベント、クリスマス。クリスマスツリーには、シールなどを貼ってきれいに飾ってみましょう。サンタクロースと帽子の飾りは、ひもをつけてオーナメントにすることもできます。

クリスマスツリー

● 1つあたりの紙のサイズ・用意する数
葉　7×7cm　9×9cm　12×12cmなど
3〜5枚
雪のつもった感じを出すには、裏が白いおりがみを使います。

幹　12×12cm
雪がふきつけたように表現する場合は、裏が白いおりがみを使い、幹②で折ります。

● 作者
紹介：北村恵司
アレンジ：長谷川太市郎

● ポイント
葉の数や幹のデザインなど、いろいろなアレンジができるおりがみです。

葉　正方基本形（7ページ）から

つくり方がわかりやすいように、作品写真とは異なる紙を使用しています。

1 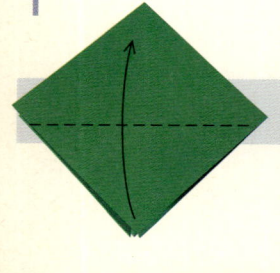
2　折り変えて、残りの3か所も同じように折る。 
葉　できあがり 
大きさを変えて複数つくり、貼りあわせて木にする。

できあがり

幹①　鶴の基本形（7ページ）から

1　折り変える。 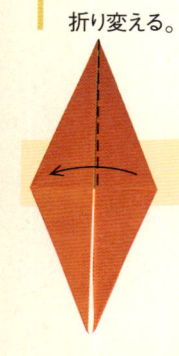
2 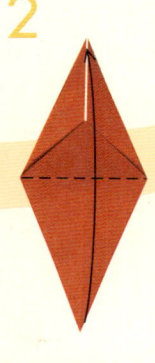
3　向こう側も同じ。 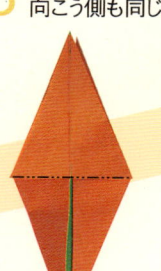
4　折り変えて立たせる。

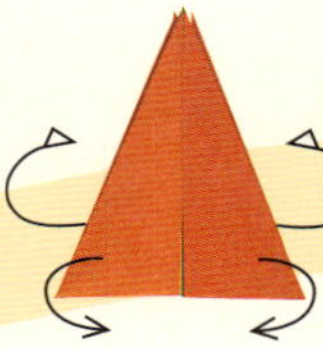

幹①　できあがり

幹②　鶴の基本形（7ページ）から

1　全部開く。 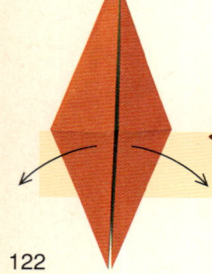
2　図の折り線にそって折りたたむ。 
3　折り変える。 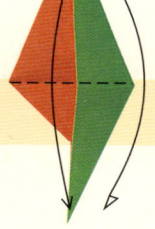
4
5　折り変えて立たせる。
6

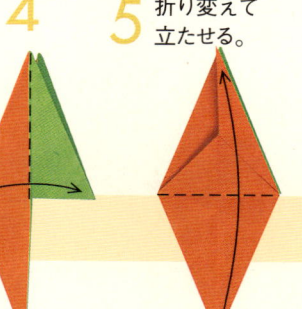

幹②　できあがり

葉の一番下に幹をさしこんで固定する。

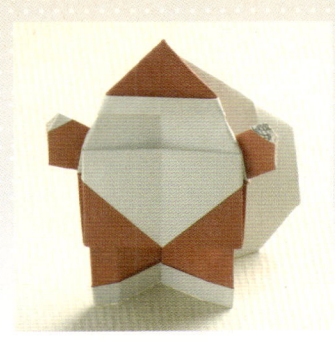

サンタクロース

- 1つあたりの紙のサイズ・用意する数
  頭と体　15×15cm　1枚
  足と袋　15×15cm　1枚

- 作者　長谷川太市郎

- ポイント
  足と袋のパーツによって、立たせることができます。

頭と体　つくり方がわかりやすいように、作品写真とは異なる紙を使用しています。

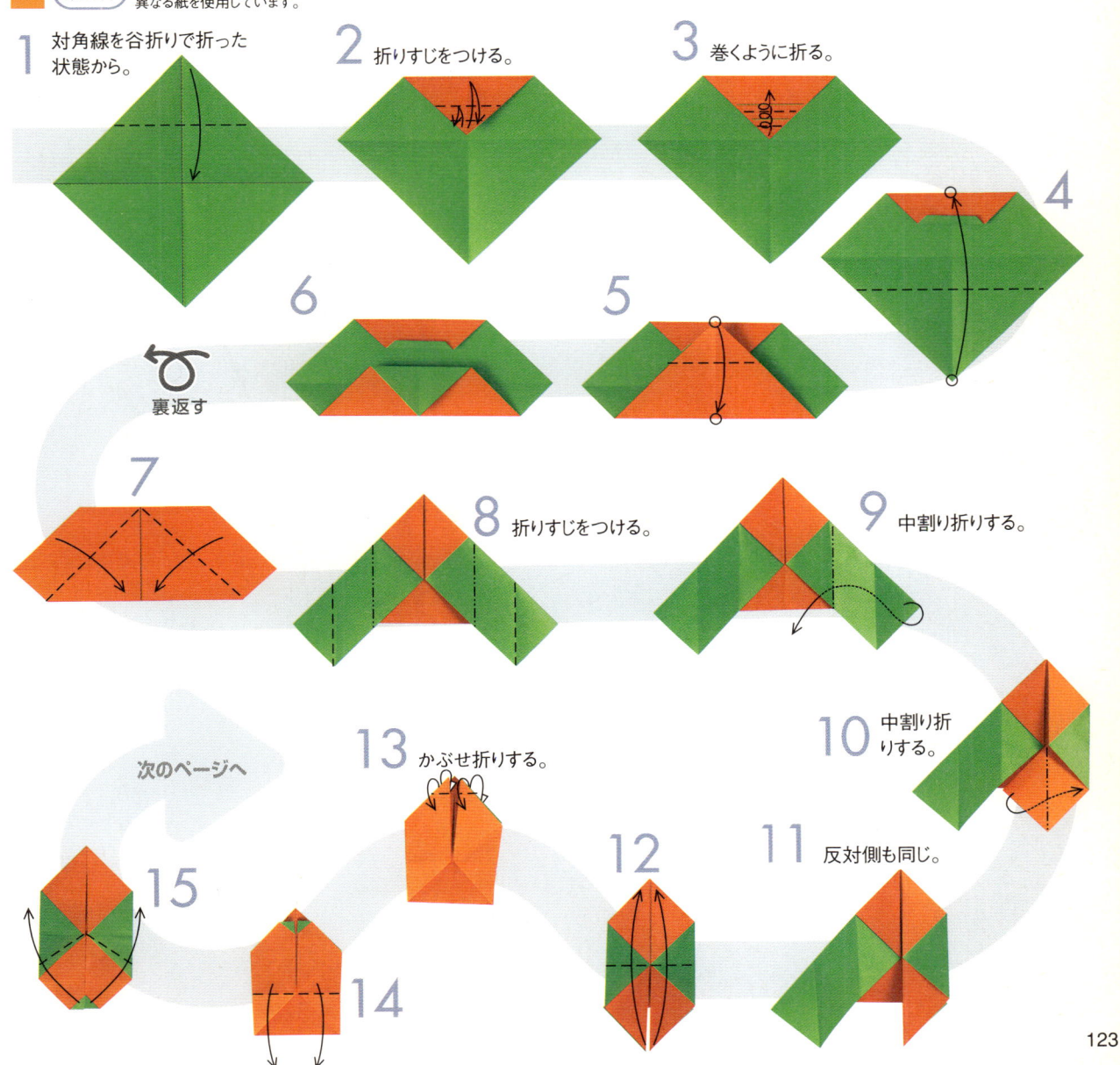

1. 対角線を谷折りで折った状態から。
2. 折りすじをつける。
3. 巻くように折る。
4.
5.
6.
   裏返す
7.
8. 折りすじをつける。
9. 中割り折りする。
10. 中割り折りする。
11. 反対側も同じ。
12.
13. かぶせ折りする。
14.
15.

次のページへ

123

16

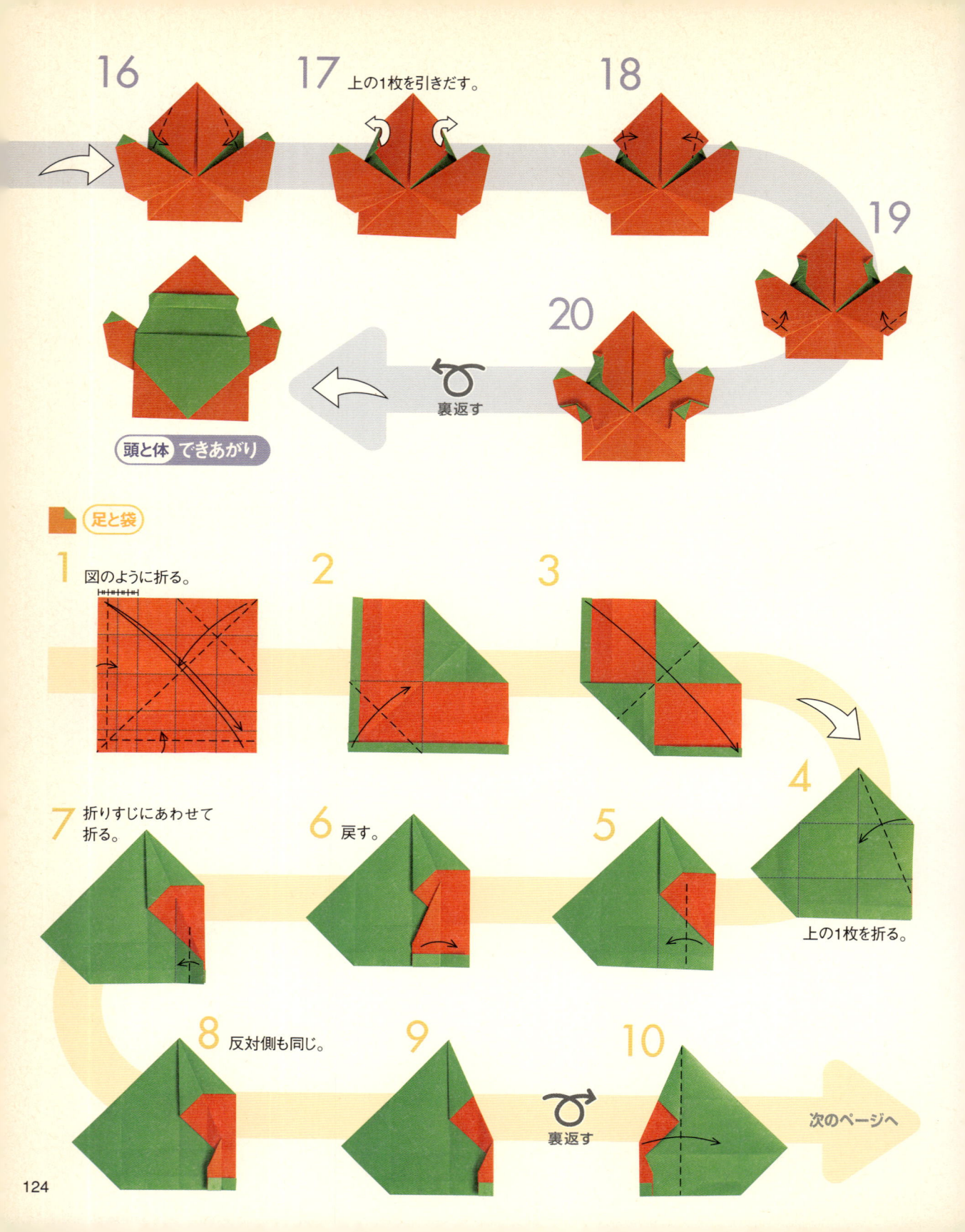

17 上の1枚を引きだす。

18

19

20 裏返す

頭と体 できあがり

🍁 足と袋

1 図のように折る。

2

3

4 上の1枚を折る。

5

6 戻す。

7 折りすじにあわせて折る。

8 反対側も同じ。

9 裏返す

10 次のページへ

11 袋の部分を起こし、立たせる。

足と袋 できあがり

組みあわせ方

立たせる。

頭のてっぺんは少しあけておく。

できあがり

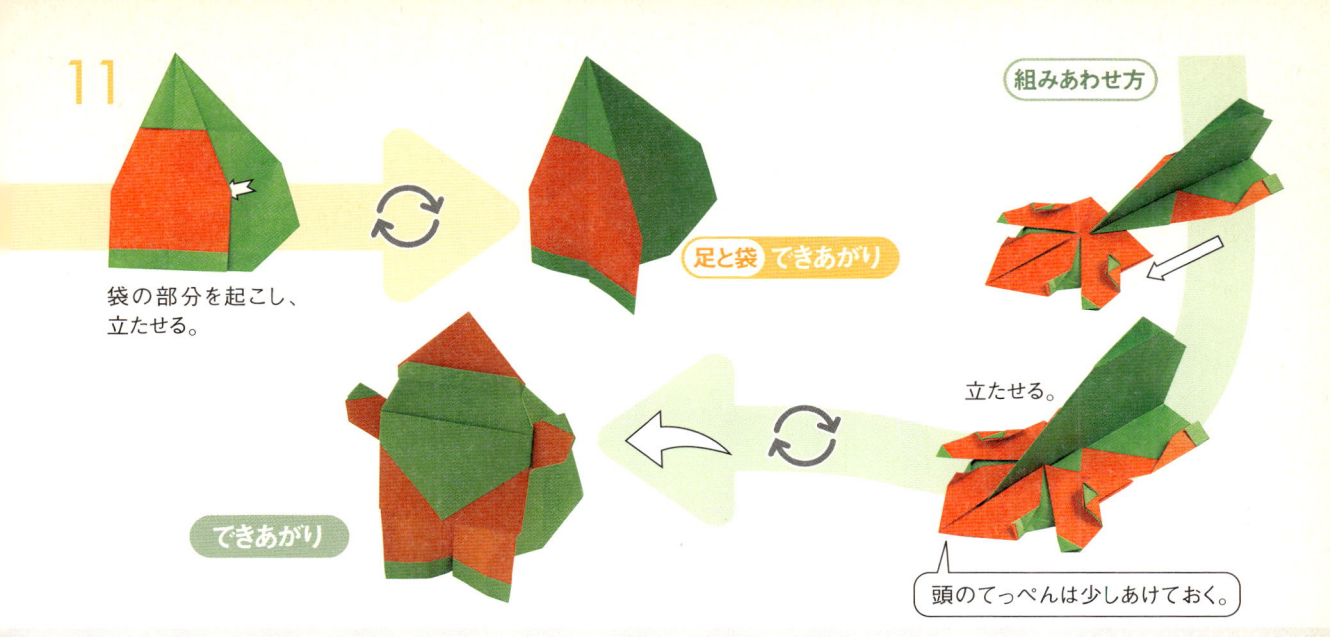

サンタクロースの帽子

● 1つあたりの紙のサイズ・用意する数
12×12cm　1枚

作者　長谷川太市郎

● ポイント
55cm四方の紙や、新聞紙を正方形に切ったものでつくると、実際にかぶることができます。

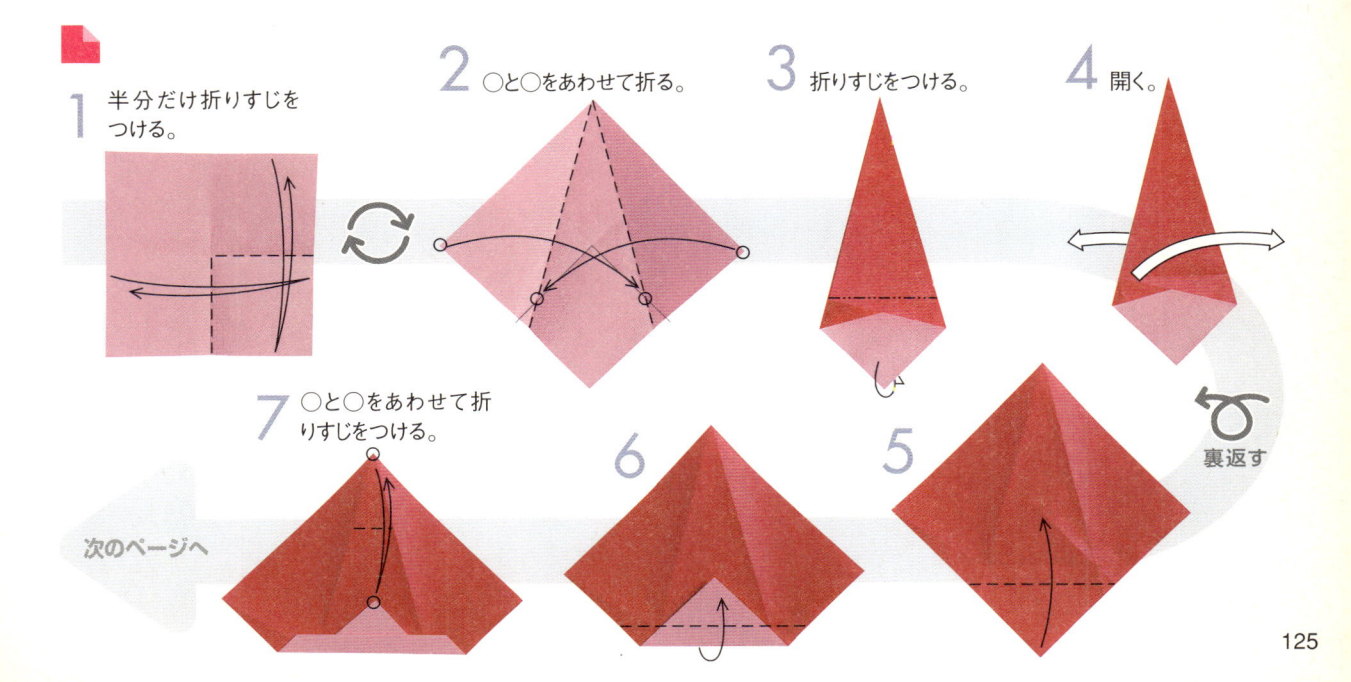

1 半分だけ折りすじをつける。

2 ○と○をあわせて折る。

3 折りすじをつける。

4 開く。

裏返す

5

6

7 ○と○をあわせて折りすじをつける。

次のページへ

125

8
折りすじにあわせて折る。

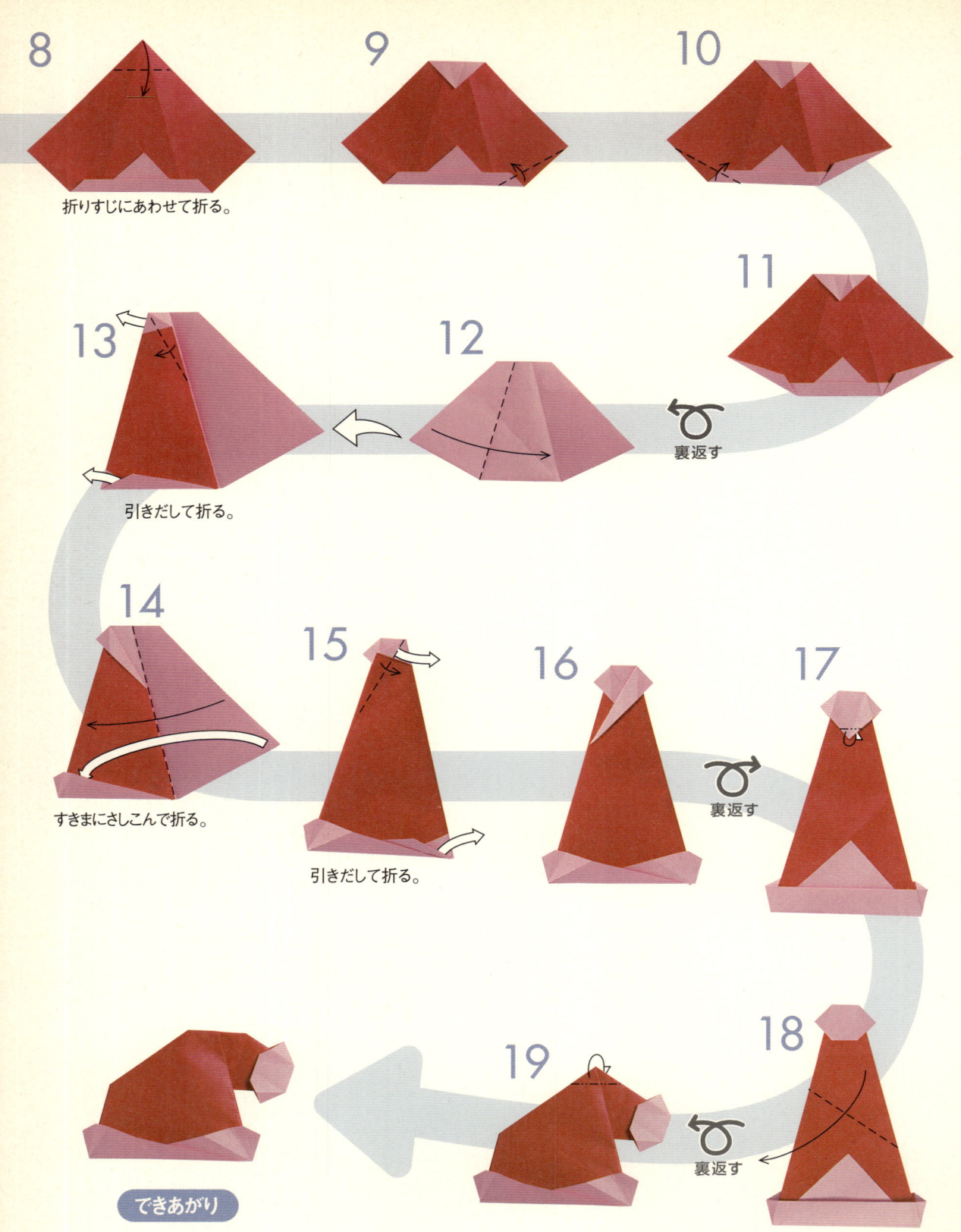

9

10

11

12
裏返す

13
引きだして折る。

14
すきまにさしこんで折る。

15
引きだして折る。

16

17
裏返す

18
裏返す

19

できあがり

Chapter4

心をこめてつくる

ちょっとした贈りもの

かわいいぽち袋

お年玉や入学祝い、さりげなく気持ちを受けとってもらいたいときに、かわいいぽち袋をつくってみてはいかがですか？内袋は、外の袋と同じサイズの紙でつくると、中に入れることができます。

1 内袋1
つくり方→129ページ

2 内袋2
つくり方→130ページ

3 鶴のぽち袋
つくり方→131ページ

4 うさぎのぽち袋
つくり方→132ページ

内袋1

- ●1つあたりの紙のサイズ・用意する数
  15×15～24×24cm　1枚
  外袋と同じサイズで折ります。
  表と裏がちがう色の紙で折ると、より美しく仕上がります。

- ●作者　伝承

- ●ポイント
  内袋だけでなく、このままぽち袋として使える昔ながらの折り方です。

つくり方がわかりやすいように、作品写真とは異なる紙を使用しています。

1

2

3

この部分を横に出すと、外袋にすっぽりと入ります。

4

5

6　1枚開く。

7　折りすじにそって段折りでたたむ。

8

9　裏返す

10　さしこむ。

11

裏返す

できあがり

129

内袋2

- 1つあたりの紙のサイズ・用意する数
  15×15〜24×24cm　1枚
  外袋と同じサイズで折ります。
  表と裏がちがう色の紙で折ると、より美しく仕上がります。

- 作者　伝承

- ポイント
  ずらして折った分だけ、幅が狭くなり、外袋に入りやすくなります。

つくり方がわかりやすいように、作品写真とは異なる紙を使用しています。

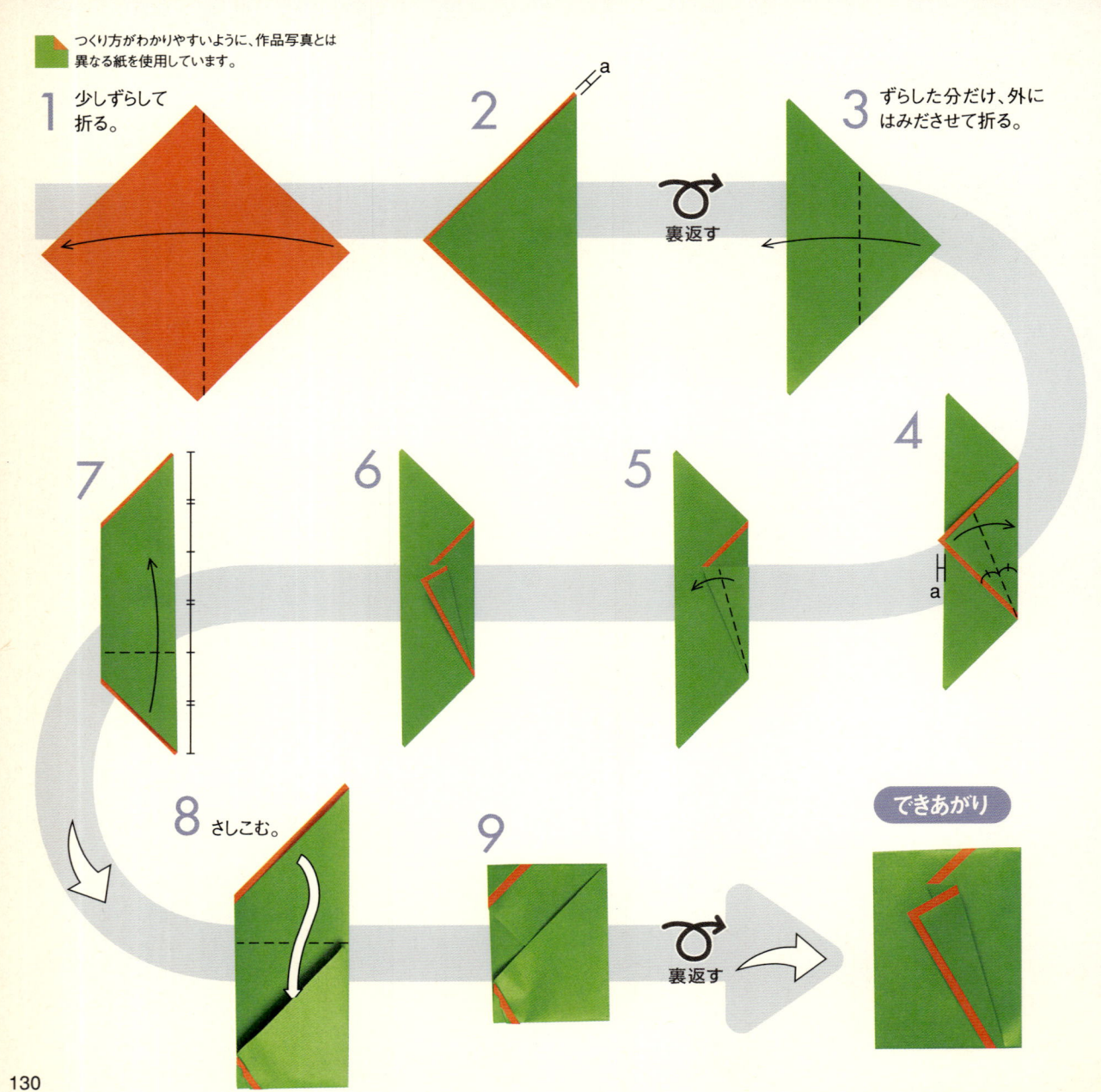

1 少しずらして折る。

2

3 ずらした分だけ、外にはみださせて折る。

裏返す

4

5

6

7

8 さしこむ。

9

裏返す

できあがり

鶴のぽち袋

- 1つあたりの紙のサイズ・用意する数
  15×15～24×24cm　1枚
  内袋をつける場合は、同じサイズの紙で折ります。

- 作者　石橋美奈子

- ポイント
  頭は向かって左側に折りましょう。

つくり方がわかりやすいように、作品写真とは異なる紙を使用しています。

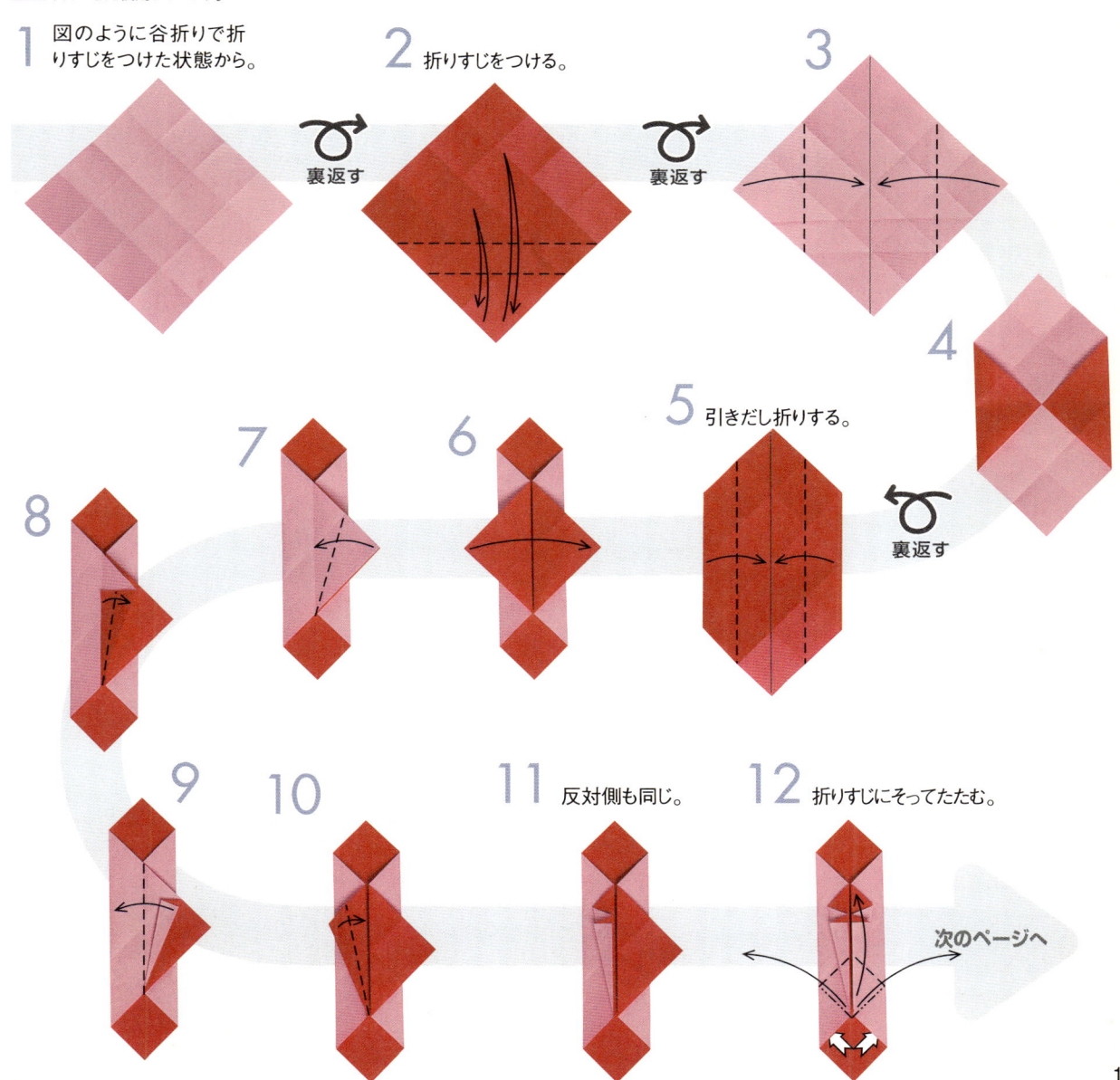

1 図のように谷折りで折りすじをつけた状態から。

2 折りすじをつける。

裏返す

3

4

5 引きだし折りする。

裏返す

6

7

8

9

10

11 反対側も同じ。

12 折りすじにそってたたむ。

次のページへ

131

13 正方基本形にたたむ。　　**14** 鶴の菱形に折る。　　**15**　　**16** 中割り折りする。

できあがり

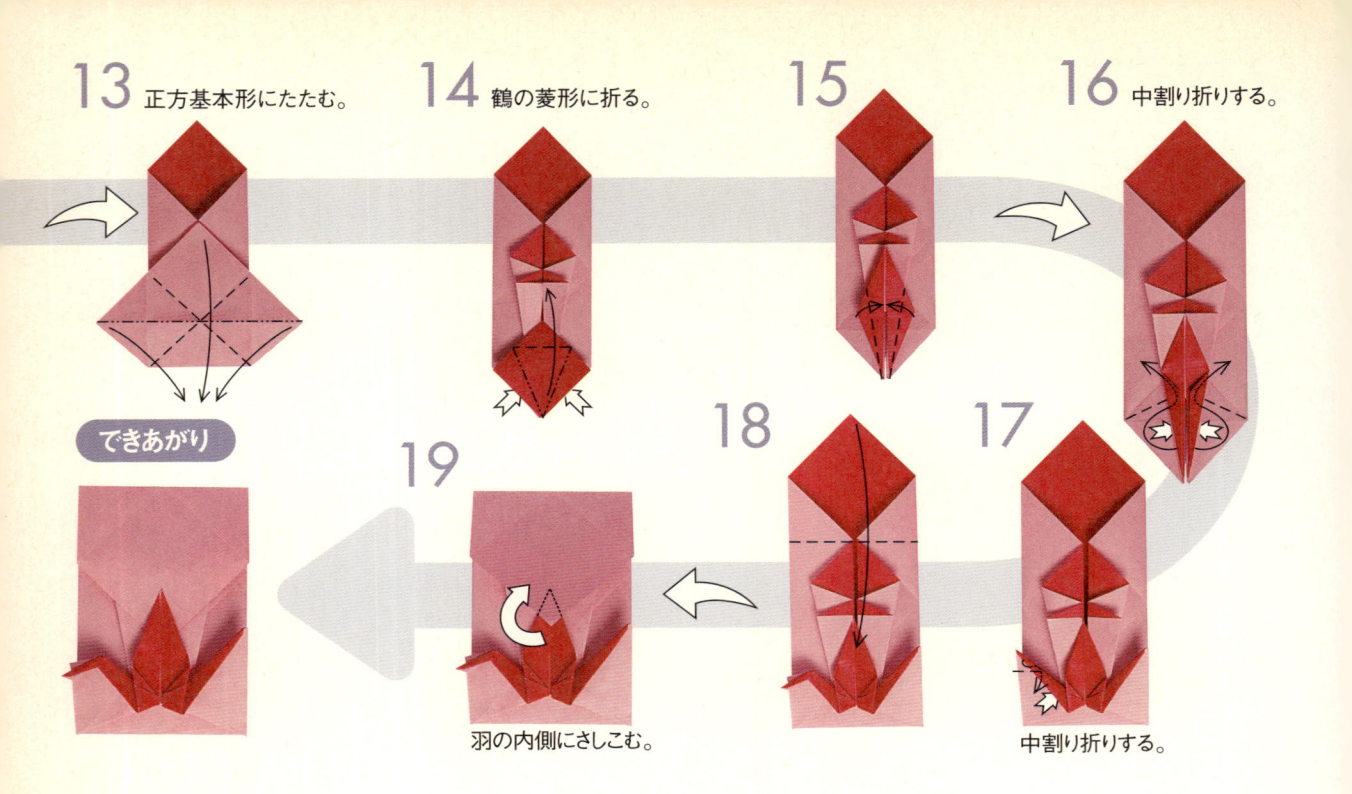

19 羽の内側にさしこむ。　　**18**　　**17** 中割り折りする。

うさぎのぽち袋

● 1つあたりの紙のサイズ・用意する数
　15×15cm　1枚

● **作者**　長谷川太市郎

● **ポイント**
鶴のぽち袋と同じようなつくり方です。子どもに喜ばれるかわいいデザインです。

つくり方がわかりやすいように、作品写真とは異なる紙を使用しています。

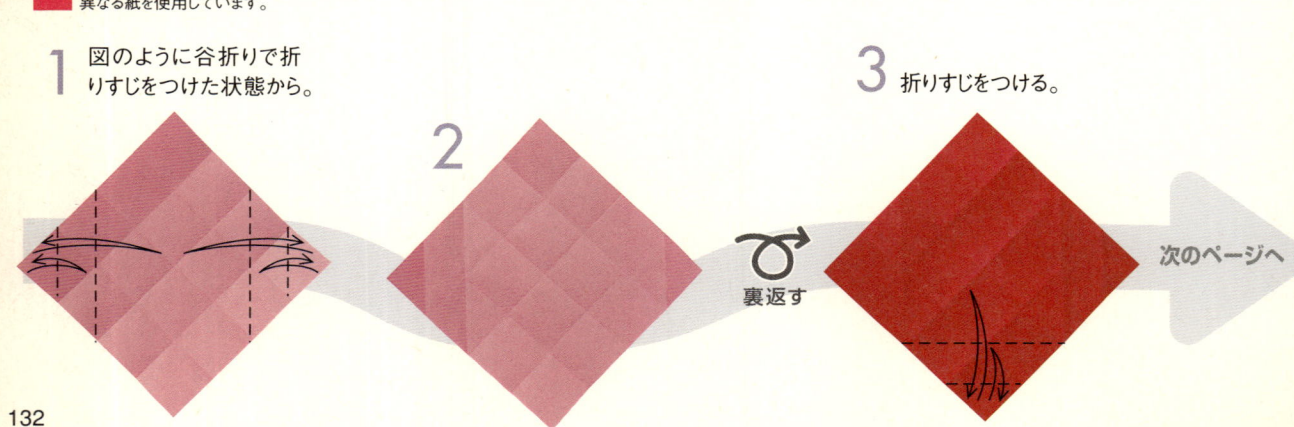

1 図のように谷折りで折りすじをつけた状態から。

2 裏返す

3 折りすじをつける。

次のページへ

132

4

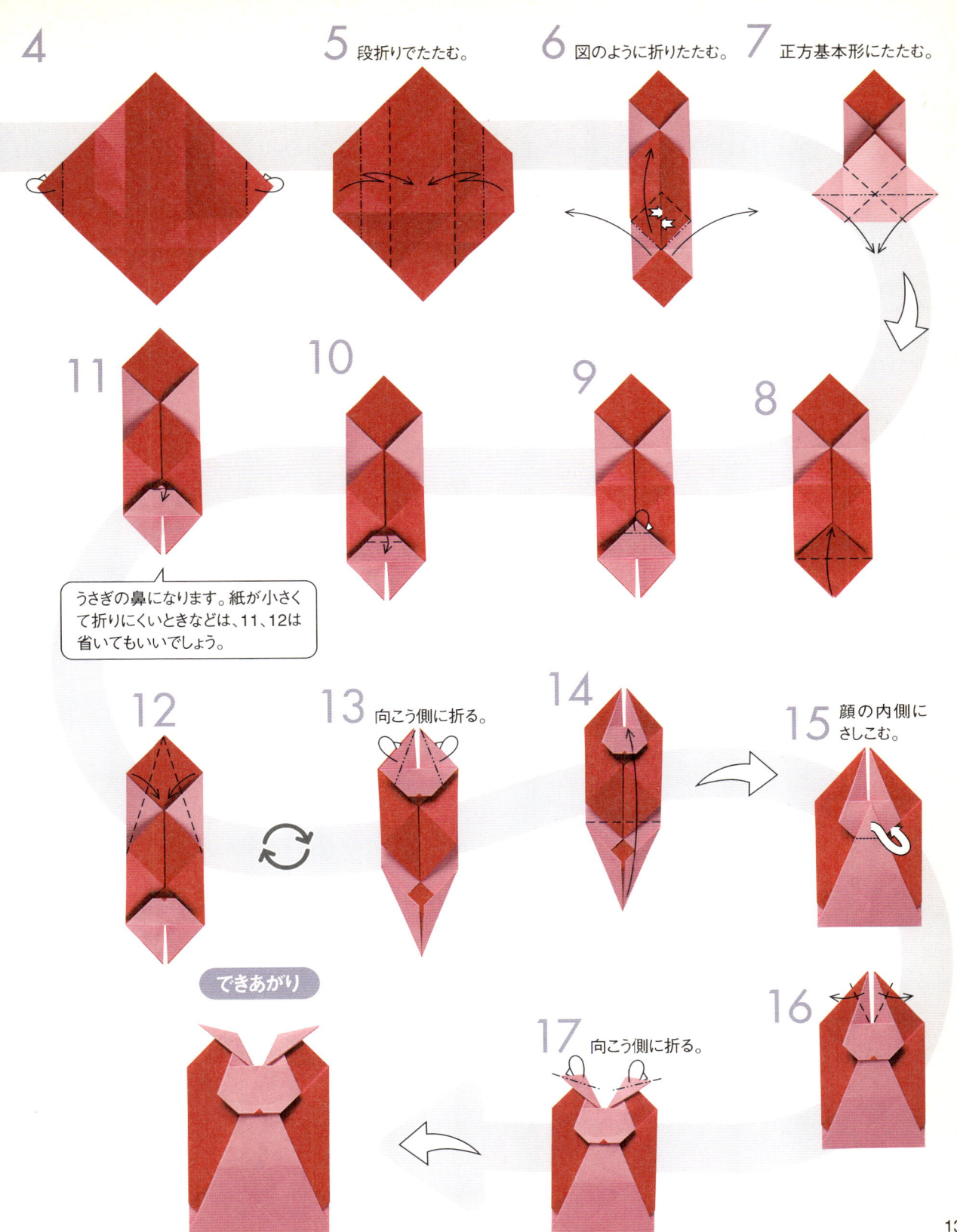

5 段折りでたたむ。

6 図のように折りたたむ。

7 正方基本形にたたむ。

11

10

9

8

うさぎの鼻になります。紙が小さくて折りにくいときなどは、11、12は省いてもいいでしょう。

12

13 向こう側に折る。

14

15 顔の内側にさしこむ。

できあがり

17 向こう側に折る。

16

133

記念日に
ありがとうの贈りもの

結婚記念日や誕生日に、日頃の感謝の気持ちをプレゼントにそえて贈りましょう。手づくりのすてきな箱も、長く愛してもらえるでしょう。

1 花折り六角箱
つくり方→135ページ

2 封筒
つくり方→137ページ

花折り六角箱

- 1つあたりの紙のサイズ・用意する数
  ふた　15×15cm　6枚
  箱　　15×15cm　6枚
- 作者　井上文雄
- ポイント
  パーツのあわせ目を折ると花模様になり、華やかな箱になります。

ふた

つくり方がわかりやすいように、作品写真とは異なる紙を使用しています。

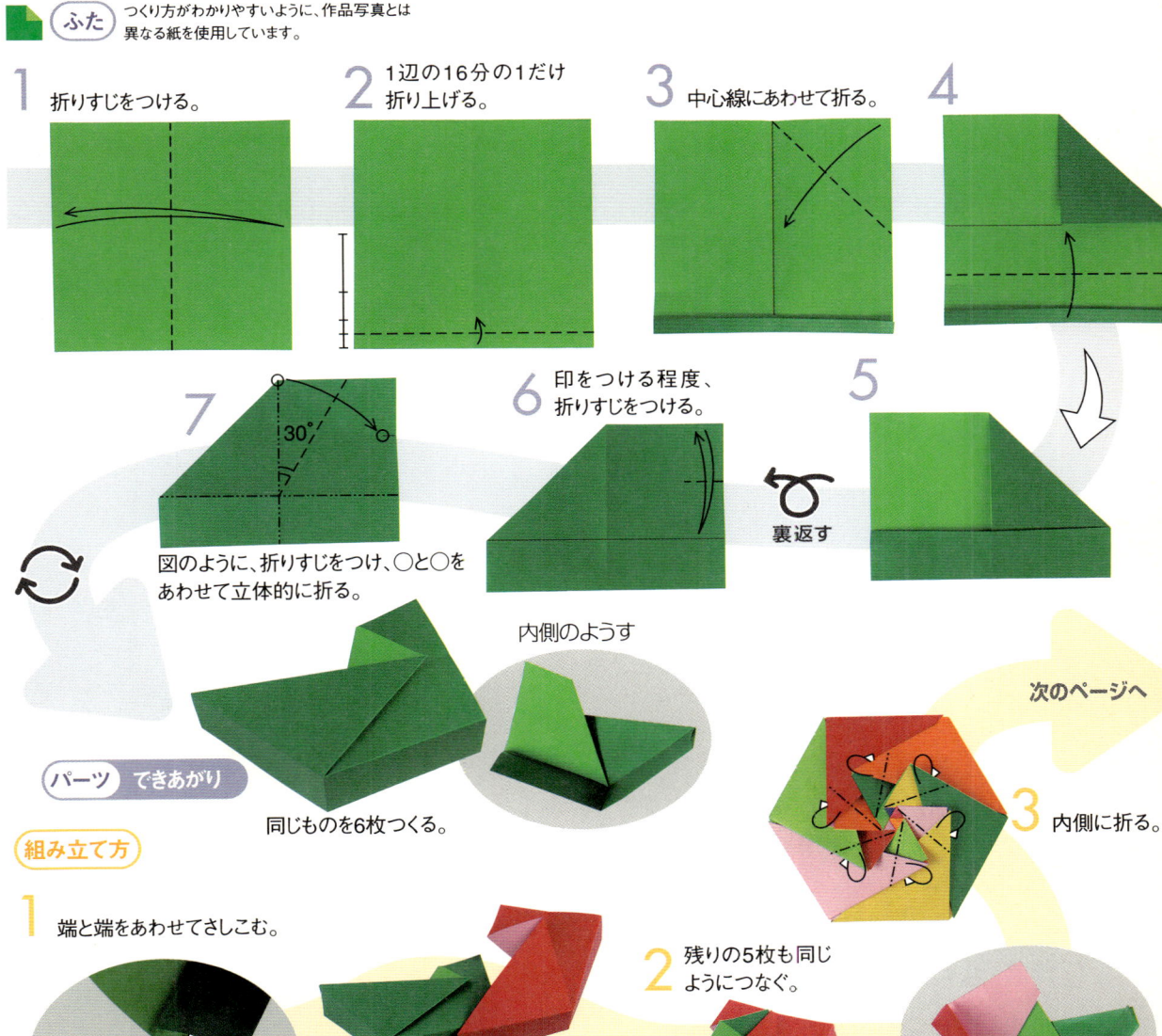

1. 折りすじをつける。
2. 1辺の16分の1だけ折り上げる。
3. 中心線にあわせて折る。
4.
5.
6. 印をつける程度、折りすじをつける。
   裏返す
7. 図のように、折りすじをつけ、○と○をあわせて立体的に折る。

パーツできあがり
同じものを6枚つくる。
内側のようす

組み立て方

1. 端と端をあわせてさしこむ。
2. 残りの5枚も同じようにつなぐ。
3. 内側に折る。

内側のようす

次のページへ

4 角をすきまにさしこむ。

ふた できあがり

内側のようす

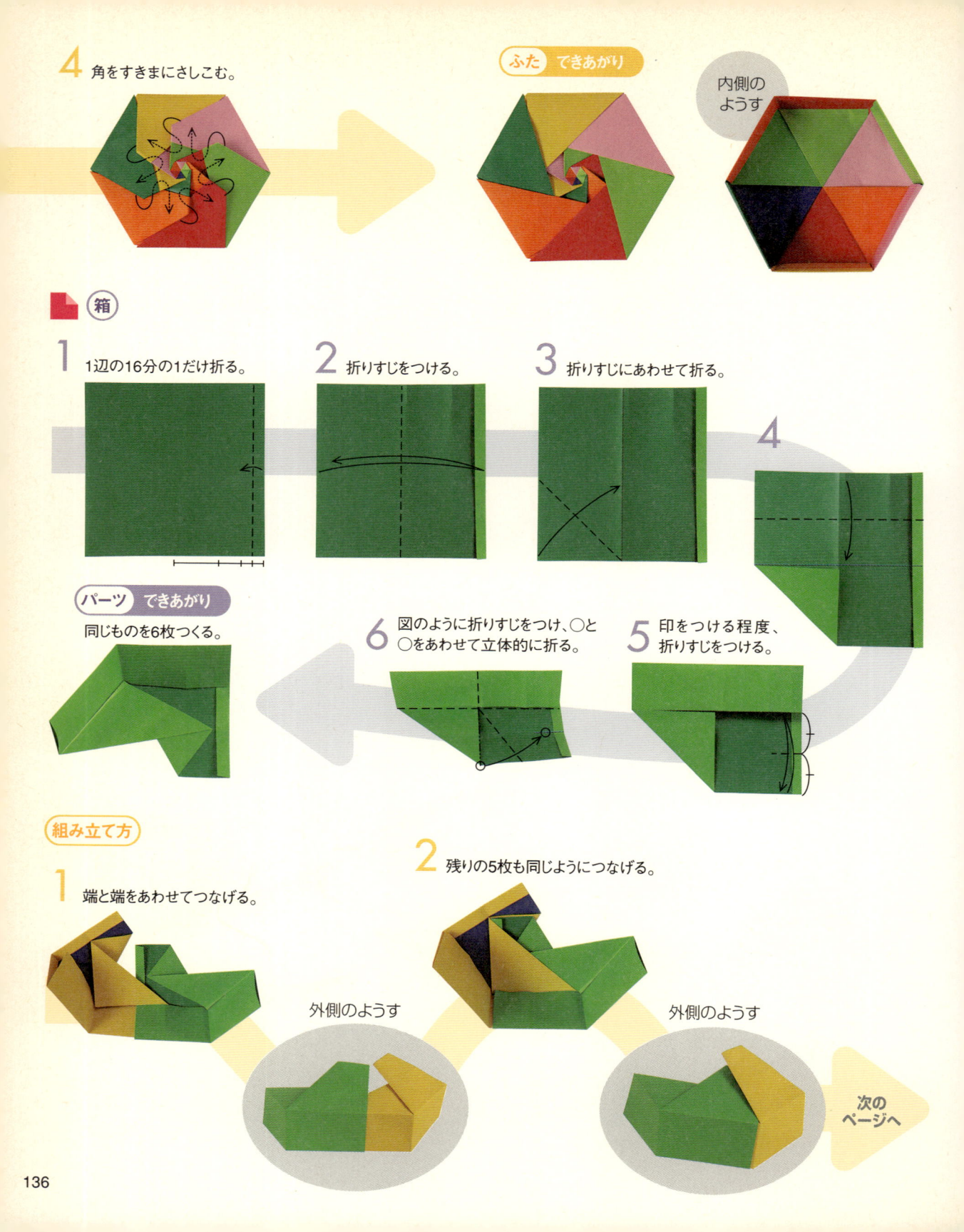

箱

1 1辺の16分の1だけ折る。

2 折りすじをつける。

3 折りすじにあわせて折る。

4

5 印をつける程度、折りすじをつける。

6 図のように折りすじをつけ、○と○をあわせて立体的に折る。

パーツ できあがり 同じものを6枚つくる。

組み立て方

1 端と端をあわせてつなげる。

2 残りの5枚も同じようにつなげる。

外側のようす

外側のようす

次のページへ

136

3 内側に折る。
残りの5か所も同じ。

4 角をすきまにさしこむ。
残りの5か所も同じ。

箱 できあがり

外側のようす

中心にあらわれる花模様を考えて、紙の色や柄を選びましょう。薄い紙よりも、少し厚めの紙を使うと、よりしっかりとしたできあがりになります。

封筒

- **1つあたりの紙のサイズ・用意する数**
  15×15〜24×24cm　1枚
  大きさは目的や好みにあわせて調節しましょう。

- **作者**　山梨明子

- **ポイント**
  中にカードを入れられます。15cm四方の紙で折ると、プリペイドカードが入れられます。

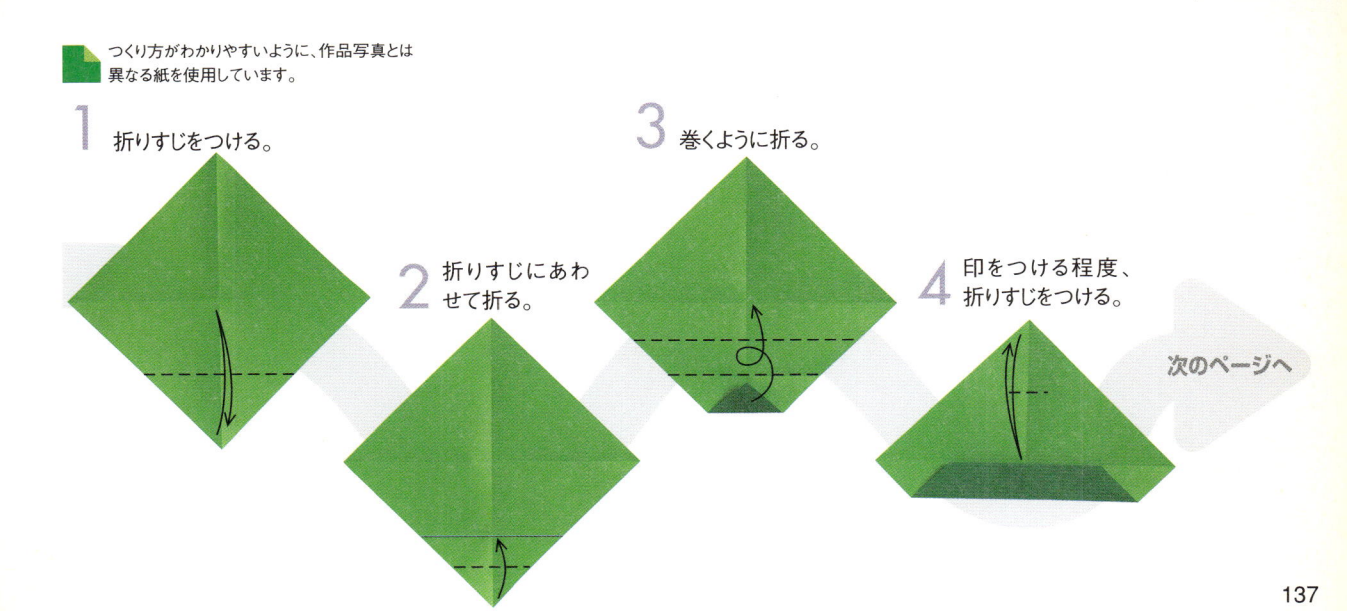

つくり方がわかりやすいように、作品写真とは異なる紙を使用しています。

1 折りすじをつける。

2 折りすじにあわせて折る。

3 巻くように折る。

4 印をつける程度、折りすじをつける。

次のページへ

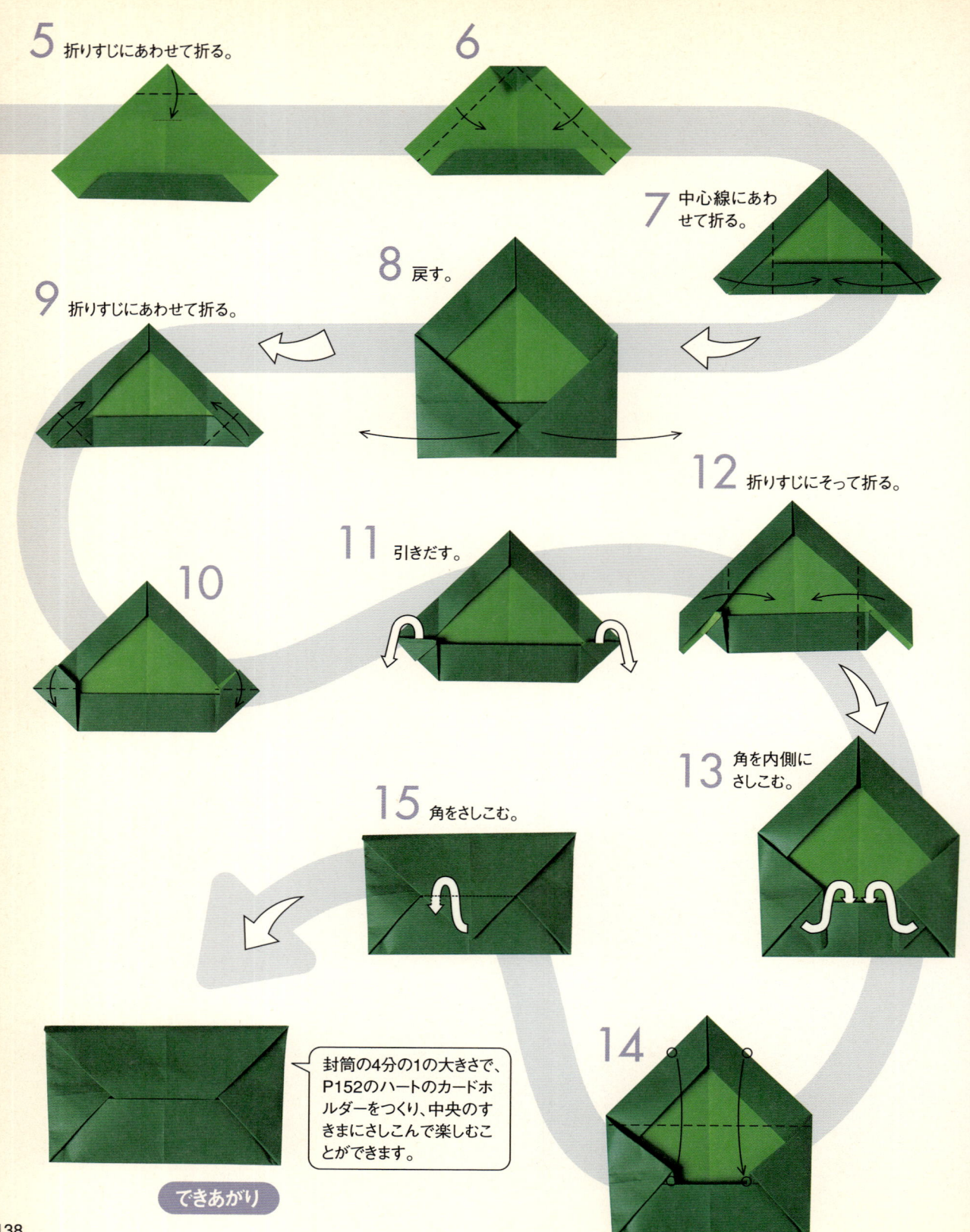

5 折りすじにあわせて折る。

6

7 中心線にあわせて折る。

8 戻す。

9 折りすじにあわせて折る。

10

11 引きだす。

12 折りすじにそって折る。

13 角を内側にさしこむ。

14

15 角をさしこむ。

できあがり

封筒の4分の1の大きさで、P152のハートのカードホルダーをつくり、中央のすきまにさしこんで楽しむことができます。

手づくりのお菓子を贈りたい

心をこめた手づくりのお菓子は、きれいにラッピングしてプレゼントしましょう。かんたんでシンプルな箱は、ちょっとした贈りものにぴったりです。

1 かんたんギフトボックス
つくり方→140ページ

2 ぞうの折り手紙
つくり方→141ページ

かんたんギフトボックス

- **1つあたりの紙のサイズ・用意する数**
  10×10〜30×30cm　1枚
  贈りものの大きさにあわせて、好みでつくります。大きいものは、厚めの紙でつくりましょう。
- **作者**　Robin Glynn
- **ポイント**
  折りすじをつけてから、折りたたんで箱にしていきます。

つくり方がわかりやすいように、作品写真とは異なる紙を使用しています。

1　印をつける程度、折りすじをつける。

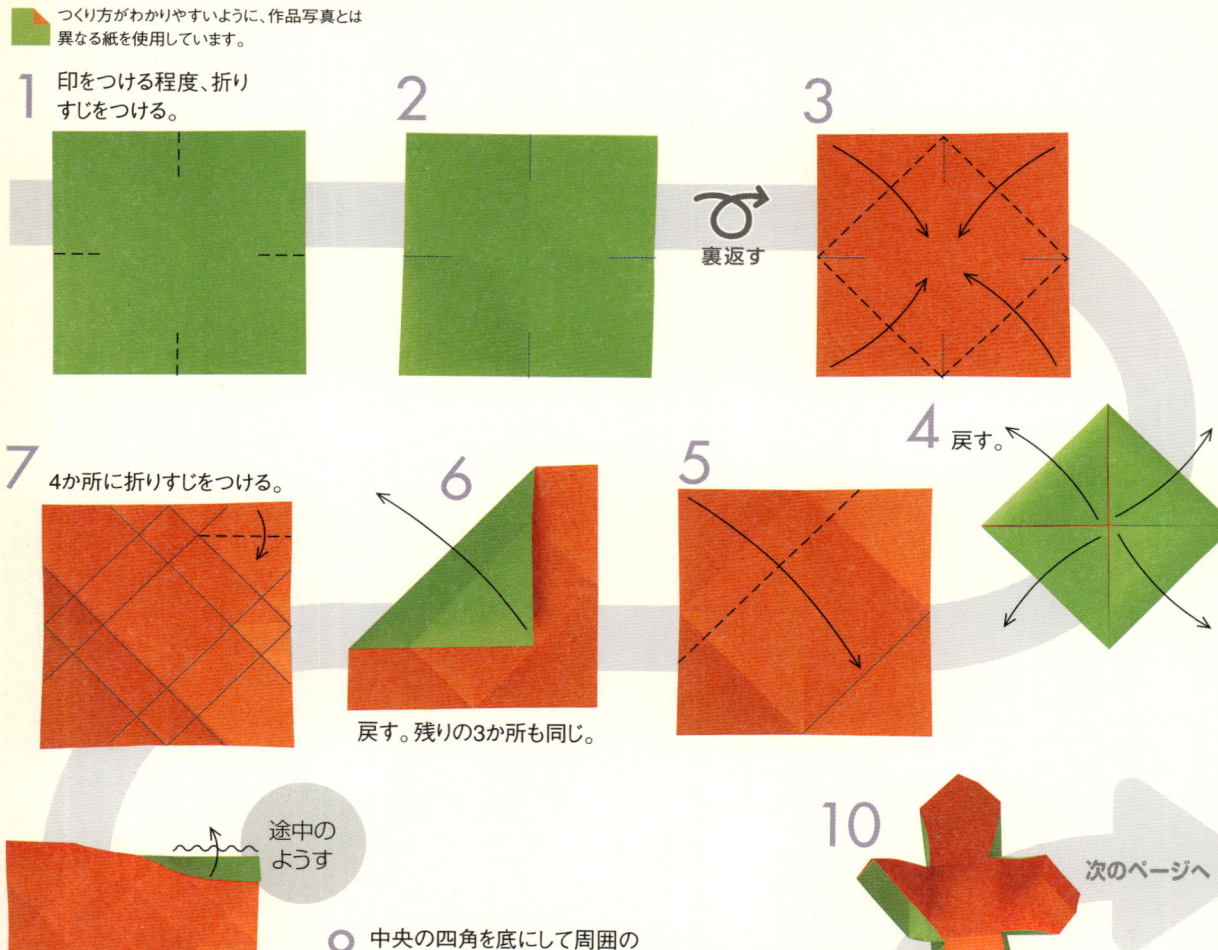

2

裏返す

3

4　戻す。

5

6　戻す。残りの3か所も同じ。

7　4か所に折りすじをつける。

波線の部分だけ折りすじをつける。

途中のようす

8　中央の四角を底にして周囲の壁を立て、箱状にする。

9 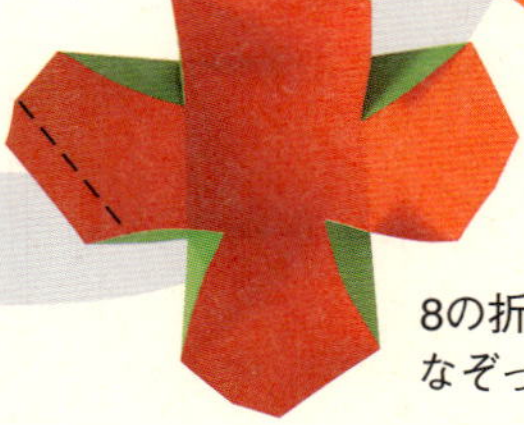　8の折りすじをなぞって折る。

10　次のページへ

11 順番に中央にたたんでいく。

途中のようす

12

最後の角を組みこむ。

できあがり

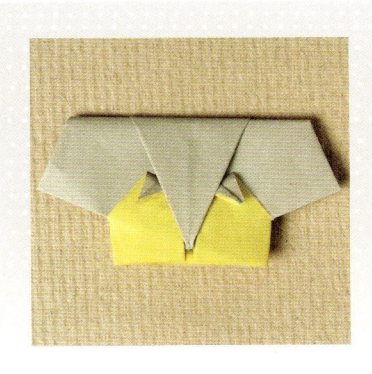

ぞうの折り手紙

● 1つあたりの紙のサイズ・用意する数
10.5×14.8cm（A6）　1枚
A判やB判などの1:√2の紙を使用します。
正方形からのつくり方は、12ページを参照してください。

● 作者　紹介：川村晟

● ポイント
ぞうの牙が鼻の内側に引っかかるようになっています。

つくり方がわかりやすいように、作品写真とは異なる紙を使用しています。

1

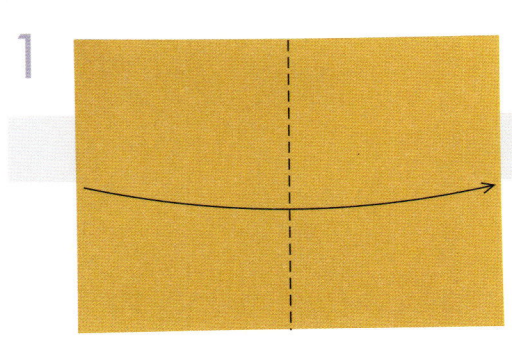

2

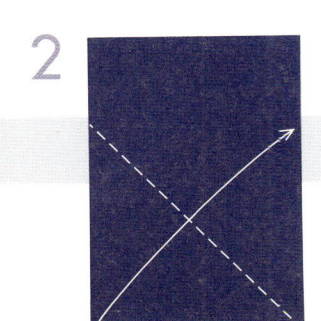

3

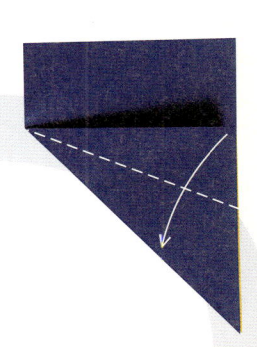

4 戻す。

5 開く。

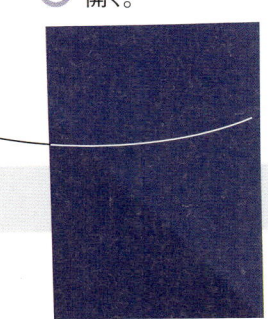

6 中心線にあわせて折る。

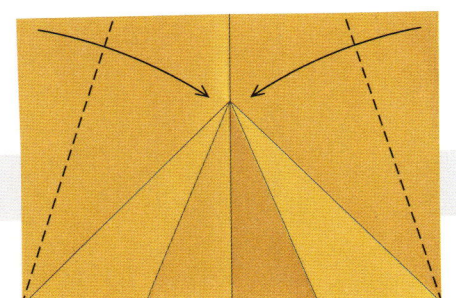

次のページへ

7

8 開いて折りたたむ。

9

10 折りたおす。
裏返す

11 開いて折りたたむ。

12

13 折り上げる。

14

15 内側にさしこむ。

16

17 裏返す

18 裏返す

できあがり

142

ちょっとしたお礼に

丸いものが入れられる玉包みは、かんたんなのにしっかりしています。リボンをかけてもいいでしょう。ポップな色の紙でかわいらしくつくりましょう。

1

2

1 玉包みギフトボックス
つくり方→144ページ

2 カードケース
つくり方→145ページ

玉包みギフトボックス

- **1つあたりの紙のサイズ・用意する数**
  15×15〜24×24cm　2枚
  入れるものの大きさによって紙のサイズを調節します。

- **作者**　紹介：初音みねこ

- **ポイント**
  同じものをつくり、4隅を交互に組みあわせて箱にします。

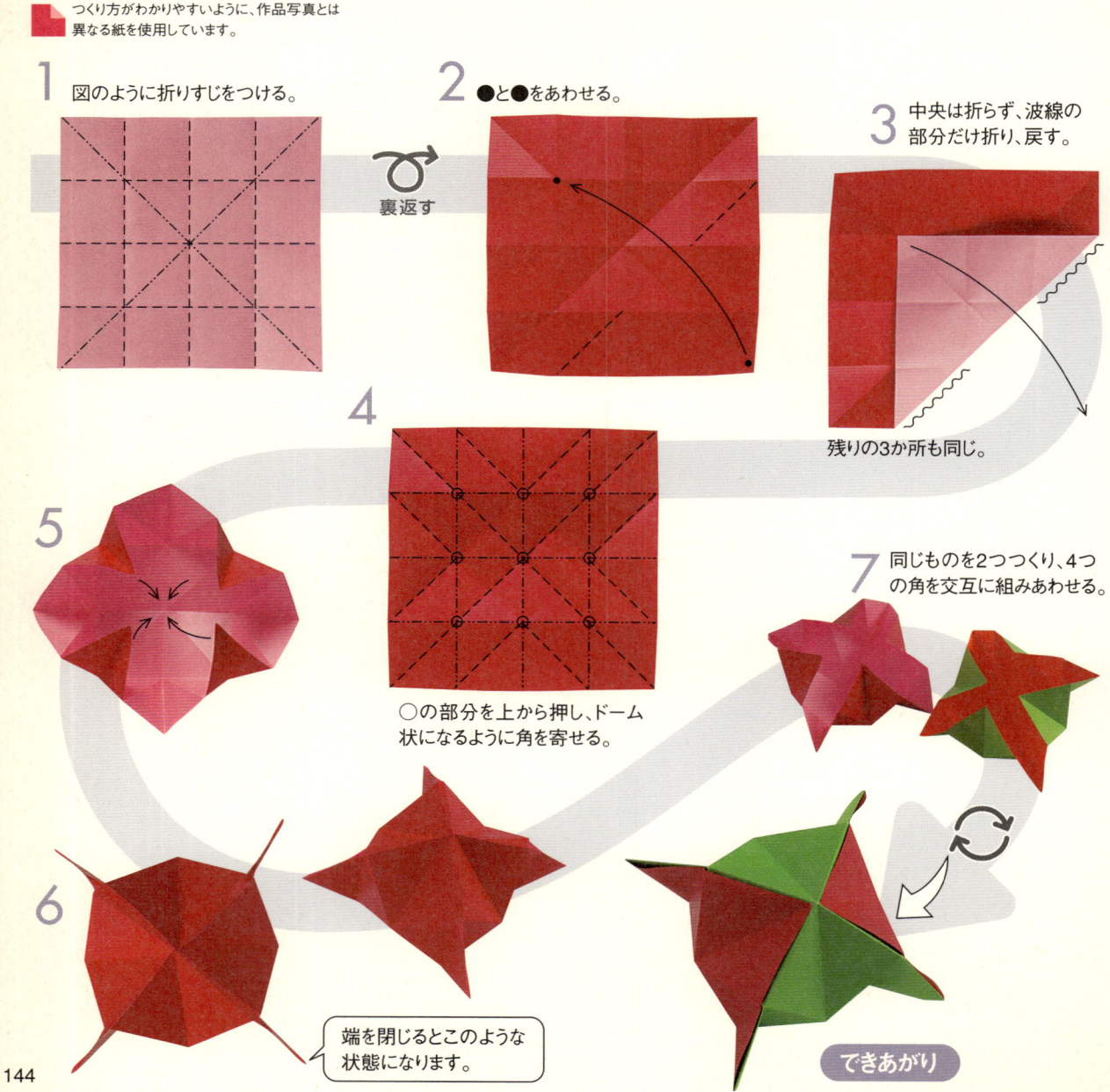

つくり方がわかりやすいように、作品写真とは異なる紙を使用しています。

1 図のように折りすじをつける。

裏返す

2 ●と●をあわせる。

3 中央は折らず、波線の部分だけ折り、戻す。

残りの3か所も同じ。

4 ○の部分を上から押し、ドーム状になるように角を寄せる。

5

6 端を閉じるとこのような状態になります。

7 同じものを2つつくり、4つの角を交互に組みあわせる。

できあがり

144

カードケース

- 1つあたりの紙のサイズ・用意する数
  15×15cm　1枚
- 作者　鈴木昭代
- ポイント
  カードの大きさにあわせて、折る幅をかえてつくれます。

つくり方がわかりやすいように、作品写真とは異なる紙を使用しています。

1. 印をつける程度、折りすじをつける。 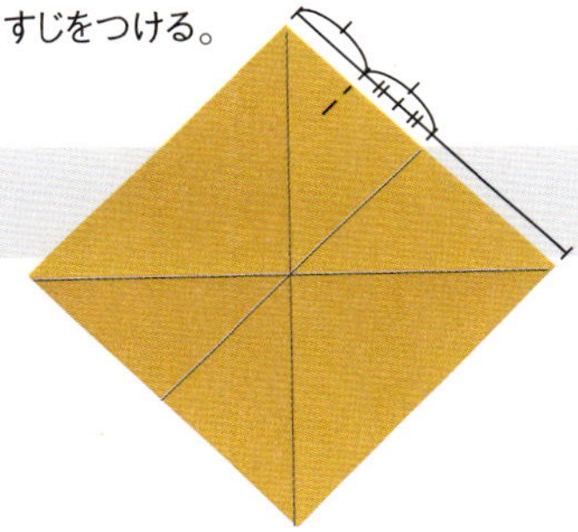
2. 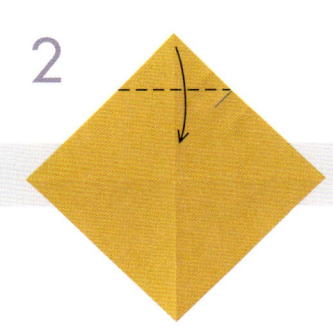
3. 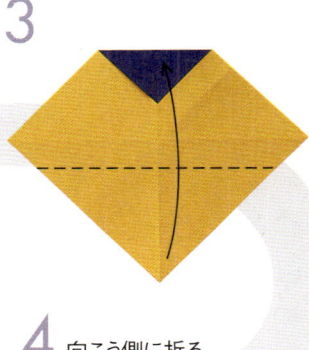
4. 向こう側に折る。 
5. 
　裏返す
6. 角にあわせて折る。反対側も同じ。
7. 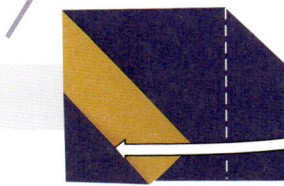
8. 
　裏返す

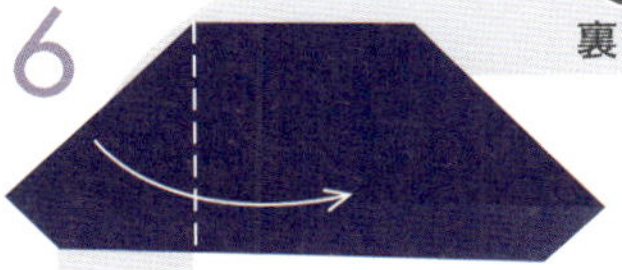

カードの大きさにあわせる

プリペイドカードの幅にあわせて折った場合

表のようす 　　裏のようす

できあがり

145

折り手紙

贈りものにそえる手紙も、ちょっとしたアイデアで楽しいものになります。
A4やB5、便箋などのサイズの紙でも手軽に折れます。

1 直角二等辺三角形折り手紙
つくり方→147ページ

2 正方形折り手紙
つくり方→147ページ

3 正三角形折り手紙
つくり方→148ページ

4 ホームベース折り手紙
つくり方→149ページ

5 麦わら帽子折り手紙
つくり方→150ページ

6 一文字折り手紙
つくり方→151ページ

7 ハートのカードホルダー
つくり方→152ページ

直角二等辺三角形折り手紙

- 1つあたりの紙のサイズ・用意する数
  18.2×25.7cm（B5）　1枚
  A判やB判などの1:√2の紙を使います。
  正方形からのつくり方は12ページを参照してください。

- 作者　紹介：長谷川太市郎

- ポイント
  とてもかんたんな折り手紙です。

つくり方がわかりやすいように、作品写真とは異なる紙を使用しています。

1

2

3

4 さしこむ。

途中のようす

できあがり

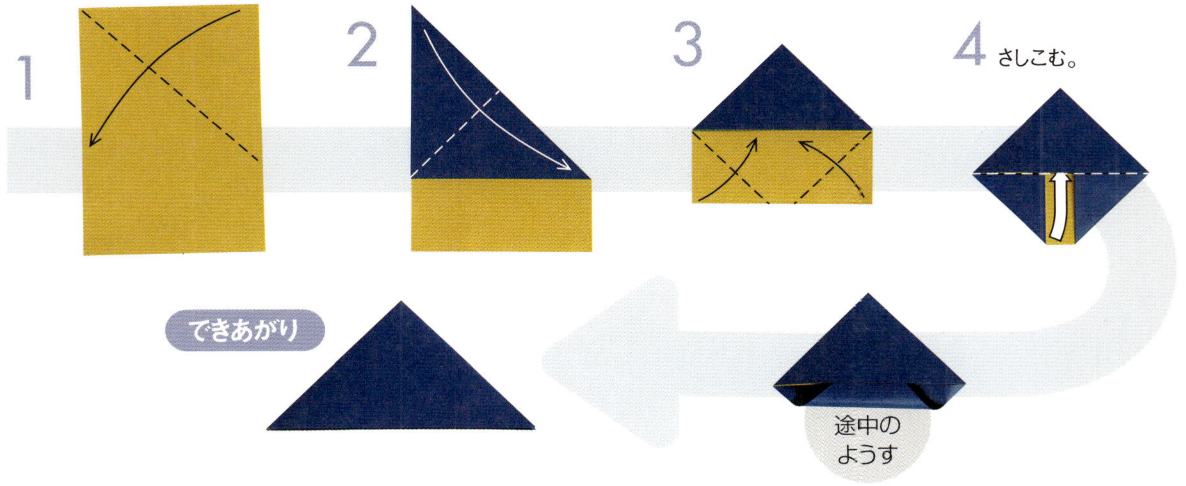

正方形折り手紙

- 1つあたりの紙のサイズ・用意する数
  15×15cm　1枚

- 作者　紹介：長谷川太市郎

- ポイント
  三等分に折ってつくる正方形です。

つくり方がわかりやすいように、作品写真とは異なる紙を使用しています。

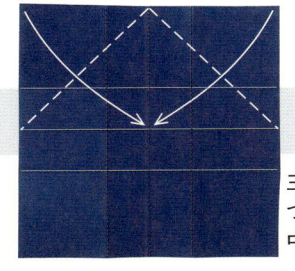

1　三等分の折りすじをつけた状態から。中心線にあわせて折る。

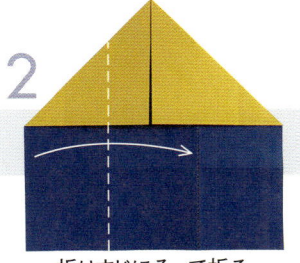

2　折りすじにそって折る。

3　折りすじにそって折る。

次のページへ

147

4 折りすじにそって折り上げる。

5 さしこむ。

できあがり

正三角形折り手紙

- 1つあたりの紙のサイズ・用意する数
  12.8×18.2cm（B6）　1枚
  A判やB判などの1：√2の紙を使います。
  正方形からのつくり方は12ページを参照してください。
- 作者　紹介：長谷川太市郎
- ポイント
  きれいな正三角形になります。

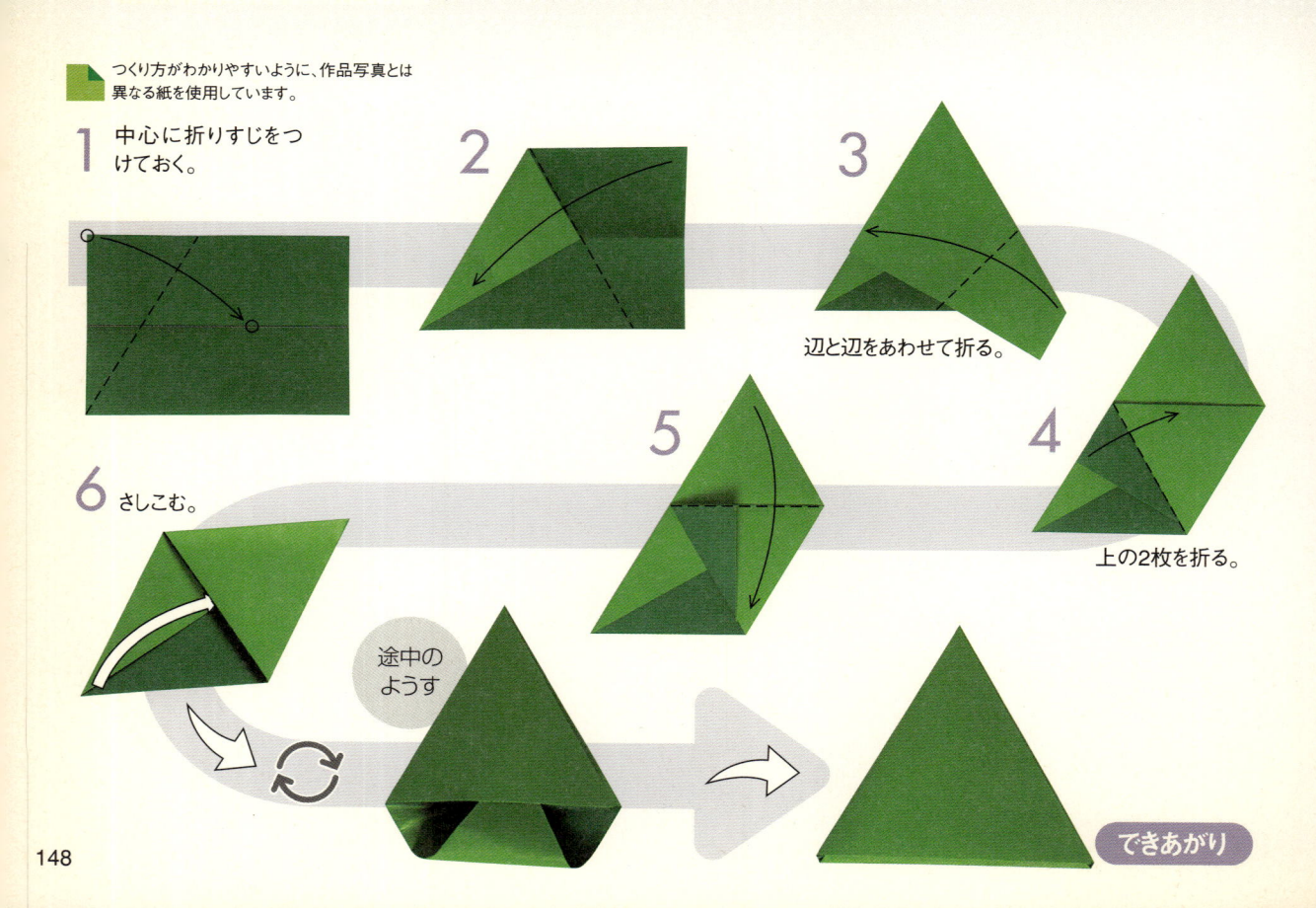

つくり方がわかりやすいように、作品写真とは異なる紙を使用しています。

1 中心に折りすじをつけておく。

2

3 辺と辺をあわせて折る。

4 上の2枚を折る。

5

6 さしこむ。

途中のようす

できあがり

148

ホームベース折り手紙

- 1つあたりの紙のサイズ・用意する数
  12.8×18.2cm（B6）　1枚
  A判やB判などの1:√2の紙を使います。
  正方形からのつくり方は12ページを参照してください。
- 作者　長谷川太市郎
- ポイント
  三角の部分は、風船の基本形になっています。

つくり方がわかりやすいように、作品写真とは異なる紙を使用しています。

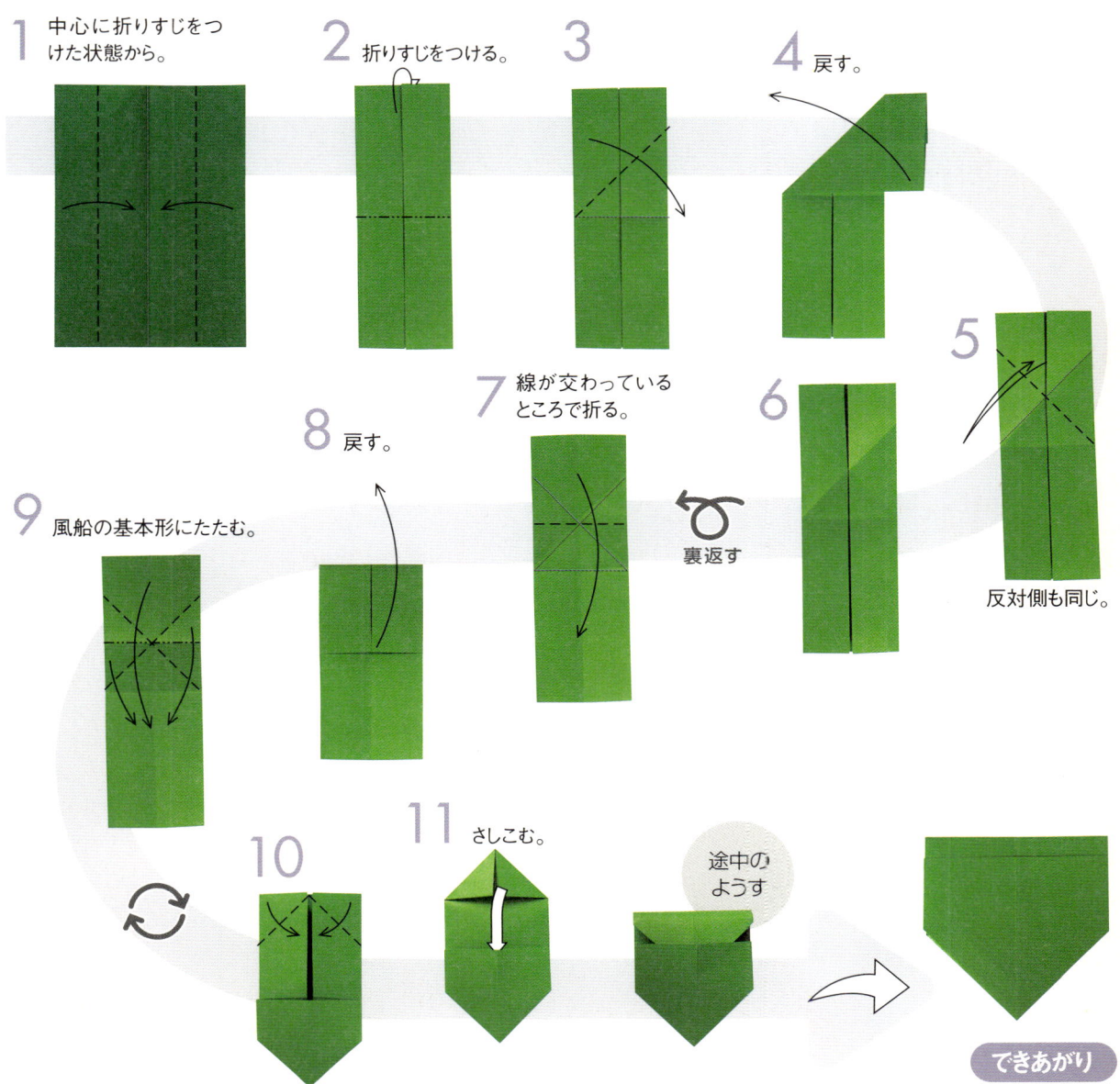

1　中心に折りすじをつけた状態から。

2　折りすじをつける。

3

4　戻す。

5　反対側も同じ。

6

7　線が交わっているところで折る。

裏返す

8　戻す。

9　風船の基本形にたたむ。

10

11　さしこむ。

途中のようす

できあがり

麦わら帽子折り手紙

- 1つあたりの紙のサイズ・用意する数
  帽子　15×15cm　1枚
  リボン（手紙）　15×7.5cm　1枚
- 作者　青柳祥子
- ポイント
  メッセージはリボンの裏側に書きます。

帽子　つくり方がわかりやすいように、作品写真とは異なる紙を使用しています。

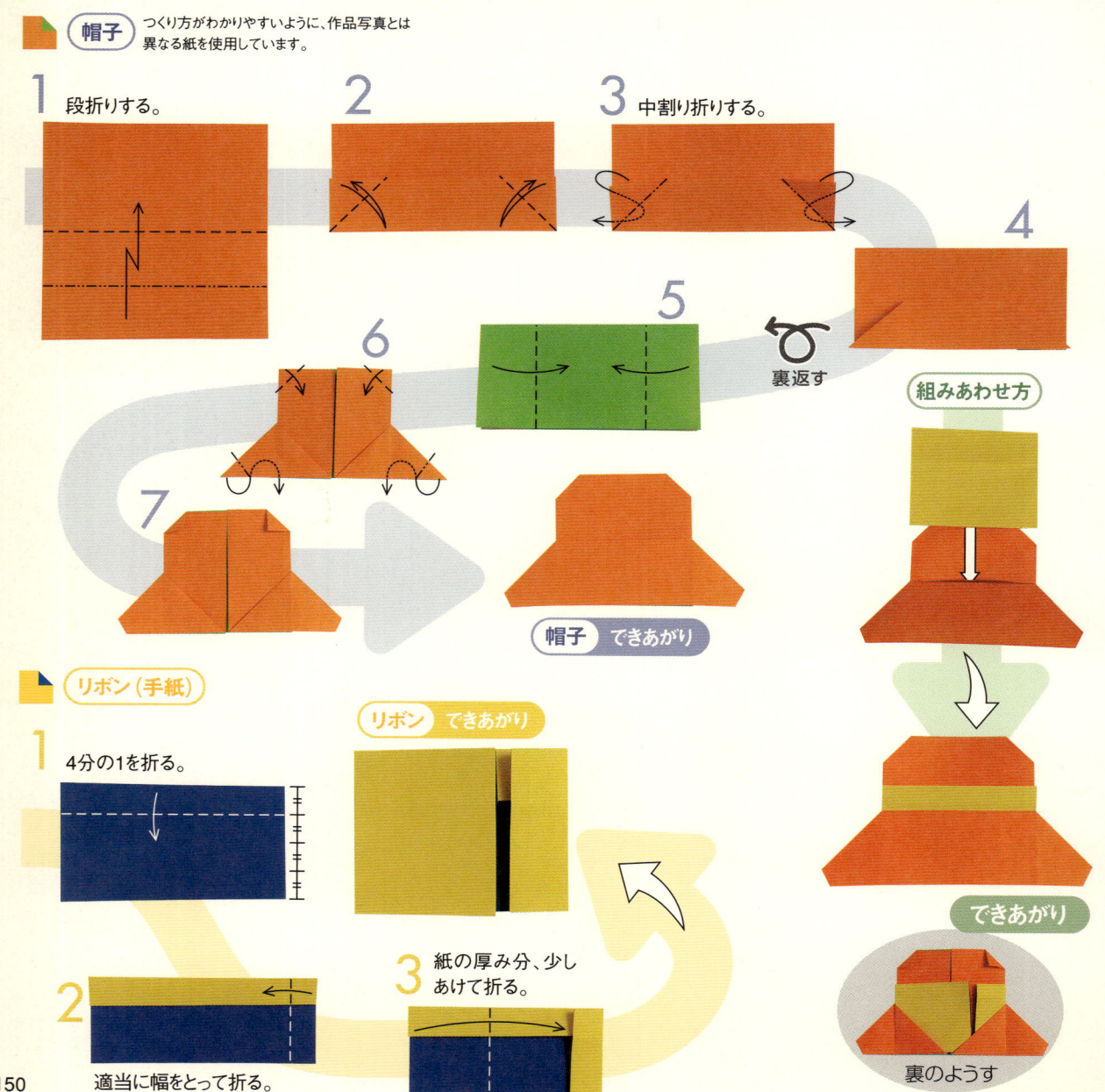

1 段折りする。

2

3 中割り折りする。

4

5 裏返す

6

7

帽子　できあがり

組みあわせ方

できあがり

裏のようす

リボン（手紙）

1 4分の1を折る。

2 適当に幅をとって折る。

3 紙の厚み分、少しあけて折る。

リボン　できあがり

一文字折り手紙

- 1つあたりの紙のサイズ・用意する数
  15×15cm　1枚
- 作者　伝承
- ポイント
  手紙だけでなく、ぽち袋としても使えます。

つくり方がわかりやすいように、作品写真とは異なる紙を使用しています。

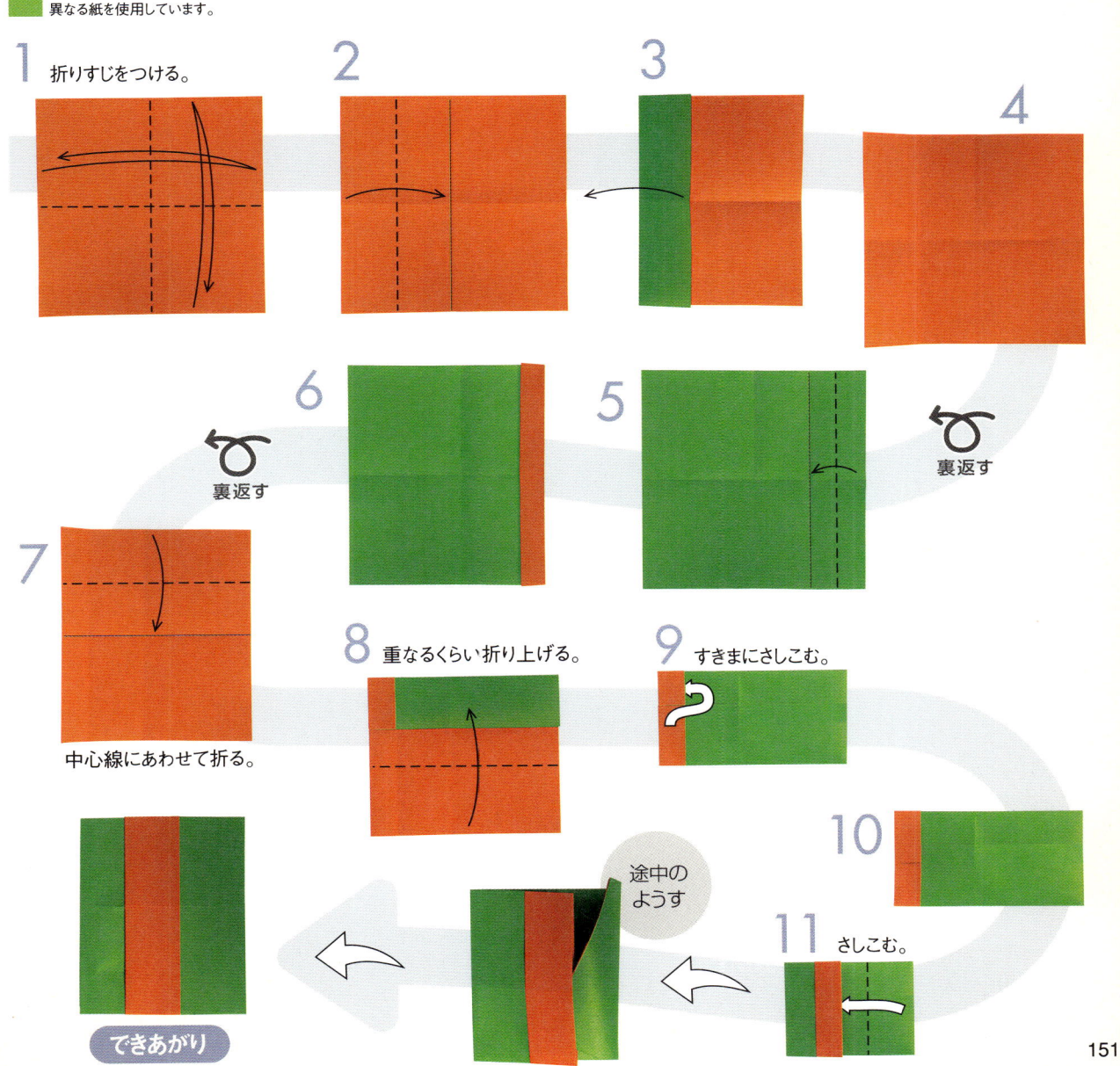

1 折りすじをつける。

2

3

4

5

6 裏返す

7 中心線にあわせて折る。

8 重なるくらい折り上げる。

9 すきまにさしこむ。

10

11 さしこむ。

途中のようす

できあがり

ハートのカードホルダー

- 1つあたりの紙のサイズ・用意する数
  15×15cm　1枚
- 作者　朝日勇
- ポイント
  ミニカードやメモをはさんで使います。

つくり方がわかりやすいように、作品写真とは異なる紙を使用しています。

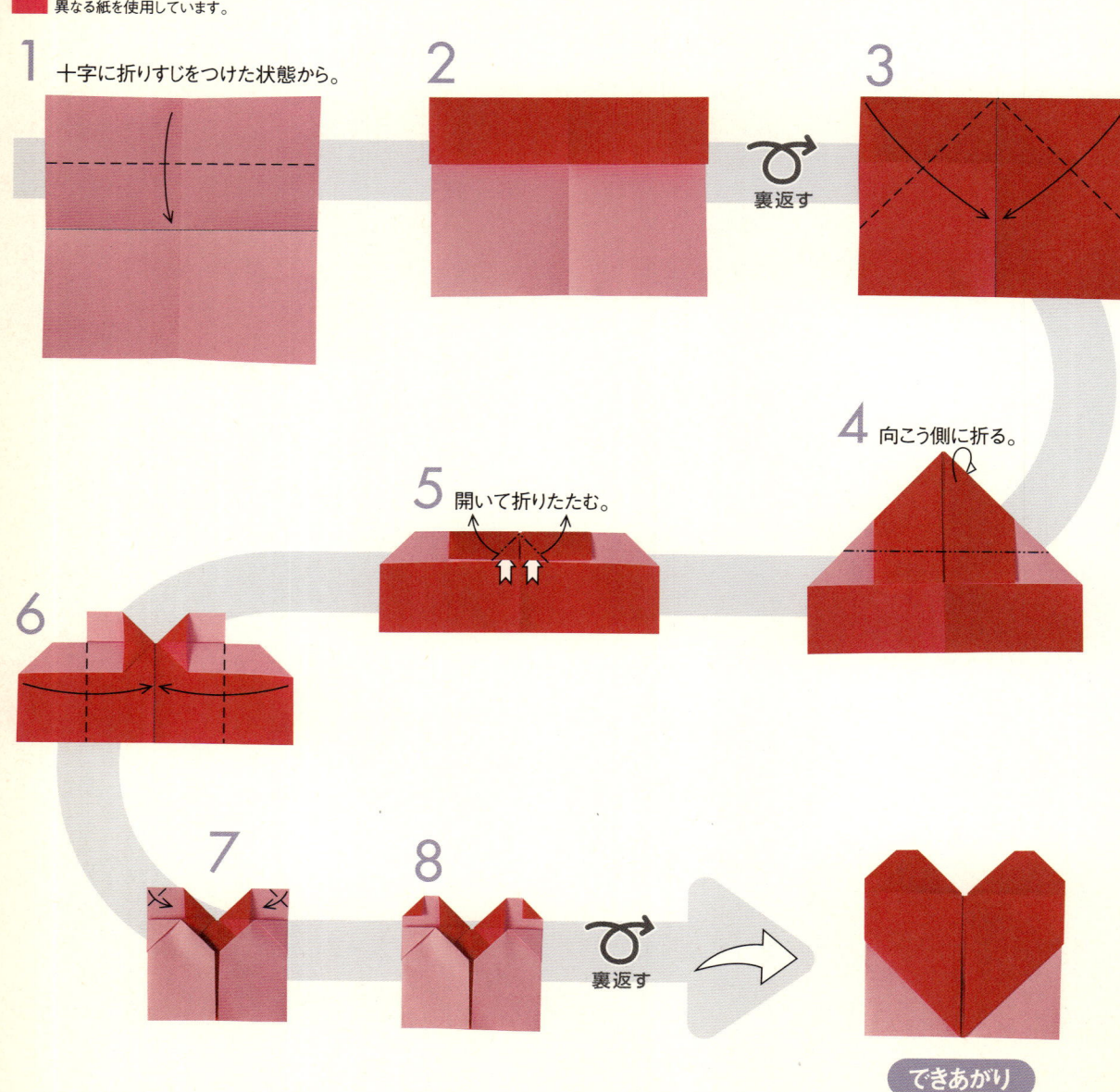

1
十字に折りすじをつけた状態から。

2

3
裏返す

4
向こう側に折る。

5
開いて折りたたむ。

6

7

8
裏返す

できあがり

Chapter5

和の装いの
おでかけ小物

和の装いを彩る
すてきな小物

休日に着物でおでかけするときに、いっしょに持って行きたい小物です。和紙はとても丈夫なので、長く使うことができます。お気に入りの紙で手づくりしてみませんか？

1 てぬぐいの福福さいふ
つくり方→155ページ

2 巾着袋
つくり方→156ページ

3 小銭入れ
つくり方→158ページ

4 イヤリング
つくり方→144、159ページ

てぬぐいの福福さいふ

● 1つあたりの紙のサイズ・用意する数
　90×34cm　てぬぐい1枚

● 作者　伝承

● ポイント
ポケットが6か所ある、てぬぐい1枚でつくる財布です。

つくり方がわかりやすいように、作品写真とは異なる布を使用しています。

1 4等分の折りすじをつけておく。
仕上がり寸法より狭い分だけ、向こう側に折る。

2 約10分の1を折る。

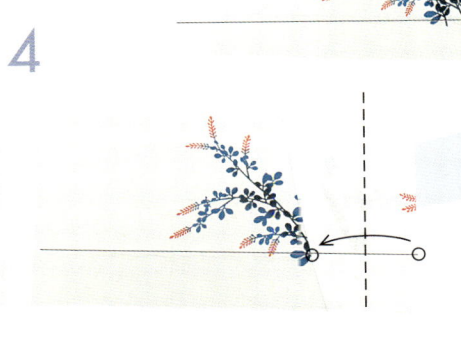

3

4

5 向こう側に折る。

6

7 裏返す

8

次のページへ

155

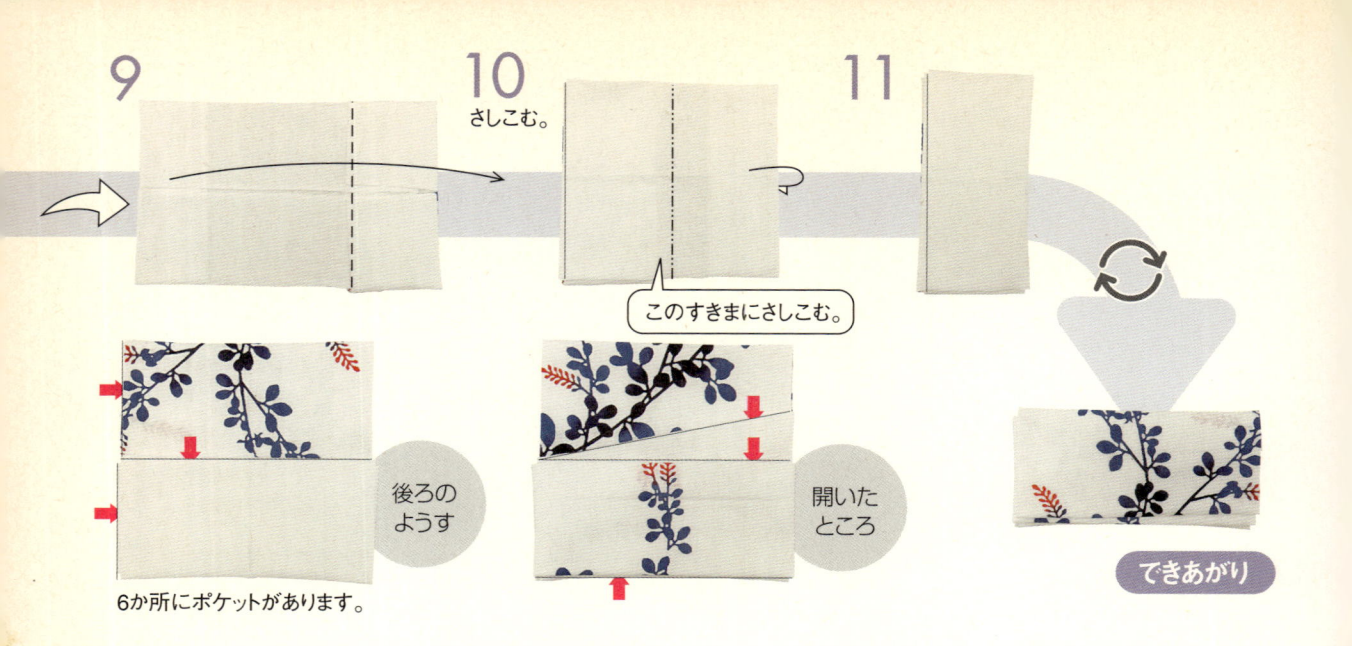

9

10 さしこむ。

11

このすきまにさしこむ。

後ろのようす

6か所にポケットがあります。

開いたところ

できあがり

巾着袋

● 1つあたりの紙のサイズ・用意する数
巾着　30×30cm　1枚
裏貼り用和紙　30×30cm　1枚
ひも　約1m

● 作者　水島紀子

● ポイント
丈夫な和紙を使うと長持ちします。

つくり方がわかりやすいように、作品写真とは異なる紙を使用しています。

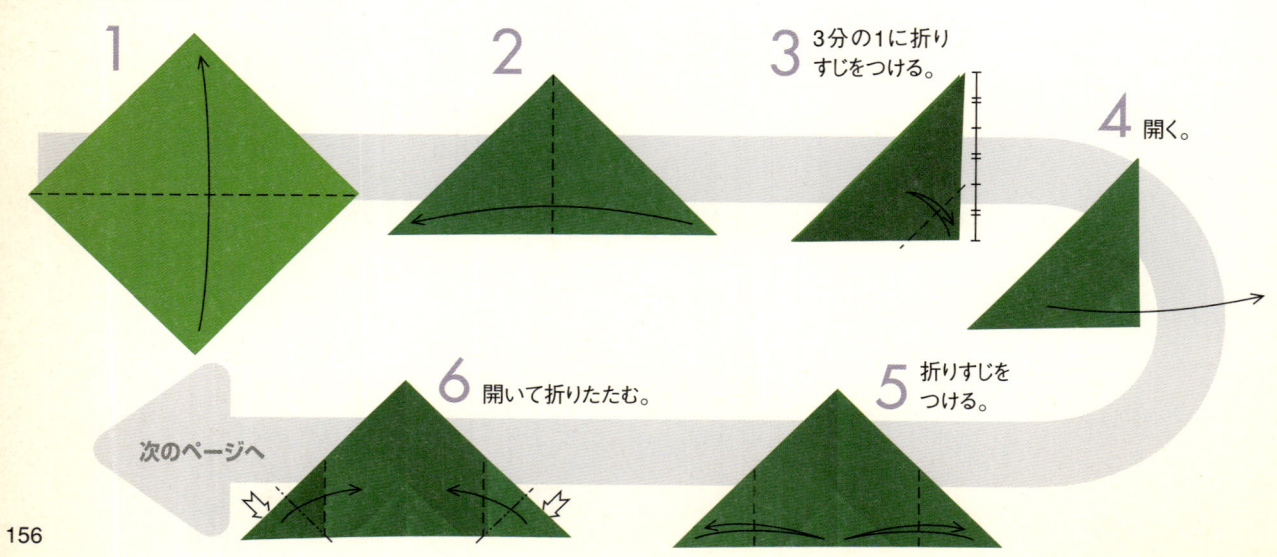

1

2

3 3分の1に折りすじをつける。

4 開く。

5 折りすじをつける。

6 開いて折りたたむ。

次のページへ

7 全部開く。

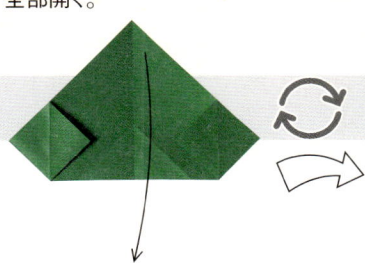

8 折りすじにそってたたむ。

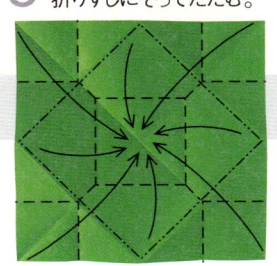

途中のようす

9

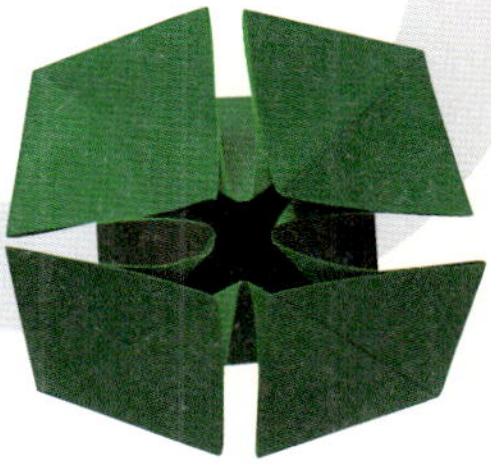

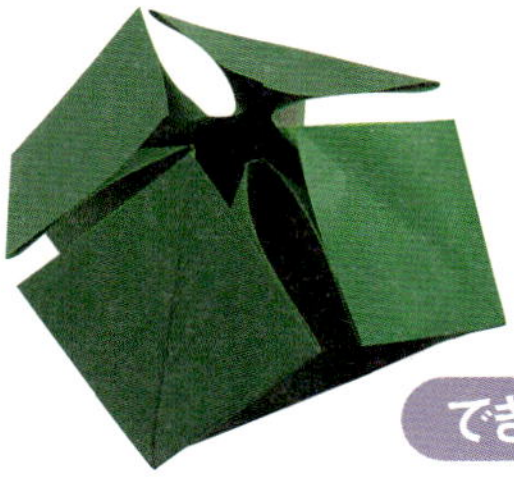

できあがり

裏貼りをする場合
用意するもの

1 折りすじをつけた巾着の端に、ループ状にひもを貼る。

2

3 折りすじをつけた裏貼り用の和紙の端を、少し折っておく。

6 ループ状のひもに持ち手のひもを通す。

5 2枚一緒にたたむ。

4 ひもを貼った巾着に貼る。

7 反対側にも持ち手のひもを通す。

8 持ち手を両側から引っぱる。

できあがり

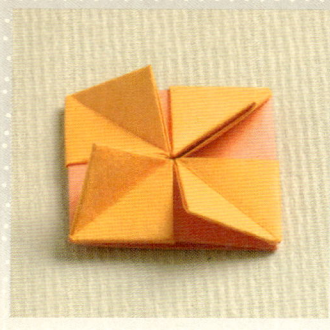

小銭入れ

- 1つあたりの紙のサイズ・用意する数
  15×15cmなど　1枚
- 作者　曽根泰子
- ポイント
  箱をねじってふたをするしくみです。

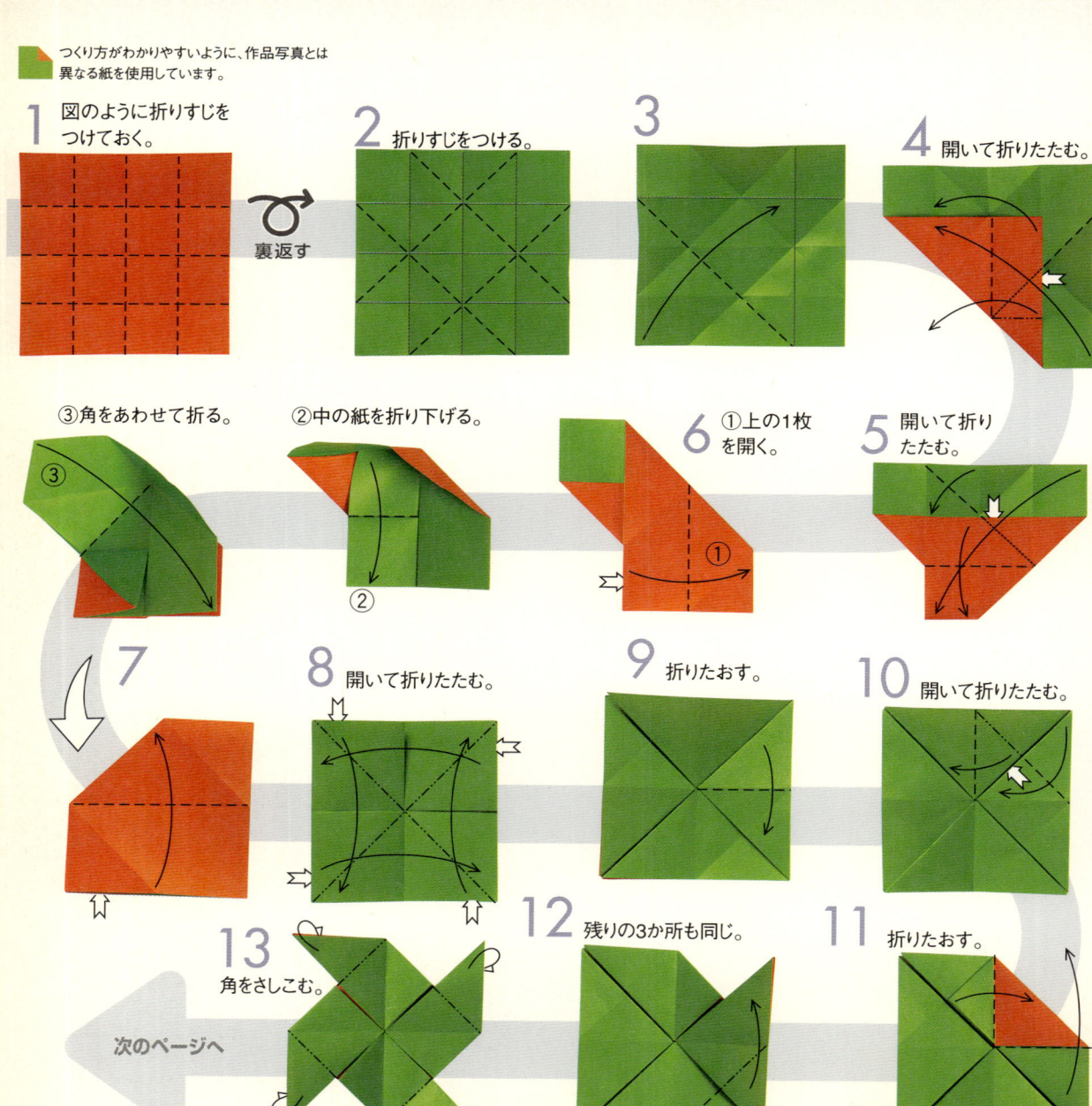

つくり方がわかりやすいように、作品写真とは異なる紙を使用しています。

1. 図のように折りすじをつけておく。 裏返す

2. 折りすじをつける。

3.

4. 開いて折りたたむ。

5. 開いて折りたたむ。

6. ①上の1枚を開く。

7.

8. 開いて折りたたむ。

9. 折りたおす。

10. 開いて折りたたむ。

11. 折りたおす。

12. 残りの3か所も同じ。

13. 角をさしこむ。

③角をあわせて折る。

②中の紙を折り下げる。

次のページへ

14 角を立てながら開く。

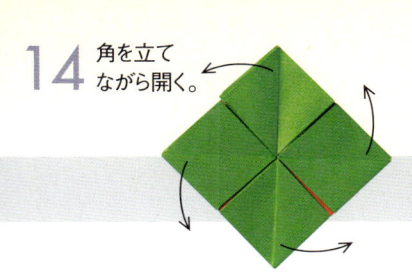

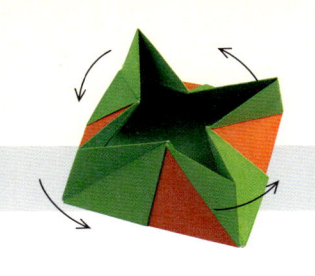

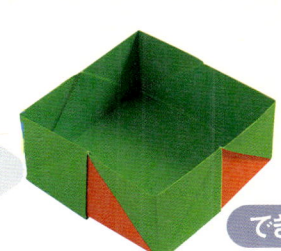

できあがり

イヤリング

●1つあたりの紙のサイズ・用意する数
3×3cm　2枚
イヤリング用金具　2つ
Tピン　2つ
クリスタルビーズ　2つ

●作者
紹介：初音みねこ

●ポイント
玉包みを使ったかわいいイヤリングです。

折り方は144ページの玉包みギフトボックスと同じ

パーツを2つ用意

イヤリング用金具、クリスタルビーズ、Tピン

1 パーツの中心に、千枚通しなどでTピンが通るくらいの穴をあける。

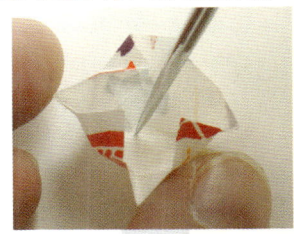

2 パーツを組みあわせる。

3 Tピンにクリスタルビーズを通す。

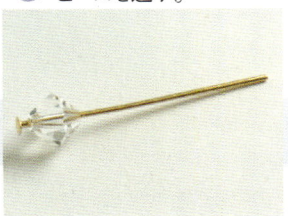

4 パーツを通す。

5 Tピンの先端をペンチなどで少し丸める。

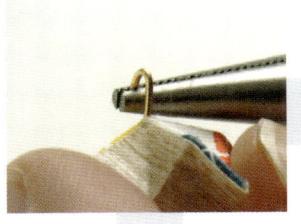

6 丸めたところに、イヤリング用金具を通す。

7 Tピンの先端を完全に閉じる。

8 イヤリング完成。もう一つ同じものをつくる。

張りのある紙を使ってつくるとよいでしょう。イヤリング用金具やTピンなどは、ホビーショップやホームセンターなどで購入できます。

著者紹介

長谷川太市郎（はせがわ たいちろう）

1940年東京都生まれ、千葉県立千葉第一高校、武蔵工業大学卒業。1963年若築建設株式会社入社。1980年日本折紙協会へ入会。世界折紙展への出展や、雑誌「おりがみ」にてオリジナル作品を発表するなど、幅広い創作活動をしている。会社を退職した現在は、千葉県を中心とした各地でおりがみ教室を開催し、おりがみ講師としても活躍中。著書に『マジカルおりがみ アルファベットと数字』（誠文堂新光社）、『裏表をいかす 両面おりがみ』（ブティック社）がある。

装丁・デザイン	有限会社チャダル
撮影	木村純（日本文芸社 写真室）
スタイリング	小野寺祐子
編集協力	株式会社童夢

暮らし、はなやかに。
素敵な実用折り紙

著　者	長谷川太市郎
発行者	西沢宗治
印刷所	図書印刷株式会社
製本所	図書印刷株式会社
発行所	株式会社日本文芸社

〒101-8407　東京都千代田区神田神保町1-7

電話 03-3294-8931（営業）
　　 03-3294-8920（編集）

URL http://www.nihonbungeisha.co.jp

振替口座　00180-1-73081

Printed in Japan 112070210-112070410⑭03
ISBN 978-4-537-20526-8

編集担当　亀尾
ⓒTAICHIRO HASEGAWA 2007
乱丁・落丁などの不良品がありましたら、小社製作部宛にお送りください。
送料小社負担にて、おとりかえいたします。
法律で認められた場合を除いて、本書からの複写・転載は禁じられています。